Collection Soleil

POÉSIES DE
LÉON-PAUL FARGUE

LÉON-PAUL
FARGUE

POÉSIES

TANCRÈDE
LUDIONS
POËMES
POUR LA MUSIQUE
ESPACES
SOUS LA LAMPE

*Préface de
Saint-John Perse*

GALLIMARD

*Tous droits d'adaptation, de reproduction et de traduction
réservés pour tous pays, y compris l'U. R. S. S.
© 1963, Éditions Gallimard.*

LÉON-PAUL FARGUE, POÈTE

A Gaston Gallimard.

I

Fargue!... L'éclair du nom tient vive en nous sa trace; et dans la nuit phosphorescente où se lèvent nos morts, la voix encore se fait entendre...
  Lui avons-nous assez fait droit?
  Fargue, poète de race, admiré d'une élite et tôt reconnu de ceux qu'il admirait, n'a point tenu de son vivant le rang qui lui convient. Aussi sobre, et même inaccomplie que fût son œuvre de poète — comme l'est en fait toute œuvre de poète — sa qualité eût dû suffire à la mieux imposer. Mais l'homme lui-même, insoucieux, fut trop uniquement poète pour conduire à ses fins la gestion d'une vie littéraire.
  Il y eut dans sa part d'héritage français, à son allure d'être très libre et prompt, né pour le vif et l'essentiel, quelque chose à la fois de si furtif et de si fier, qu'il nous laissait traces légères et peu communes de ses foulées. Un même élancement durable liait pour lui, de même course, l'actuel et l'inactuel, le temporel et l'intemporel; une même et tendre passion d'être lui tenait lieu de veille, et fut sa fièvre, et fut sa grâce, entre l'heure à vivre et l'heure vécue — nostalgie et désir consumant un même temps de Fargue. Mais il y eut aussi là, du poète né, ce son de voix qui lui est propre, cette parole initiale et ce ton vrai, qui nous révèlent, à la source même, et comme dans son

principe, le fait poétique le plus irréductible à l'analyse. De tout cela qui ne peut être défini du poète, et qui n'en constitue pas moins le plus réel, Léon-Paul Fargue, poète français, fut certainement l'un des mieux doués de sa génération.

Celui-là sut toujours de quoi il s'agissait en poésie. Et le génie français lui fut sensible dans ses plus pures espèces.

Il fut passionnément poète, et tout entier poète, au poème joint, pour qui l'usurpation poétique s'exerce fort au-delà des espaces de raison. Il sut, d'instinct, tout ce qui se consumait pour lui d' « années-lumière » dans l'étincelle de l'instant poétique. Et, dans le temps de cette vérité, il fut toujours assez intelligent pour tenir l'intellect à la porte du poème :

« ... Que rien de raisonneur ne vienne infecter ton flair de Dieu... » « L'artiste contient l'intellectuel; la réciproque est rarement vraie. »

« ... Je n'aime pas l'intelligence pure, pepsine qui se digère elle-même. » « ... L'intelligence qui vit d'elle-même thésaurise. Elle dessèche comme l'avarice. »

« ... En poésie, « les idées sont une maladie de la parole : « une noix de galle sur une épissure ». « ... L'intelligence est « un capitaine qui est toujours en retard d'une bataille, — et « qui discute après la bataille ». »

« ... La poésie travaille en fait : justice naturelle. L'intelligence travaille en droit : justice légale. »

Poète, il fut l'intelligence française aux prises avec l'irrationnel et le sensible, avec l'émission créatrice et l'effusion du souffle; et par la grâce d'un chant pur au plus secret de l'être et du songe de l'être, il sut, d'un même mouvement, mener le sentiment des choses à leur source, l'ombre des choses à leur clarté première : jusqu'en ce lieu très sûr, ou très suspect, où l'homme et le langage confondus sont, comme dans un seul acte et dans une même parole, d'un même souffle proférés.

« ... En art, c'est-à-dire en amour, il faut que l'intelligence suive, comme un suiveur suit une femme avec l'idée de l'entretenir.

« ... L'intelligence, en poésie, joue le rôle de l'institutrice d'une grande courtisane. » « ... La poésie prend la raison pour confidente : elle fait confiance à cette fille sèche, entendue et qui sent la fourmi, qu'elle a sauvée de l'anémie pernicieuse et qui la sert fidèlement. »

PRÉFACE

« ... En poésie l'intelligence fait les commissions, porte les paquets, se renseigne et vient au rapport, fait les comptes, classe les petits papiers, choisit dans les lettres d'amour, téléphone et prépare le bain — comme une servante jaune et noire auprès d'une belle maîtresse. »

« ... Votre intelligence? — Contraire à mon rythme, massacre de mon harmonie, rupture de mon identité, qui est aveugle, sourde, une et indivisible. »

Parce qu'il n'est point, en poésie, de grands ni de moins grands poètes, mais seulement de purs ou de moins purs poètes, Fargue, poète de pure naissance, ne saurait être traité de « poète mineur » : il garde sa prérogative auprès des mieux situés de ses aînés, maîtres-d'œuvre accomplis ou fiers comptables de l'esprit.

Après Claudel et Valéry, à son rang de puîné tenant sa part du chant — plus près du siècle que Jammes, et du « lieu poétique » français qu'Apollinaire, loué très tôt par Gide sur un vers de Tancrède *— Fargue, en pleine ambiance moderniste, a su dégager à son heure un élément très sûr de la sensibilité française en cours. Une note juste fut frappée là, qui eût manqué, sans lui, à cette phrase maîtresse où s'articule un demi-siècle de lyrisme français.*

Entre la masse basaltique d'un Claudel et les pures cristallisations d'un Valéry, il y eut un soir, et à la ville, en lieu fiévreux et féerique, ce déroulement, soudain, comme d'une crosse de fougère ivre; ce dépliement, soudain, comme d'une aile de névroptère séchant au feu des lampes son fin lacis de gaze verte... Un pur faisceau de nervosisme se nouait là. Et le poète encore fut appelé par son nom. Transparence d'une heure et vibration d'un soir, tant de nuit consumée sur sa cendre odorante, tant de luxe dissipé à la flamme du jour, et cette patience à l'aube renouée, et cette tendresse au soir liée, d'une âme délinquante et fière... Sur la ferronnerie légère et timbrée d'or d'un vieux quartier de ville qui s'éclaire, la poésie encore berçait son frissonnement d'exil, comme « un aigle sur un balcon » de femme et d'étrangère.

II

Il ne fut point d'école ni de secte, étant de cette communauté française où s'assemble, vivante, la somme toujours accrue d'un héritage en cours de dévolution. Les modes, les tendances ou doctrines littéraires pouvaient se renouveler, le fleuve lui-même changer de lit, il y suivait sa course propre, sous son exigence propre. Une même tonalité marque, depuis sa première œuvre, toute la création poétique de Fargue; une même modulation, à la fois simple et personnelle, semble porter cette œuvre de la première à la dernière mesure du chant. Et aussi bien fut-il incessamment lui-même, mû de lui-même et à lui-même fidèle, longeant toutes frontières sans s'aliéner soi-même.

Issu, comme tous les siens, de l'affluent Baudelaire plus que du fleuve Hugo, plus nervalien que verlainien, plus rimbaldien que mallarméen, et de Corbière plus que de Laforgue tenant le goût de l'incisif dans la désinvolture, il s'intègre d'instinct au meilleur d'une élite pour qui la poésie est aventure de vivants : une assistance à vivre et à connaître, au plus ardent de l'être.

Comme jadis Baudelaire lui-même ou bien Nerval, entre l'ère romantique et le pré-symbolisme, s'associaient de très loin toutes formes acquises ou à venir, du plus pur classicisme au plus pur modernisme, Fargue, sensible et sauf entre toutes confluences du grand fleuve français, sut démêler d'un trait sa ligne propre. Traversant d'un pas sûr le sillage du post-symbolisme ou longeant l'aire magnétique du surréalisme, la chair encore vive des derniers spasmes romantiques, il croisa plus d'une nébuleuse et franchit plus d'un champ astral sans y perdre de sa densité. Romantisme ou classicisme, symbolisme ou naturalisme, surréalisme ou réalisme, autant de notions, pour lui complices, dont il pouvait de loin sourire, l'intuition et la raison, le subconscient et le conscient, le spirituel et le concret, comme aussi bien mémoire et prémonition, musicalité et lucidité, ayant toujours hanté le songe et l'antre du premier homme né poète.

De tout l'immense legs acquis, dans une même synthèse en cours, il entendait tirer son bien pour l'aventure nouvelle à vivre du poète. Et il savait pouvoir solliciter, à des fins personnelles, tout ce qui s'impersonnalise de génie français dans la sincérité d'une expression commune.

A qui, sous des formes nouvelles, traite fidèlement de choses vraies, essentielles et constantes, n'advient-il pas de faire un jour figure de classique parmi les écrivains d'un ancien modernisme ?

« ... Le centre de gravité de la tradition se déplacera sans cesse, comme le centre des villes et celui des plaisirs... »

☆

A ce très haut niveau d'accueil et d'équité, franc de tout métissage et riche de toutes alliances, Fargue, poète, peut céder librement au mouvement qui l'emporte :

« ... Hier soir chantaient nos voitures le long du fleuve tout fêlé d'or... » « les gouffres pris de biais dans un grand bruit frais sur des ponts de pierre... » « l'énorme fumée d'un train qui se morcelle dans le crépuscule comme un lâcher de pigeons mauves... »

« ... Et puis les houles du vent d'automne, des frissons d'arbres sur les remparts, l'odeur de la pluie dans les douves, et bien des chansons de Paris passèrent sur (nous)... »

Alerte, et de sang libre dans sa lignée française, à mi-chemin entre passé et avenir, le voici fort de ses armes d'écrivain.

Ce qu'il appelait « le sentiment » en art, et qui fondait peut-être le meilleur de son art poétique, n'était pour lui qu'éveil, et de très loin, à cette inclination première et ce déchirement intime, à ce double saisissement de l'être, tout à la fois saisi et saisissant, pour une appréhension totale de l'objet et du chant, dans un acte poétique pareil à l'acte passionnel. Entre toutes discordances de l'esprit et des sens, un mouvement très prompt de liaison secrète, pris aux sources du chant, animait tout le cours du poème. Et s'y tenait dès lors, véridique et sincère, singulier et multiple, le poète fidèle, homme de chair et de parole, clairement institué dans sa fonction médiatrice.

Que l'on relève, entre tous propos de Fargue, cette étonnante Suite familière *où s'est affirmée, de haute verve, sa foi de poète et d'écrivain : l'essentiel a été dit là, d'une doctrine littéraire que nulle évolution ne saurait déclasser, car il y est traité du fond même de la chose poétique, et de la création artistique en général.*

On y trouve, de surcroît, tout ce qui qualifiait déjà cet art pour la poursuite en cours du modernisme littéraire :

« ... cette virée de l'enfer dans les marais salants du jour. »

Prescience et transgression sont le fait du poète. Tout vrai poète est force vitale; et il n'est point de souffle vital qui ne projette l'œuvre vers l'avenir, l'histoire, en poésie, n'épuisant pas le sens d'une parole proférée.

Si la vertu poétique devait être mesurée d'après l'ombre portée d'une vie de poète et les masques successifs que lui arrache le temps, Fargue alors pourrait être tenu pour plus qu'un témoin poétique de son temps : il garde pouvoir de nous rejoindre sur cette route aventureuse où ses pressentiments l'ont parfois devancé. Son ouverture au drame en cours fut toujours grande; et sa voix de passant pourrait encore se faire entendre d'hommes nouveaux.

Car il aima les hommes et choses de son temps dans leur rapport avec le langage de tout temps; et son lyrisme demeure lyrisme de moderne par tout ce qu'il porte en lui d'avertissements et de prémonitions.

« ... Il suit ses pensées tumultueuses. Elles se battent devant lui comme de grands chiens noirs... »

Nulle ambition de transformer le monde ni de refaire la vie par le langage, nul désarroi non plus devant le cours existentiel des choses, mais l'humble passion toujours, par le recours allégorique et l'approfondissement du songe réel, de suivre l'homme cerné d'abîmes sur sa route de chaque jour. Son humanisme ne se refuse à rien d'une accélération de l'histoire où le réel déjà suscite notre assentiment.

« ... J'avais vu poindre la science, l'instrument sérieux et dangereux ...les grandes aventures mécaniques... » « et cette odeur du fer et de la limaille, importante et simple comme celle de la terre mouillée... »

« ... Les mères idées manquaient sous les pieds, formes préconçues devenues fondantes, inconscientes comme le langage, et nos constructions, sans le moindre bruit, brasillaient faiblement dans des ronds de systèmes. La matière (...) lieu géométrique des bizarreries de l'éther, (...) s'affaissait comme un faux calcul... »

« ... Enfin nous sommes venus à une bonne époque. Quelle rafle! Je crois que nous y sommes, dans la transformation des éléments, les passages de tous les uns dans les autres, l'abstrait et le concret qui se touillent et se mangent, les métamorphoses... »

« ... Les nébuleuses filent de prodigieuses quenouilles, qui sèchent en tournant comme des chrysalides. Que n'êtes-vous là où je suis, physiciens et mystiques?... » « Il n'y a pas de matière. La matière est une farce du temps et de l'espace, un fantôme idéographique produit sur nous par l'affolement des molécules. Pas de matière. Il n'y a que la force... »

Ainsi la voix de Fargue nous demeure familière. Voix tout bas reconnue, et qui garde, hors du temps, cette capacité d'être autre sans cesser d'être elle-même.

C'est qu'il y a, dans cette voix de Fargue, un ton de Fargue qui lui est propre et lui survit; qui dit le temps de sa naissance, mais dit aussi un autre temps, pour nous lié à cette tonalité première du siècle en marche vers d'autres hommes.

« ... Les millénaires sont encore couchés. Tout ce qui s'est passé dans les jours et les nuits, les longues et les brèves, est encore enfoui dans son bain nocturne... »

« ... Attention. Le ciel crache du diamant noir... J'entends monter les nègres, les créations antérieures, les races les plus visibles... La kermesse des mondes!... » « Les continents glissent sur de grands fonds tricheurs... »

« ... Dans les Forges couchées à l'Est, aux corps de femmes nues et rousses, des formes se hâtent avec une sûreté ancienne... »

« ... N'est-ce pas plutôt nous qui, nous dilatant, deviendrons Dieu?... »

Au feu des rampes de la ville comme dans l'intimité des lampes familières, la voix confidentielle de Fargue s'enfièvre ou s'attendrit, nous chante l'attente ou le regret, dans une même et double nostalgie.

C'est la clarté, faite douceur, d'un soir inconsolable qui s'ouvre aux plus vertes promesses du ciel d'été, au bord des villes, là où l'enfance irrécusable emplit encore le cœur adulte, là où d'âge ni de lieu il n'est plus fait usage ni mention. Et le poète encore s'ouvre de sa voix, au plus proche ou lointain du siècle, un asile d'innocence pour l'incurable souci de l'homme. Il est comme « l'arbre gonflé d'ombre et qui contient déjà tout le soir » : un homme « contenant sa peine comme un vase une plante sombre ».

> « … Bruits oubliés, tintement d'une forge qui va s'endormir… »
> « … C'est l'écolier chassé/qui pleure dans les blés… »
> « …Le lézard voit passer des choses que nous ne savons pas voir, et qui rejoignent l'horizon où le passé dort sous la cendre… »
> « … La pluie d'été va nous surprendre. On l'entend déjà qui marche au bout du sentier… »
> « … C'est ici qu'avaient lieu les combats de scarabées noirs dont rêvait notre enfance… »

Nul narcissisme ni mièvrerie, nulle fausse notion d' « intimisme » dans cette veille offerte au drame intime, et qui n'ignore rien de la montée des signes à l'horizon. Il y a là une grâce naturelle à perpétuer l'instant, et qui élude toute tension en même temps qu'elle échappe à toute affectation de la langue du jour. Et c'est par où l'œuvre de Fargue échappe le plus au vieillissement.

> « … Les pauvres descendent, l'hiver, sans bruit, vers les grands feux. »
> « … Les braises tintent et chantent dans leur vase de fer. »
> « … On entendait le feu bouger comme un dormeur, monter dans son rêve et crouler sur ses piliers d'or avec la douceur d'un fruit mûr. »
> « … Un oiseau traversait le ciel où les tours du couchant brûlaient. »
> « … Le ciel avait les yeux d'un harfang. »

Si sincère et fidèle est cette voix humaine, ou si simplement prise dans l'universel, qu'elle semble vouloir se châtier elle-même, ou s'humilier, pour nous mieux faire entendre, derrière elle, une autre voix qu'elle prolonge et qui toujours témoigne de l'aînesse du poète. Le voici lui-même attentif à cet hôte étranger qui vit chez tout poète, et qui l'assiste, et tient pour lui l'oreille aux sources :

> « … Je vis la main du soir glisser sur la rampe, devant la mienne… »
> « … Une lampe étendit ses ailes dans la chambre. Un homme mit sa main sur mon épaule… »
> « … Un homme par instants s'absente : un spectre l'a pris d'un geste invisible… »

A cette voix qu'il semble relayer, Fargue, poète, sut se garder docile, sans lui rien sacrifier de sa lucidité d'artiste.

Chez lui la phrase inaugurale, portée d'un pur émoi, mûrit déjà dans sa substance toute la promesse qu'elle engage; elle est, dans son mouvement, la grâce créatrice elle-même aux prises avec la chose vécue. A mi-conscience du poète, et comme au clair-obscur du songe, s'exerce la maîtrise de l'écrivain. La certitude, la promptitude du goût l'assiste jusqu'en ce point flagrant — et aussi bien unique — où jaillit l'étincelle et s'amorce l'image. Entre contrainte et liberté, un sens inné de la mesure le garde en toutes choses de l'outrance. Une secrète retenue se fait sentir au bord même de l'ivresse. Et dans les plus heureuses rencontres, la pudeur tend à masquer la conquête plutôt qu'à publier l'exploit.

« ... Ce que tu écris, si c'est fort, a les dehors d'une fausse modestie. »

« ... Les bellâtres des lettres, incapables de construire sur un fond modeste, ne conçoivent pas que le seul sujet soit l'écrivain lui-même, s'il est un homme. »

Un poète de la race de Fargue est à lui-même grammaire vivante et création. Le fond, ici, ne se distingue plus de la forme, qui lui est d'emblée conjointe, et comme coexistante, dans un même mouvement de l'acte poétique.

III

Fulgurations, lacérations, lancinations — suivies de longue rémission... Poésie faite d'écarts et crispations lointaines, où les brûlures de l'âme alternent avec les déchirements très lents, parmi les plus tendres imprécations de l'esprit ou du cœur — sarcasmes ou lieds ?
Entre l'insolence de vivre et l'insistance d'aimer, quelle épine en toute chair ravive la fraude du bonheur ? Quelle poignante douceur nous ouvre l'insatiété du songe comme une sourde intolérance ? Un frémissement d'alerte court tout au long de l'œuvre chantée de Fargue. Une même « tristesse du bonheur » suit sa ligne mélodique jusqu'à ces fêtes d'avant-soir et ces villes qui s'allument — palpitations d'ailes captives au bas d'un ciel d'arrière-saison... Le nervosisme moderne de Fargue lui tisse, à fleur de chair, une soyeuse

tunique de Nessus. Sa sensibilité intellectuelle ne le cède en rien à sa vivacité charnelle. Et l'infinie diversité du songe à naître ne saurait étancher sa soif d'étreindre et d'être. La vérité qui le déchire se tait en toute rencontre : tristesse aussi captive, qui n'a de face ni de nom, et qui pourtant se fait connaître entre deux battements de cils

« ...lorsque les choses vous regardent aussi vite qu'on les regarde... »
« ...et des fenêtres qu'on ouvre au loin se signent l'une après l'autre d'un lent coup d'œil... »

Parce qu'il n'est point le « fou d'écriture » dont il est parlé en Islam, l'univers de la parole ne peut combler le cœur lucide de ce poète français, ni l'éclair de l'image, qui l'illumine un bref instant pour le laisser à plus de nuit, et plus dépossédé, comme ce fils en deuil qu'il évoque dans un poème liminaire :

« ...touché d'un coup sec comme du doigt de Dieu dans sa cendre. »

Du moins, n'est-il ici question d'évasion dans le symbole ou l'abstraction.

Fargue, poète, sait d'instinct, et vérifie de tout son être, qu'une fatalité heureuse régit l'équation poétique entre l'abstrait et le concret, entre l'imaginaire et le réel, comme entre l'esprit et la lettre, et qu'à solliciter seulement l'un des deux termes du rapport, le poète, brûlant l'une ou l'autre de ses deux ailes, s'exposerait mortellement.

« ... Un pas en divin, deux pas en humain... »
« ... La poésie, cette vie de secours où l'on apprend à s'évader des conditions du réel, pour y revenir en force et le faire prisonnier... La seule prestidigitation qui ne soit pas truquée... Le seul rêve où il ne faille pas rêver... Le point où la prose décolle... Une leçon de choses chantée... »
« ... Enfant, je croyais à l'unique, au concret individuel, à l'absolu de chaque personnage, à la nécessité d'un geste, à la rigueur d'un œil, à l'esprit du moindre événement... »

Nul angélisme à craindre :

« ... J'écris pour mettre de l'ordre dans ma sensualité. »
« ... La pensée, oui, dans une belle chair. »

« ... Vous ne parviendrez au sens intime des choses, et vous n'y ferez parvenir les autres, qu'à la condition d'en posséder les corps, et d'être là-dessus d'une indiscrétion savante et dosée. »

Avide de présence, et non d'absence mallarméenne, fort d'une intonation pareille à l'insistance de la gravitation, c'est au contact d'une réalité concrète, au plus près de l'objet, que le poète engage d'abord son entreprise poétique, l'esprit s'écriant dans la chair, et par l'esprit, la chair, dans sa plus vive effervescence.

« ... J'aime l'intelligence qui colle au substantiel, qui fait effervescence avec les choses. »

Sous la décharge lumineuse et l'invective de l'instant, le poète « irritable », au sens latin du mot, s'est emparé de la merveille. Et de l'ivresse du sensible jaillit la soif d'une connaissance. D'une tension entre réel et surréel, et de l'éclair d'une contradiction, naît la beauté fiévreuse, fille de la discorde. Autant que l'homme-poète, c'est l'homme-poème qu'illustre Fargue. Par la vertu concrète du langage et son goût du vivace, équilibré entre le sensuel et le cérébral, il vit sa phrase mémorable comme une instance de tout l'être :

« ... L'art ne sera que là où vous saurez percevoir, et faire percevoir, la solidarité haineuse qui lie l'être et le vivre. »

Ainsi, des brûlures de l'instant à l'évasion du chant, une même activité plénière s'exerce pour lui dans le même temps, portée de même fièvre à cette « irritation » suprême où se libère la chance du poème. Au plus aigu de l'expérience poétique, Fargue connaît ce double bonheur, de dire et d'être, qui sacre le poète dans sa parité même et dans son unité. Véracité et vérité y trouvent également leur compte.

Au vrai, toute page poétique de Fargue nous apparaît d'abord comme un tissu vivant parcouru d'un seul spasme. Et c'est ainsi qu'en lui, très pur et très sensible, on croit voir s'éclairer, par transparence, le principe poétique lui-même à l'œuvre, comme le mystère de la vie au corps de verre de quelque créature marine, hydraire ou méduse, dans les bacs du naturaliste :

« ... Oracle endormi du soleil dans vos maisons pleines de méduses... »

Et c'est aussi, précise et vive, l'extrême délicatesse de ces insectes d'eau douce que le poète a vus trembler ou circuler sur la surface des mares :

« sensibles comme des balances
sur un vieux nuage qui dort ».

IV

Dans l'histoire, toujours en cours, du poème non versifié improprement appelé « poème en prose », et qui fut certainement une des acquisitions les plus remarquables de la littérature française entre XIXe et XXe siècles, la contribution de Fargue est loin d'être négligeable. C'est sous ce mode poétique, sans métrique ostensible ni régularité rythmique, qu'il a donné le meilleur de son œuvre de poète. (La méprise, à cet égard, des assembleurs d'anthologies les a trop souvent portés à faire figurer Fargue auprès des poètes dits « fantaisistes ».)

Dans le poème non versifié, au stade d'évolution où il le prend à son actif, Fargue, traitant de création poétique, résout phonétiquement, d'une façon nouvelle, ses problèmes de structure et d'expression lyrique, de syntaxe rythmique et de composition. Avec une rare sûreté d'oreille, un art très libre et personnel s'exerce là, dont la logique profonde, plus qu'aucune rhétorique, porte l'ensemble des faits rythmiques et mélodiques à un niveau d'harmonie sauvegardant l'essentiel du poème traditionnel.

« ... Je me suis fait un vers libre réglé par l'alexandrin. Je ne rime pas quand je ne veux pas rimer. »
« ... Le meilleur poème en vers réguliers sera le moins farci de remplissage; mais il y en aura toujours. »

La métrique invisible de Fargue, fidèle au souffle humain, mais d'un mouvement très souple et très délié et d'une articulation toujours très variable, diffère grandement du débit monodique des grandes laisses ou versets claudéliens. Ses pages modulées diffèrent, d'autre part, des illustrations graphiques d'un Aloysius Bertrand, hantées seulement de pittoresque, et qui relèvent d'un art tout descriptif, d'intérêt purement plastique, où l'évocation, plus visuelle qu'auditive, ne se veut point incantation. Elles ne diffèrent pas moins des « poèmes en prose » de Baudelaire, qui n'ont rien du poème, ne poursuivant, sur un mode analytique ou discursif, sans souci proprement mélodique, qu'un intérêt psychologique. Elles diffèrent aussi des récitations mémorables du Centaure de Maurice de Guérin, où l'unité de mouvement régit d'un seul commandement la grande courbe périodique d'une allocution. Elles diffèrent enfin des impérieuses Illuminations de Rimbaud, où le style très cursif et toujours décisif, tout au long du poème, tient sans faille ni trêve une fulguration durable, libérant d'un seul jet une même substance, intellectuelle et spirituelle, entre deux pôles réversibles — aérien et terrestre.

Par la délicatesse d'un art sensibilisé aux moindres nuances de l'humeur poétique, par la fidélité d'une modulation prise aux sources et qui traite d'essentiel tout en multipliant les chances du divers, Fargue, dans une forme encore nouvelle de l'expression lyrique française, a su donner, selon lui-même, une inflexion nouvelle à la sincérité du langage poétique.

Fierté secrète d'un tel art, qui méprise l'indigence autant que la facilité. L'image, l'ellipse et l'intersigne, les suggestions allégoriques et toutes références analogiques sont ses armes de jet; le goût, toujours sa plus parfaite armure. Ses réflexes, très prompts, sont ceux de l'insecte au centre de la toile, sensible à toutes alertes de la périphérie.

« ... Travail poétique : Des corps simples reconstitués... Des pas précipités... La plus grande collection de faits digérés dans la plus étroite synthèse... Le plus grand nombre de faits ramenés au plus petit nombre de lois. »

Sobriété aussi de ce bel « art de poésie », allusif et concis, qui ne semble se plaire que dans l'économie des moyens, le coup d'arrêt de l'écrivain et la pédale du musicien intervenant à temps pour freiner l'abondance ou la dissipation.

« ... La qualité, c'est de la quantité assimilée. »
« ... Il faut d'abord se laisser faire, donner table ouverte; ensuite organiser, manœuvrer, trier. »
« ...Trop de mots. Ne laisser se lever de leur place que les chefs de file. »
« ... Dans nos livres, il y a trop d'appelé et trop d'élu. »

A égale distance entre l'abstrait et le concret, gardé, porté très librement par le sens musical, le poète mène avec aisance, aux plus fraîches convoitises de l'esprit et des sens, l'harmonieuse continuité d'une langue où l'exigence la plus classique s'exerce encore à l'invisibilité. Et la clarté de l'expression, tout allusive qu'elle soit, triomphe sans effort du mystère qu'elle confesse. D'autant plus claire semble la phrase, qu'elle s'imprègne de plus de nuit.

Telle, et si pure, s'ouvre cette confession, que la charge poétique du poème dépasse la somme de ses composantes.

> « ... Une phrase parfaite est au point culminant de la plus grande expérience vitale. »
>
> « ... Arriver à l'état animal de l'intelligence dans l'ignorance lumineuse... » « Savoir, c'est communier. »
>
> « ... L'homme qui aime d'écrire, s'il est concis dans la richesse, c'est qu'il connaît la vie mieux que les autres hommes. »

Parce qu'elle naît, parole vraie, d'une expérience vitale, la sincérité poétique de Fargue, confondue à l'innocence du poème, s'ouvre d'autant plus loin les voies de l'ineffable. Au lieu même de la métamorphose, dans cette part d'ésotérisme qu'engage tout poème, Fargue fut toujours de ceux pour qui la poésie entend traiter l'obscur par le clair, et non le clair par l'obscur. Sous cette réserve formelle, la fréquentation de l'obscur lui demeure légitime.

> « ... Le style appelé généralement clair est un style qui n'a qu'une tranchée de première ligne. Il n'y a rien derrière. Ça ne tiendra pas. »

Aussi bien un tel art n'est-il jamais matière à surenchère, n'étant point art d'ornementation ni de divertissement. L'œil y tient son discernement, l'oreille y tient son équité, et le plaisir lui-même sa partialité. Exigences d'autant plus strictes que la langue poétique de Fargue, sensible aux nombres impairs, doit intégrer plus de vers libres que réguliers :

> « ... Tout ce qui porte un chant triste au bord des larmes... »
>
> « ... Paille qu'un peu de soleil baise devant la porte du mourant... »
>
> « ... Et ce regard d'une femme à sa fenêtre, sage et lourd comme du raisin noir... »

« ... Les vieilles choses qui sont là, bâillent, reconnaissent l'heure et se rendorment... »

« ... La rue est triste comme une porteuse de pain congédiée, et toutes les maisons ont mis leur tablier gris... »

Or, cette langue de moderne, à base d'impressionnisme, se tient aussi fort en deçà des complaisances d'avant-garde. Son ambition tendrait plutôt à la simplicité des grandes heures élues. A cette source antérieure où se lavent les mots, la bouche aussi se lave, du poète recru d'art et d'histoire littéraire. A travers le vieux fond romantique, de beaux affleurements classiques se font jour jusqu'à nous, qui sont le bien commun de la famille française :

« ... Nous courions tous sous des arbres très hauts, bien près de la lumière, et qui secouaient parfois leurs chaînes de songes... »

« ... Dans une heure d'été béante et blanche, avant l'orage, au moment de stupeur où le feu du ciel prend à pleines mains l'orgueil des villes par tous ses dômes, comme on prend une tête chère, (...) n'auras-tu jamais entendu monter d'entre les clameurs des hommes et des matières qu'on tourmente, une plainte anxieuse et lointaine?... »

« ... Jadis, dans un jardin d'automne tout encagé d'or, ce fut un jour étrange en vérité... »

« ... Au front d'un palais, plus haut que le toit touché d'or, une grande horloge rose pâlit comme un visage... »

« ... Un bal traîne sa robe aux ossements du parc... »

« ... Un quinquet penche sa tête creuse où brûle encore, comme un rappel de fièvre au soleil neuf, la huppe d'une pensée, d'une vieille pensée qu'on n'a pas tuée... »

« ... Dans le bassin royal, un yacht aux yeux verts attend l'idylle contre l'hôtel noir... »

Ou bien d'extrêmes simplifications rejoignent le plus usuel et le plus humble de la parole humaine :

« ... On écoutait à la croisée le pauvre faire sa cour au silence du grand jour... »

« ... Bruit du jour, fais ta prière... »

« ... Comme l'oiseau ou bien l'épée... »

« ... La lumière oubliera ceux qui l'ont tant aimée... »

« ... Il monte de mon cœur l'offrande d'un vieux rêve... »

« ... D'une voix basse et triste et qui vient des vieux jours... »

« ... Des choses brèves qui meurent sages... » « Les voix

qui se lèvent tôt... » « L'image déchirée du soir... » « La place vide où souffle l'oubli... » « Les yeux qui font penser à des astres dans un arbre... » « Douleur qui recommence dans la barque qui fait eau... »

L'image elle-même cède à l'ellipse et s'affranchit de toute conjonction :

« ... Les villages bleus d'enclumes... » « Insectes désertant les métiers... » « Rails où fuient les yeux bleus... » « Une gare balafrée... » « L'éclair, fougère arborescente... » « L'horloge creuse de la mort... » « L'odeur de martyre des cierges... » « Les routes prisonnières dans le filet des bruits... » « Veuve qui fait la révérence : cyprès de flamme qui s'ébrèche... » « Cheval qui s'endormait en changeant doucement ses angles... » « La mer va rentrer ses dernières terrasses... » « La noctuelle d'un hangar partit, d'un vol gauche, cravater de vieilles poutres... »

L'audace est dans la vision, non dans l'expression :

« ... La traîne silencieuse de la mort où brillent les yeux d'une femme... »

« ... Les tambours de la mort ouvraient et fermaient les portes... »

« ... Les-morts-se-sont-ré-in-car-nés ! (...) Nous verrions des babines recouvrir des dents nues... » « les morts, dressés, pressés comme la grotte de Fingal ».

« ... Les morts monteront toujours, d'une grimace orthopédique, de leur polyèdre de bois blanc... »

« ... Clairières jaunes où la mort est lasse de montrer sa figure trouée comme un liège... »

« ... Les amis qui s'enfoncent en titubant sous les arceaux de la mort... Pauvres vaisseaux mal gréés... »

« ... Dans une maison qu'on ignore, le soir monte au bras du danger et s'arrête sur un palier, devant une porte marquée... »

Assisté, devancé de ses images poétiques qui sont les vraies filles de sa joie, toujours prêtes à lui dispenser le plaisir, Fargue, lyrique, s'en remet à leur soin de conduire l'exploit : de mener l'œuvre créatrice à sa décharge d'instinct vital, jusqu'en ce lieu d'effraction, aux limites du réel, où s'exerce leur pouvoir de révélation. Par elles

réinstitué, et par elles éclairé, au cœur même de sa nuit, il retrouve, poète, quelque parcelle errante de l'unité perdue. Explosives, convulsives et souvent riches du mystère de leur autonomie, elles portent au loin pour lui l'éclatement de la beauté à la façon d'une invective, l'éclosion de la fierté à la manière d'un sarcasme. Elles sont fragments d'un tout que chacune d'elles révèle partiellement. Et liens vivants de ce renouement, elles demeurent les membres épars d'un corps qui nous concerne tous. Aussi se doivent-elles de n'être jamais fausses, indécises ni précaires; et, par le mouvement toujours, d'être soustraites à la nuit, « sur ce fond de mer aux tons sourds qu'on sent là derrière toutes choses ».

« ... Nous pourchassions l'immense variété de vivre... Nous déchirions l'album des rues et des boutiques. Et nous courions dans les fêtes en voleurs d'images... »

Le plus métaphorique des poètes de son temps fut aussi le plus musical.

Le mouvement, créateur du langage, et du langage lui-même tirant force nouvelle, de la vie tire une œuvre reliée au souffle originel. D'où son pouvoir d'animation, plus grand que celui de l'image, et qui fait du poète, créateur, la proie d'un plaisir autre que visuel — ce « plaisir » essentiel par quoi les choses, essentiellement, prennent vie et vérité. Pour la vision même du poète, l'onde musicale demeure, comme en physique pour la propagation de la lumière, cette modulation du long regard d'amour tenu sur le destin des choses.

« ... Loin, très loin, pensais-je. Et la musique était là qui mourait d'envie d'entrer... »

Tout attaché qu'il fût à l'attrait des images, véritables météorites de son ciel poétique, Fargue sut toujours céder à l'inflexion musicale, sans répudier jamais le grammairien secret que porte en lui tout vrai poète articulé. L'œuvre chantée de Fargue, sur des lèvres françaises, s'énonce si purement qu'elle semble, d'essence, intraduisible. De son imprégnation musicale, le poème garde, discrètement, comme une fine résonance de boiserie heureuse aux anciennes chambres à musique. Et cette musique, qui n'est point proprement « musique » de musicien, mais qui l'est pourtant assez pour rompre avec la neutralité du lan-

gage linéaire, ouvre à la phrase qu'elle porte une dimension nouvelle de l'espace poétique, assurant plus intimement au songe la fusion du thème et du poète.

« ... La musique /longue et bleue comme une route / Saurez-vous y dépister /l'immense larme qui sonne?... »

Elle accroît, aussi bien, le caractère de nécessité de cette phrase poétique, où le changement d'une syllabe, d'un ordre de mots, ou d'un seul mot, romprait la fatalité même du poème.

☆

D'où l'importance accrue du mot dans l'écriture de Fargue.
Esclave et maître de l'image, il sut aussi des mots le pouvoir créateur. Et il aima les mots à l'égal des objets, dans leur structure propre et leur substance propre : dans leur relief et leur saveur et leur résonance propre, parmi tout le mystère de leur incarnation — les mots portés à leur inclination première et leurs affinités secrètes, par leur aînesse et leur jeunesse et leur élan vital — les mots pour leur franchise et la surprise parfois de leur duplicité.

« ... La musique dira ces mots de lumière pour lesquels sont faits tous les autres, qui les coiffent de leurs feuilles sombres... »
« ... Le feu se plaint, les lampes dorment les yeux grands ouverts, une douceur d'étain, les mots se posent comme des mouches... »

Fargue, poète, sut toujours quelles puissances, quelles jouissances tirer des ressources sémantiques du langage. Les mots, pour lui, sont plus que simples concrétions de poésie pure témoignant du dernier gîte auquel ils furent arrachés : avoisinant encore la flamme originelle, ils demeurent choses métamorphiques, promesses d'astres ou de comètes dont ils fixent l'œil ou l'embryon. Les mots, arrachés à leurs lits, courent d'eux-mêmes militer pour nous : ils sont nos janissaires et nous livrent cent captives.

« ... Être poète, c'est-à-dire agir... »
« ... Il faut faire des mots les phagocytes de toutes idées inorganiques... »

Par ailleurs, on sait tout le passé d'incantation des mots, et qu'à nommer pour nous l'innommable, ils l'investissent déjà d'un sens *qu'ils apprivoisent; et, plus encore, d'un autre sens, qui va plus loin que ce qu'ils disent.*

Mais ce n'est pas assez pour Fargue que cette essence captée dans le sillage des mots. De tout son être très sensuel, il sut des mots le rôle très charnel, et que même dans une langue de vocation aussi abstraite que le français, ils ne sauraient, pour le poète, tenir l'office de simples signes médiateurs sans intérêt plastique; car, faisant plus que signifier ou désigner, ils se doivent aussi d'être, d'animer et d'agir, c'est-à-dire de créer, et par là même d'incarner, d'intégrer, de représenter la chose même qu'ils évoquent, et que, s'appropriant, ils tendent à devenir. Écrire, c'est, par le mot, essentiellement « participer ». Et la parole poétique, consonance multiple, n'est-elle pas aussi société?

Aimant le fait, aimant l'objet, Fargue aima d'un regard d'artisan les mots faits à l'usage des choses, comme il aima les choses faites à l'usage de main d'homme. Des mots, des choses, il sut se faire interroger autant qu'il les interrogeait.

> « ... Une sorte de chevêche toute ronde, au regard tendre, saute à mes côtés sans me quitter des yeux. Me reconnaît-elle? »

De l'habituel à l'inhabituel, du naturel au surnaturel, le mot pour lui se fit « sagesse », au sens antique du terme, et l'écriture se fit « langage », au sens moderne du terme.

> « ... Le bon écrivain est celui qui enterre un mot chaque jour... Pour lui les mots sont artésiens. »

☆

Telle fut, dans l'art de Fargue, son exigence formelle : poussée, littéralement, jusqu'au scrupule typographique.

Celui que Valéry saluait familièrement du titre de « prince de la métaphore », ce fils prodigue des lettres françaises fut à sa table d'écrivain le plus farouche et minutieux des autocritiques, le plus impitoyable à toute indécision comme à toute compromission. Pour lui les signes et lettres de typographie entraient d'eux-mêmes, à leur rang, dans l'exercice d'une fonction littéraire où l'exigence de l'œil rejoint celle du souffle et de l'oreille. En un temps où l' « esthétisme » et la mode s'entendaient pour évincer la ponctuation du poème, aussi bien que de la vie, Léon-Paul Fargue fut homme à prendre un train de nuit pour courir en province, chez l'imprimeur, s'assurer sur épreuves de l'emplacement d'une virgule. Ce n'est pas lui qui eût laissé flotter ses vers, au gré des eaux, comme, sur leur radeau, des énervés de Jumièges aux jointures disjointes. « L'art, n'a-t-il pas craint d'écrire, est une question de virgules. »

Et dans la maîtrise de son rythme, ce n'est pas lui non plus qui eût fait bon marché de muettes ni de brèves, d'élisions ni d'ellipses, d'alliances ni d'allitérations, entre toutes consonances harmoniques du texte poétique.

V

Il fut cet homme parmi nous, le moins ménager de son temps : prompt au plaisir de l'être, plus qu'au travail en chambre de l'écrivain. La discipline d'une conduite littéraire lui eût paru ladrerie de vivant. Ombrageux et rétif à l'égard de l'écrit, il fut librement paresseux. Et ce fut dans Paris, pour l'amour de Paris, la dissipation d'un très beau patrimoine de poète... Paris, son fief et sa coutume... Et qui donc, après Villon, pouvait écrire aussi simplement de soi :

« ...né à Paris, rue Coquillière... » ?

Sa paresse, très active, procédait fébrilement de son intransigeance d'artiste. Il savait trop quelles exigences extrêmes l'attendaient à une table de travail. Qui vit d'insaisissable est prompt à l'évasion. La vie de Fargue ne fut longtemps que fuite devant l'écrit. Pour lui forcer la main à l'écritoire, il eût fallu un autre sens de l'urgence littéraire, une autre mesure aussi du temps dans l'écoulement d'une vie d'homme. Il fut, au cœur de la Cité, ce voyageur infatigable d'un espace poétique où la réalité du temps lui tint lieu d'exotisme.

Il n'aimait pas s'asseoir, ni n'aimait demeurer. Son rythme fut la marche, et plus d'une de ses pages en garde l'empreinte personnelle. Envenimé de la parole poétique, coiffé peut-être du long murmure comme d'un essaim d'abeilles sauvages égarées à la ville, il suivait, l'œil mi-clos et lucide, l'envol de ses images dans la montée du soir, *et s'avançait, de nuit, dans l'amitié des hommes et choses de son temps : un homme ouvert aux surprises du soir, et chaque soir remis en cause — Fargue l'insoumis et l'inasservissable, à nulle règle assermenté :*

« ... Un autre jour parcourt au front des maisons leurs songes de pierre et de verre. Et l'homme entend frémir et se reformer la plainte unanime des âges, où nage le thème de la vie qui chante, lasse de refléter le ciel et les terres... »

Il eût souhaité de vivre entièrement libre et sans contrat social, lui le plus sociable des hommes, à qui rien d'humain ne fut étranger — mais aussi né, comme tout poète, pour le plus grand loisir, et pour le très grand luxe d'une enfance, chez l'adulte, à jamais irrévolue.

« ... Me rhabiller de mes sens d'enfant!... »
« ... Puis-je encore me faire entendre? Que de questions encore humaines avant que je sois mangé par les grands nombres! »

Curieux de tous et fraternel, il recherchait la chaleur humaine sur les plus humbles faces de vivants : sur « tous ces beaux visages humains si pleins de toutes les choses de la vie » qu'il aimait :

« ... J'ai fait mon choix depuis longtemps : je préfère les hommes aux œuvres. »
« ... Des ouvriers baissent leur figure où l'ombre tient tant de place... »
« ... Seul dans l'odeur du soir... » « homme des foules, aux yeux impurs et tristes... »
« ... Il aime à descendre à la ville, à l'heure où le ciel se ferme à l'horizon comme une vaste phalène... Il s'enfonce au cœur de la rue comme un ouvrier dans sa tranchée... »

Sa part de solitude humaine fut moins un fait d'insularité que de communauté.

Vivre, pour lui, fut toujours suivre, à force d'assentiment, une même continuité de l'heure, où bonheur et malheur tissent la même trame :

« ... Tout n'est que douceur lancinante... »

> « ... Cette vocation pour le bonheur que vous portiez si bien quand vous n'y pensiez pas... »
> « ... Et ces années si bonnes, et ces années si tristes... »
> « ... Un reste infime de douleur humaine nous rendait encore les choses désirables... »

Nul anathème contre l'existence, ni tentative de déprécier la vie elle-même, à la façon des symbolistes :

> « ... Nous commencions la longue marche de la vie, pleins d'un espoir immense et mal dissimulé... »
> « ... La vie n'était pas bonne, mais elle était si belle... »
> « Une grande pensée nocturne qui s'amasse, à l'horizon, dans un orage... »

Une évidence est dans les choses, dont la félicité suprême se révélera peut-être à la candeur du très vieux chant humain... Et l'égalité d'âme, dès lors, devient activité de l'âme :

> « ... Au lieu de chercher de quoi et pour quoi les choses étaient faites, il fallait aimer les choses pour elles-mêmes... »

Son cynisme est courtois, son sarcasme, français : Siccis oculis *est l'épigraphe d'un de ses poèmes.*

> « ... Le dieu qui sale la terre n'a pas la main trop légère. »
> « ... Nous autres, friands de l'odeur d'un parc, nous nous obstinions à y pourchasser la bête du bonheur... la bête infidèle aimée de l'enfance... Et les hautes maisons haussaient les épaules, toutes noires. »
> « ... La terre en nous continuait à se tromper... »
> « ... Je n'ose pas souffrir... »
> « ... Un homme « demande grâce avec sa voix de chèvre « instruite ». »

Aimer, pour lui, fut, en toutes choses, la plus pressante façon d'agir et d'être, de connaître; et par la joie surprise au faîte de l'instant, révélation furtive du plus haut savoir :

> « ... Un regard d'amour, cette chose immense et qui semble emplir le monde... » « Est-ce ivresse ? Est-ce bonté ?... »
> « Et ce visage inexplicable de l'amour... » « Qu'est-ce donc que toute cette tendresse ? »
> « ... Nous sentions venir à nous, tournoyante comme un vertige, une science parfaite, au cryptogramme enfantin, que

les héros avaient foulée, (...) que les siècles des siècles avaient enjambée sans la voir entière. »

« ... Puisque enfin tu vas tout savoir sans apprendre, désapprends donc ce qui ne t'a rien fait savoir... Dors, chrysalide, à toute vitesse. »

La vie n'est plus qu'un seul et grand aveu courant les chances de cette furtive clarté :

« ... Immense aventure de vivre... » « ... O vie! dans ce moment qui passe et que nous voudrions pour toujours ressaisir, cesse de nous dérober le secret de nos jours. »

Nouvel élégiaque remuant à fond le vin de sa tristesse, faite tendresse, il ne croit pas devoir rogner les ailes au romantisme du cœur si, par l'amour face au chaos, peut être au moins recréée, pour un instant, aux portes mêmes de l'angoisse, l'unité d'un accord ou d'une trêve entre le monde extérieur et le monde intérieur :

« ... Sache mériter les fantômes qui ne te viennent plus de tes songes... »

Pour le reste, les clés sont aux dieux du jour : nostalgie résignée d'un « ailleurs » et d'un « autrement » dont la réalité suprême nous est inaccessible :

« ... De l'autre côté des maisons et des livres, de l'autre côté des pages de l'air. »

Et n'est-ce pas là cette discorde latente qui règne au cœur de tout poème — ce nœud de poulpe des contraires qu'assemble toute rive poétique?

« ... L'amour et la mort ont fait leurs premières armes dans la mer. »

VI

Fargue, lui demandait-on un soir, vous qui aimez les mots en eux-mêmes et pour eux-mêmes, comme des créatures vivantes encore reliées à leur naissance, nous direz-vous un mot de votre choix, et qui vous ait encore en sa faveur?

— « *Le mot lampe* », *dit-il simplement (ce mot porté, comme son nom même, par deux syllabes inégales : une forte et une muette).*
Et certes il y eut beaucoup de lampes dans son œuvre, compagnes fidèles de l'errant et du songeur attaché à sa rive de lumière : lampes à la Ville et dans les chambres, lampes du riche et lampes du pauvre, aux halls des gares et des palaces, aux ateliers et aux vitrines, comme aux treilles mêmes du drame ou de la fête — lampes de toute race et de tout cru, de toute veille et de toute fièvre, depuis les feux de rampes théâtrales jusqu'aux lanternes de ruelles oubliées au matin en haut d'un escalier de pierre...
Lampes fiévreuses, et comme voilées, de Fargue !... Elles brûlent jusqu'au jour et durent dans le jour. Le doute saisit l'aube à son dernier quinquet. Douceur et violence se lèvent au même lit de l'homme.

> « ... En bas, dans la rue couleur de perdrix, des passants, les premiers du jour et les derniers du soir, enjambent les corps couchés dans l'ombre... »
> « ... Les barques de la nuit sont prêtes à partir... »

Et la clarté court aux tranchées des beaux quartiers et des faubourgs.

> « ... Une petite lampe encore tressaille, comme un papillon captif se débat, dans les chemins serrés de murs... »

Midi se tait au front des gares. L'étincelle brille sur les dômes. Et les feux d'avant-soir couvent dans les verrières.

> « ... Les ombres commencent le halage nocturne... »

C'est le soir d'un beau jour à l'horizon des villes, quand les dernières braises du siècle s'embrasent au bas du ciel d'été, « *sous le regard absent des éclairs de chaleur* ».

> « ... Tous les toits sont au faîte éclairés par un vaste regard dont le foyer demeure invisible... »
> « ... Les premières lampes font rougir le soir comme un visage... »
> « ... Comme dans une opale la lampe et le jour luttent avec douceur... »

L'amour et la tristesse se couronnent alors de même ombrage.
« *Une lampe a soif dans les ténèbres...* » « *Là-haut les marches vieilles*

*et caves touchent ce ciel songeur qui est le front de toutes choses. »
Et la Mort dans les fêtes « passe le trèfle de sa face... »*

Entre toutes lampes qui s'allument, nourries du songe des vivants, qu'une lampe votive s'allume aussi pour Fargue — pour Fargue de France et de Paris, dans cette Ville qu'il aima de si poignant amour.
  La flamme de songe qui brûlait dans toutes ses lampes de poète fut d'âme vive et tendre — douce et cruelle, tour à tour, à son besoin, égal, d'aimer et de châtier... Et qu'était donc cette gloire, à la ville, qu'il ne voyait guère « placer plus haut que les chambres de bonnes » ? Y eut-il rien d'autre pour lui que cette veille du fiévreux au plus clair de sa fièvre ?

> « ... La lampe fait son chant léger, doux comme on l'entend dans les coquillages. Elle étend les mains qui apaisent... »

Il aimait, des meilleurs, cette faveur qui tait l'éloge. Et ce fut bien, pour lui, l'image de la gloire, que « ce silence qui plane et brûle de toutes ses lampes... ».

> « ... Un enfant court autour des marbres... »
> « ... Des gens tiennent des lampes, c'est fête, et des fleurs... »
> « ... Il semble que tous les regards du soir s'emplissent de lampes... »

Tant que le mystère, au cœur anxieux de l'homme, revendiquera l'issue du chant ou du sarcasme; tant que la langue française elle-même, au cœur obscur de l'homme, tiendra son office d'exorcisme, Léon-Paul Fargue, poète français, gardera nom de vivant dans la mémoire des poètes.

Saint-John Perse.

Tancrède

(1895)

I

PROLOGUE
OU LE VOL DU BRACELET D'OR

> *Il était plusieurs fois un jeune homme si beau que les femmes voulaient expressément qu'il écrivît.*

— Méchant !
disait la petite prostituée rouge. Mais Tancrède n'avait touché vite que pour démettre, persuasif, avec lenteur, son bracelet d'or. Les autres faisaient le guet. Elle ne parut point autrement vexée que lorsqu'un breuvage vous déplaît. Tancrède, exempt de politique, sans projets de sortie, remarqua les petits aspects. L'allumette mal prise fit un myosotis, la lampe éteinte une petite fraise des bois. Lui se rappelle un peu de souffrance, les parlotes singulières, sa ville et ses amis, ce qu'il vient de quitter, une gare balafrée, un vaisseau tremblant, certaine musique disciplinée.
 Ils ne pensèrent point de l'aube convalescente qu'elle fût autre chose qu'une passe de la nuit. Il y eut un petit bruit de qui se gratte. L'heure sonna, celle où le coq nargue et chante. Et tout cela fut réservé. L'aurore au lustre indolent déclara la petite malheureuse dormante. Au cran du rideau, le matin noua froidement ses faveurs bleues. Parmi les objets usuels, exquis du fait de sa fièvre (on dirait qu'une chapelle privée brûle au cimetière et se dorlote en plein jour) la veilleuse trembla. Comme haletant de courir, au milieu de son troupeau, le petit berger. L'enfant parlait. L'enfant rêvait. Sous la croisée pâle au compliment bleu. Comme on prie à l'église en dormant. (Lorsque le soleil sur l'autel

aux cils d'or sème ses beaux palets tremblants.) Une araignée crépue débusqua, souple au mur, touffe de lampe fumeuse, étoile filante sans bruit, comme le duvet s'envole au printemps, moins serré que le flocon de neige tremblant.

Lorsqu'il vit qu'il faisait grand jour : « Elle dort comme si elle devait être en blanc demain, dit-il. Elle dort comme si elle avait trop tard souri. On doit dormir ainsi lorsqu'on est riche depuis la veille, ou lorsqu'une effrayante félicité vient de vous frapper. Faire en sorte de ne pas la troubler. Elle est trop heureuse, elle ne s'éveillera jamais. Je pars. Puisque j'ai résumé. L'ombre esquissée d'un oiseau glisse au volet. Sur la vitre, une mouche écrit, déjà. Laitier qui viens, philosophe, auteur classique, et vous tous, les autres marchands de fleurs, taisez-vous! » Comme la mer, haleine tremblante au flanc d'une conque rose et creuse, règne le silence des léthargies. La lampe douce où s'ébruite un petit soupir sévère demeure seule avec ses pensées. Vers midi, l'on est venu, l'on a chuchoté. Au fait, est-ce qu'elle va mourir? Viendras-tu voir aussi, Tancrède, et remettre le bracelet d'or?

II

ALLÉGORIE A L'AURORE

Pour Jean de Tinan.

La petite fille m'accosta près du buisson. Pas de bruit. La lune était blanche comme les chantiers. Le vent prit son élan. La barrière cria. Je me croyais tranquille et comptais pleurer. J'avais trouvé ce petit endroit tout seul, pour chercher à chanter. Vers la ville, une musique en dérive, un moucheron très fin se pose et tait. L'étoile, accroc bleu. L'heure prudente et une feuille sèche passaient. J'écoutais se reposer l'entourage et le bruit du jour venir au-devant. L'ombre avait peur du feu. L'étoile risquait sa petite crise claire. Une fièvre bleue sauvait la nuit.
Moi, j'avais déjà reconnu celle qui venait vers moi sous le bruit du chêne. Mes larmes défaillantes lièrent ces lueurs. Elle était noire sous le ciel voué au bleu et aussi fine et blanche, et je lui dis :
— Pourquoi êtes-vous venue jusque-là? Vous serez donc toujours après moi? Je croyais que le bruit, c'était fini. Touchez-moi, de grâce, et voyez que j'accoutumais de ne plus souffrir. Les moteurs faiscelés scandaient plus loin. Les vapeurs criants ne brûlaient plus le chevet de l'écluse. Auprès d'ici j'ai ma maison, très douce, un vrai sourire. Et le pont svelte et crespelé berce son reflet comme un hamac. On avait pensé qu'il fallait rentrer. La forêt avait caché les oiseaux. Je vous croyais loin de moi, près de celui que vous aimez. J'étais près de ces quelques fleurs. Croyez-moi. Ne revenez plus là-dessus. J'ai d'autres peines. Jeu

de mains, jeu de vilains. Vous m'avez pris mon petit paysage calme, rendez-le moi.

Elle répliqua : « O mon Dieu, voilà encore que tu pleures ? Tu ne sais pas te changer. L'abeille et l'hirondelle, une voix dans la brise, au bois sont heureuses... Voilà qui me plaît. »

Elle est partie. Mais je sais par où elle a passé.

III

HISTOIRE DE CETTE FEMME
OU LES FOUS

(NARRATION)

    Plusieurs aimaient la même femme. Ils étaient tous très beaux, sauf un laideron *(sic)*. Ils vinrent se chauffer près d'elle comme les pauvres descendent l'hiver, sans bruit, vers les grands feux. Sans cette clarté, ils eussent passé inaperçus dans la nuit froide. Il leur vint une charmante folie, celle du silence devant sa beauté. Celui-là même qui aurait voulu dire sa peine on l'aurait frappé. Il fut seulement permis de chanter. Doucement. Lorsqu'on chante, on ne sait si on est triste ou gai. Le calme fut grave, puis mortel un soir, et tel qu'on s'acheta des grelots pour se charmer. Les étoiles tremblaient. Grains des teints frileux. Cela fit au monde un menu bruit, spirituel et triste. On se reconnut venir. Elle vint dans la forge, ses petites mains droites. Fière du grand jour. Entourée d'oiseaux. Comme le soleil vient distraire une forêt sombre. Comme la neige transfigure un visage. Tout cela fut neuf et le feu rose accablé. La flamme rêche naguère s'étourdit. Le grillon conclut son chapelet. L'enclume et le cercle turent leur bruit savant. Les feux se glacèrent, délaissés. Des bêtes prestes coulèrent vers sa robe leur langue de crêpe sombre. Tout cela sortit dans le paysage radieux qui vint rejoindre. Devant le triomphe, elle n'eut point l'habitude, fit bonne figure et se tut. Mais rien ne l'inquiéta. Malgré cette pause, nulle trêve n'exempta le bruit des feux lustrés. L'amour, au ciel matinal, brûla cent drapeaux. Les oiseaux coururent partout. Les hommes quittèrent leur travail et ce qui s'en suit. « L'on s'en fut sourire. » D'aucuns prirent fièvre et ne purent suivre. Ils quittèrent cela sans pleurer, gagnèrent leur pauvre chambre, et ce fut dit. Depuis lors, elle fit voir aux autres tout ce qui est beau sur la terre. Ils la suivirent en groupe dans les cités, gais comme des mariés de village, ou par les petites rues sur la campagne. Une bataille cessa raide. Comme les feux, comme les enfants, les batteries ne tinrent pas en place et jetèrent des baisers. Les blés haussèrent de belles lances d'or. Les bestiaux se tournèrent lentement. Comme sacrés. Dans les fêtes foraines, les pauvres lions cardés qui sentent la laine brûlée se dressèrent. Flammes domptées. Les poules se sauvaient bien vite. Mais ils méritèrent que toutes les bêtes mystérieuses se vinssent poser. Elle fut pour eux le bris de l'ennui, la lampe docile du savetier, la petite sainte à l'air penché dans l'église brûlée du soleil, qui dit aux désolés : « N'ayez crainte. Je suis là. » Ils furent très près d'elle. Comme un peuple en prière contre la croisée de la reine souffrante. Sur les ponts surchargés, ils s'exercèrent à mieux trembler. Ils écoutaient gravement la musique. Une voix leur disait : « Du courage! Si vous êtes frappés, c'est parmi les fleurs. » Sa petite lampe tressaillit, comme un papillon captif se débat, dans les chemins serrés de murs. Ceux qui dormaient de l'autre côté sentaient sa lumière. Auparavant, chacun se disait : « Seigneur, veuillez que j'éprouve où ramener le nombre épars des beautés ! Le flux des feux sacrés comme un faisceau de bois non lié se disjoint! » La Providence voulut qu'ils fussent exaucés. Mais les enfants ne cessèrent point de prier, par habitude, à cause de tout cela?...

> *Que comprendre à ma parole?*
> *Il faut qu'elle fuie et vole!*
>
> Arthur Rimbaud.

IV

LIEDER OU L'ON SOURIT POUR NE PAS PLEURER

Pour André Lebey.

MATIN

Loin de la ville
Sitôt crépite
La libellule
De linon bleu.

C'est le matin
Pauvre malade.
Il fait si doux
Qu'on est heureux.

La lampe sœur
Au col marin
Couve sa peur
Sous le clin bleu.

Elle contrôle
Qui dort encore
Et arque drôle
Sa clef d'or.

Au bleu baiser
Sur la croisée
L'oiseau commence
A chanter.

Sur la croisée
Triste ai-je dit
L'oiseau timide
Interdit.

Les hauts nuages
Qui frôlent vieux
Ont passé l'âge
D'être heureux.

Qu'est-ce qui trinque
Dans la rue bleue?
C'est un forçat
Délivré d'eux.

Un chant pas loin
Part de l'église.
Il fait si doux
Qu'on est sauvé.

PHASES

I

— Dites-moi. Savez-vous même
Aimer aussi qui vous aime?

— Mon oiseau de paradis,
C'est quand le soleil sourit.

— N'est-ce point là qu'une mouche
Dit sa musique jalouse?

— Le silence bleu et or
Cueille d'invisibles fleurs.

— Ah le soleil délaissé
Faisait mon intimité.

II

L'enfant pourra bien mourir
S'il se fatigue à courir
Parmi les objets aimés.

On écoute à la croisée
Le pauvre faire sa cour
Au silence du grand jour.

Bruit du jour, fais ta prière.
L'heure passe lente et claire
Sur la place somnolente,
Sous le ciel d'hiver tremblant.

Comme la vie fait souffrir,
Sans reproche, sans mot dire,
Pour un rien, pour le plaisir...

KLAGELIED

O misère de trop aimer.
On se tient mal à cause de cela.
Lorsqu'on donne la main, on rougit.
Pourtant, nous touchons aux fleurs
Aux cristaux, aux petits encriers.
Et l'on se touche, pour pleurer.

Il me faut beaucoup de silence.
Rien qu'un bruit...
Tranquille au parc bleu :
Pas de l'enfant qui se lamente
En souvenir de tes yeux bleus.

RÉPRIMANDE

Petite chérie
Du calme au parvis.
Soyons sérieux
Parmi les buis bénits ?

Tu fais des manières
Pour bien peu de choses.
Tu es belle et fière.
Tous ces gens en causent.

Il ne faut pas même
Éveiller tout bas
Les beaux anges blancs
Sauvages, mais doux.

Si tu n'es pas sage
Je prierai Jésus
Sans que tu le saches
De ne t'aimer plus.

L'ENFANT

Voici mes plus beaux
Mes plus beaux versets.
Tremblants. Comme volent
Les oiseaux blessés.

Puissé-je parler sans cri
Comme la flamme en sursaut
Parle autant! sans bruit
Que le coq frémit.

Puisque je semble si doux
Au danger du berger fou
Le berger tremblant veut bien
Me donner la main.

Saute sa marelle un bel
Oiseau : comme l'heure heureuse
Qui se faufile au cartel
L'heure au fébrile ramage
Court silencieuse...

DIVERS OBJETS

Le petit restaurant malingre
Tiède comme un
Baiser malsain
Je sais, je sais l'aimer
Autant que les idées.

Sur la source dormante
Où l'enfant s'est perdu
Où l'enfant s'est troublé,
Vois l'étoile distraite
S'étiole imprudente
S'étiole égarée.

C'est l'écolier chassé
Qui pleure dans les blés
Car l'oiseau qu'il désire
Ne veut pas se poser.

Le thécla vole bleu
Gauchement sur le pré
Tout ceci pour montrer
Ce qui me rend heureux
Ce qui me rend troublé.

PAYSAGES

Sous le bois sérieux
Le vent s'exalte. Les
Petites bêtes bleues

Se sont réfugiées.
Tout cela est d'un bleu
Qu'on ne croirait jamais.

La mer penche comme on
S'accoude après pleurer.
Qu'on accepte sans honte

Mon aumône tremblante.
Ne soyez point jaloux
Passant que je sois doux.

Qu'on aille se pencher
Boire aux comptoirs blessés.
Pour la sieste seront

Les villages dormants.
Presque intime, sans bruit
Le vent s'est assoupi.
Le chien fidèle aussi.

RONDE

La petite princesse
Guette
En son verger
Le pronostic du train
(S'il vient
de l'Étranger.)

Duquel train rogue sautera le chevalier
Frugal
Qui sait souffrir
Mourir
Ou consoler.

Guidera son cheval
Boire à la source blanche.
C'est une espèce d'aile
Frêle
Et puis... tremblante.

Les fleurs, cet âge est sans pitié
Diront qu'il est
Emprunté
Comme un petit tambour en congé.

Il parlera très fort,
Il cueillera les fleurs
Qui meurent sans douleur
Et la princesse petite sœur
Prendra peur.

AMOUREUX TRANSIS

L'ami disait en pleurant
Est-ce ivresse, est-ce bonté?
Est-ce que j'ai trop fumé?
La clarté me fait trembler.
Voudrais-tu me consoler?
Notre amie est trop jolie.
(Toutes ce divin sourire,
La pauvre et celle trop née
Et surtout l'infortunée.)
Ainsi fîmes-nous l'éloge
De la bien-aimée.

Et voici
Brusquement
L'on s'avisa d'être heureux.
On allait tous deux.
Mon ami riait.
Les pauvres soldats,
Le soleil sacré,
Tout cela m'irait.
Le jet d'eau triste
Au fin stylet,

L'oiseau du kiosque
Au square bleu,
Ce qui s'endort
Au bois joli,
Au bois tremblant.
Bientôt l'église
Va célébrer.

C'étaient des égards...
On saluait Dieu.

Pour avoir goûté
La chère douceur
La chère douceur
D'être amoureux...

TREMBLANT

Sept variantes pour scander la marche ou calmer les nerfs.

I

Amour.
Amour.
Crainte de plomb. Fronde de proie.
Je sais vos deux instincts frappants !
Toi qui veux que la fille riche
Tremble au toucher de sa servante,
L'enfant pointe dans son lexique
Tes sales mots qu'il va rêvant,
Tes sales mots comme des crans !
Servante qui ris toute seule.
Amour tenace. Amour tremblant !

II

Crainte. Tu causes ! Marché sombre.
Feu de bois vert. Grand cyprès blond.
Feu de lucarne au vent claquant.
Bruit du feuillage. Forêt sombre
Où s'espacent des croisées bleues.
Lampe dont l'anse lape et danse.
Tenace crainte au flanc stoppant.

Mystère de l'étang craquant
Comme l'armoire du poltron.
Bruit de pas du moulin tremblant.
Bruit de l'eau qui donne la fièvre.
Crainte, sorte d'amour tremblant.
Austère vaisseau qui échancre
A grand bruit les fleuves dormants
Se découplant. Secret sifflant
Qu'on ne peut taire plus ! Ton sexe,
Geste fatigué des statues,
C'est toi fidèle. Amour tremblant.

III

Amour. Ton sexe frémissant
Comme le fleuve sous l'arc sombre.
Comme l'écluse aux crins stridents
Dont le sévère bruit méprise
Le son câlin des violons.
Amour tenace. Amour tremblant.
Sexe. Ruche au bruit de jetons.
Nid plaintif des guêpes troublées.
Fluxion du beau soldat gauche
Qui épointe l'onglée des fleurs.
Meringue frileuse au toucher.
Suro du vieux cheval tremblant.

IV

Crainte. Grand chêne frissonnant
Triste et seul d'être au premier plan.
Visage du mauvais passant.
Sauveur qui prend comme un amant
Le corset de la vague sombre.

Spirale obscure en pas de vis!
Gouffre d'encre aux bracelets clairs
Qui se creuse en cône au glissant
Baiser du grand vaisseau tremblant!

V

Ruisseau des femmes de Viterbe.
Vol frôleur des frelons sonnant
Le travail au diapason!
Lèvre sèche et lisse du feu.
Gourmande. En plein jour et sans bruit.
Criquet rapide s'abattant.
Veuve qui fait la révérence.
Cyprès de flamme qui s'ébrèche
Et rembrunit l'étoile d'or.

VI

Main charitable qui réchauffe
L'autre main glacée, chastement.
Paille qu'un peu de soleil baise
Devant la porte du mourant.
Femme, qu'on tient sans la serrer
Comme l'oiseau ou bien l'épée.
Bouche souriante de loin
Qui veille à ce qu'on meure bien.
Armée qui croit ne point déplaire
Aux yeux de la reine amoureuse.
Et redresse un peu sa langueur.
Et retient mal ses yeux tremblants.

VII

Amour tremblant. Crainte de proie.
J'aime vos deux instincts frappants.
Crainte tenace. Amour tremblant.
Je sais ton style heureusement.
Je suis le maître dans la nuit.
Amour tenace. Amour tremblant.
Tu t'es posé sur le rebord
De l'âme la plus misérable.
Comme un aigle sur un balcon!
Amour tenace. Amour tremblant,
Moi le voyageur sans souci
J'ai dû prier pour ta beauté.
Amour tenace. Amour tremblant.
L'horloge creuse de la mort
Je l'honore dans tes beaux yeux,
Je la distingue aux seins blessants.
Les fleurs qu'on ne voit que la nuit
C'est ce qui fait qu'on réfléchit.
Mais veuille surveiller nos yeux.
Quand nous souffrons fais-nous pleurer.
Lorsqu'on pleure on est presque heureux.
Amour tenace. Amour tremblant!

Ludions

(1886-1933)

AIR DU POÈTE

Au pays de Papouasie
J'ai caressé la Pouasie...
La grâce que je vous souhaite
C'est de n'être pas Papouète.

LA STATUE DE BRONZE

La grenouille
Du jeu de tonneau
S'ennuie, le soir, sous la tonnelle...
Elle en a assez !
D'être la statue
Qui hurle en silence un grand mot : Le Mot !

Elle aimerait mieux être avec les autres
Qui font des bulles de musique
Avec le savon de la lune
Au bord du lavoir mordoré
Qu'on voit, là-bas, luire entre les branches...

On lui lance à cœur de journée
Une pâture de pistoles
Qui la traversent sans lui profiter

Et s'en vont sonner
Dans les cabinets
De son piédestal numéroté !

Et le soir, les insectes couchent
Dans sa bouche...

Mais elle est rivée à la tribune,
Ouverte à l'amour, ouverte au davier,
Vers la lune qui souffre, au tournant du sentier,
D'une indigestion d'ouate thermogène...

Au loin un follet cherche quelque chose
Qu'il a perdu dans les roseaux
Et réveille au fond de la mare close
L'hydrophile noir dans son château d'eau...

Mon enfance triste, à l'affût des charmes,
Le soir allait te voir bayer,
Prête à t'écouter, au bord de tes larmes,
Gobeuse de temps couverts et de blâmes,
Comme moi, poète, dans mon verger...

CHANSON DU RAT

Abi Abirounère
Qui que tu n'étais don?
Une blanche monère
Un jo
Un joli goulifon [1]
Un œil
Un œil à son pépère
Un jo
Un joli goulifon

Parlé.

Tillibeet, mon ti fifi!

---

1. Et non pas : goulaphon.

CHANSON DU CHAT

Il est une bebête
Ti Li petit nenfant
Tirelan
C'est une byronette
La beste à sa moman
Tirelan
Le peu Tinan faon
C'est un ti blanc-blanc
Un petit potasson?
C'est mon goret
C'est mon pourçon
Mon petit potasson.

Il saut' sur la fenêtre
Et groume du museau
Pasqu'il voit sur la crête
S'découper les oiseaux
Tirelo
Le petit n'en faut
C'est un ti bloblo
Un petit Potaçao
C'est mon goret
C'est mon pourceau
Mon petit potasseau.

Il va mord' le papère
Pour être un peu fessé,

Il a plein le darrière
De grains d'café cassés
Tirelé
Le petit n'enflé
C'est un ti bléblé
Un petit potacé?
C'est mon goret
C'est mon pourcé
Mon petit Pot-à-C.

J'te s'couerai les oreilles
J'te r'tourn'rai l'trou du cu.
L'Arsace et la Loreille
N'sont qu'un pays d'coculs,
Tirelu
Le petit n'en fu
C'est un ti blublu
Un petit Pot-à-Süe
C'est mon goret
C'est mon pour sûr
Mon petit Pot-à-Sûr.

Morale.

Il a reçu de l'iau de l'iau
De l'iau mon coco
Sur — sa têtête,
Il a r'çu de l'iau de l'iau de l'iau
De l'iau mon coco
Sur
Son tasseau!

LANTERNE

L'orgue de Barbarie et le Tirage au Sort
Dorment dans la nuit des bagnoles.
On n'entend plus tonner, rempli comme la Mort,
Batiplantes — Jardin des Gnolles.

AIR DE JULIENNE

Les apaches s'installaient
Sur un réchaud de panouilles.
Les daguenettes ballaient
Avec leurs pesons de douilles.

Julienne trouvait mauvais
Que je cherche le bonheur
Et dans un champ de navets
Compulsait l'Indicateur.

Les soutiens-gorge pelus
Soutenaient les balançoires
Et les nombrils vermoulus
Ressemblaient à des passoires.

GRENOUILLE AMÉRICAINE

La gouénouille améouicaine
Me regarde par-dessus
Ses bésicles de futaine.
Ses yeux sont des grogs massus
Dépourvus de jolitaine.
Je pense à Casadesus
Qui n'a pas fait de musique
Sur cette scène d'amour
Dont le parfum nostalgique
Sort d'une boîte d'Armour.

Argus de table tu gardes
L'âme du crapaud Vanglor
O bouillon qui me regardes
Avec tes lunettes d'or.

CAILLOUX

Fleur triphasée, erreurs, lueurs vespasiennes,
Et les femmes, et ces guivres aspasiennes
Qui cueillent le plaisir sur son vieil arbrisseau
Et qui pour un boa prennent un vermisseau.
Assez souffert. Que l'amour soit la grosse rose
Qui fait face au palmier. Que la plainte soit close.
Touche moi. Mais ne risque plus rien qui me touche.
Embrasse moi.
                Oh, comme il fait noir dans ta bouche...

MERDRIGAL

en dédicrasse.

Dans mon cœur en ta présence
Fleurissent des harengs saurs.
Ma santé, c'est ton absence,
Et quand tu parais, je sors.

DANSE

Les salades d'escarole
Dansent en robe à paniers
Sous la lune blonde et molle
Qui se lève pour souper.

Un couple d'amants s'isole
Gracieux comme un huilier
Et va sous un mouflier
Voir pousser les croquignoles.

Les salades d'escarole
Demain elles danseront
Dans leur urne funéraire
Sous les faces lunéraires
Qui dînent d'un œil vairon
Et feront sur leurs frisons
L'escalade des paroles
Et le pas des postillons...

Cependant, la terre gronde,
Et dans cette dame blonde
Et dans ce monsieur qui ment,
La mort, lampe d'ossements,
Consume l'huile qui tombe...

SPLEEN

Dans un vieux square où l'océan
Du mauvais temps met son séant
Sur un banc triste aux yeux de pluie
C'est d'une blonde
Rosse et gironde
Que je m'ennuie
Dans ce cabaret du Néant
Qu'est notre vie.

KIOSQUES

En vain la mer fait le voyage
Du fond de l'horizon pour baiser tes pieds sages.
    Tu les retires
               Toujours à temps.

Tu te tais, je ne dis rien,
Nous n'en pensons pas plus, peut-être.
Mais les lucioles de proche en proche
Ont tiré leur lampe de poche
Tout exprès pour faire briller
Sur tes yeux calmes cette larme
Que je fus un jour obligé de boire.
La mer est bien assez salée.

Une méduse blonde et bleue
Qui veut s'instruire en s'attristant
Traverse les étages bondés de la mer,
Nette et claire comme un ascenseur,
Et décoiffe sa lampe à fleur d'eau
Pour te voir feindre sur le sable
Avec ton ombrelle, en pleurant,
Les trois cas d'égalité des triangles.

Poëmes

*A mon père,
à mes amis Pierre Haour
et Valery Larbaud,
sont dédiées ces études.*

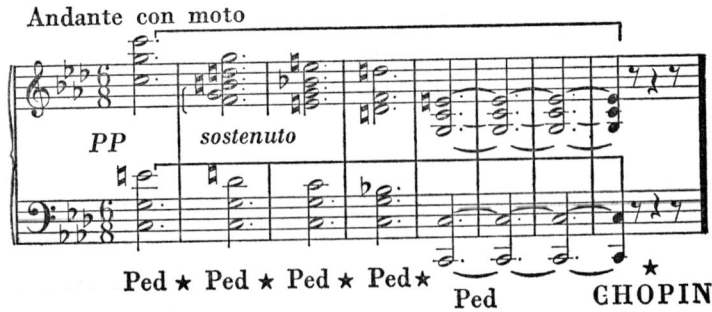

AETERNAE MEMORIAE PATRIS

UN SEUL ÊTRE VOUS MANQUE
ET TOUT EST DÉPEUPLÉ....

... Depuis, il y a toujours, suspendu dans mon front et qui me fait mal,
Délavé, raidi de salpêtre et sûri, comme une toile d'araignée qui pend dans une cave,
Un voile de larmes toujours prêt à tomber sur mes yeux.
Je n'ose plus remuer la joue; le plus petit mouvement réflexe, le moindre tic
S'achève en larmes.

Si j'oublie un instant ma douleur,
Tout à coup, au milieu d'une avenue, dans le souffle des arbres,
Dans la masse des rues, dans l'angoisse des gares,
Au bras d'un vieil ami qui parle avec douceur,
Ou dans une plainte lointaine,
A l'appel d'un sifflet qui répand du froid sous des hangars,
Ou dans une odeur de cuisine, un soir
Qui rappelle un silence d'autrefois à table...
Amenée par la moindre chose
Ou touchée comme d'un coup sec du doigt de Dieu sur ma cendre,

Elle ressuscite! Et dégaine! Et me transperce du coup mortel sorti de l'invisible bataille,
Aussi fort que la catastrophe crève le tunnel,
Aussi lourd que la lame de fond se pétrit d'une mer étale,
Aussi haut que le volcan lance son cœur dans les étoiles

Je t'aurai donc laissé partir sans rien te rendre
De tout ce que tu m'avais mis de toi, dans le cœur!
Et je t'avais lassé de moi, et tu m'as quitté,
Et il a bien fallu cette nuit d'été pour que je comprenne...
Pitié! Moi qui voulais... Je n'ai pas su... Pardon, à genoux, pardon!
Que je m'écroule enfin, pauvre ossuaire qui s'éboule, oh pauvre sac d'outils dont la vie se débarrasse, d'un coup d'épaule, dans un coin...

Ah je vous vois, mes aimés. Mon père, je te vois. Je te verrai toujours étendu sur ton lit,
Juste et pur devant le Maître, comme au temps de ta jeunesse,
Sage comme la barque amarrée dans le port, voiles carguées, fanaux éteints,
Avec ton sourire mystérieux, contraint, à jamais fixé, fier de ton secret, relevé de tout ton labeur,
En proie à toutes les mains des lumières droites et durcies dans le plein jour,
Grisé par l'odeur de martyr des cierges,
Avec les fleurs qu'on avait coupées pour toi sur la terrasse;
Tandis qu'une chanson de pauvre pleurait par-dessus le toit des ateliers dans une cour,
Que le bruit des pas pressés se heurtait et se trompait de toutes parts,
Et que les tambours de la Mort ouvraient et fermaient les portes!

Je t'ai cherché, je t'ai porté
Partout. — Dans un square désert au kiosque vide, où j'étais seul
Devant la grille du couchant qui sombre et s'éteint, comme un vaisseau qui brûle, derrière les arbres...
Un jour... dans quelque ville de province aux yeux mi-clos, qui tourne et s'éteint

Devant la caresse hâtive des express...
Dans une boutique où bougent d'un air boudeur des figures de cendre;
Sur la place vide où souffle l'oubli;
Aux rides des rues, aux cris des voyages...

A l'aube, hors barrière, dans un quartier d'usines,
... Au tournant d'un mur, une averse de charbons lancée par des mains invisibles;
Un tuyau qui fume en sanglotant...
Dans les faubourgs et les impasses où meuglent les sirènes, où les scieries se plaignent, où les pompiers sont surpris par un retour de flamme, à l'heure où les riches dorment...
Un soir, dans un bois, sous la foule attentive des feuilles qui regardent là-haut filtrer les étoiles,
Dans l'odeur des premiers matins et des cimetières,
Dans l'ombre où sont éteints les déjeuners sur l'herbe,
Où les insectes ont déserté les métiers...

Partout où je cherchais à surprendre la vie
Dans le signe d'intelligence du mystère
J'ai cherché, j'ai cherché l'Introuvable...

O Vie, laisse-moi retomber, lâche mes mains!
Tu vois bien que ce n'est plus toi! C'est ton souvenir qui me soutient!

LES COMPAGNONS

... Si vieille, si vieille, elle suivait doucement dans les chambres son fils qu'elle ne voyait plus bien distinctement. Lui-même voyait moins clair. Il avait grossi, elle avait maigri. Ses yeux à elle avaient mûri. Ses yeux à lui s'étaient fanés. Hein, comme nous étions vifs tous deux autrefois...

Nous tous qui avons vécu ensemble, ô les miens, ô mes amis, tous ces corps, toutes ces têtes que nous avons adorés et haïs, ô toi, ô moi, recueillons-nous, regardons en Dieu que nous trouverons toujours disposé à nous accueillir. Pense qu'ils tomberont doucement ou durement en arrière, tous, l'un après l'autre. Bientôt nous voici tous montés de cœur auprès de Lui, couchés de corps dans la terre, ô mes chéris, avec les yeux baissés et un grand sourire vieux. Nous tous qui avons eu l'âge ensemble, enfin notre phalange est bientôt vaincue, notre promotion ne se connaît plus, ne se regarde plus, alignée comme des traverses cachées profond, bien espacées dans le ballast, de relais en relais, et qui ne peut plus se parler que par le vent des herbes et la caresse de l'orage. Voici, et de l'autre côté du mur, le soleil dore la rue pour d'autres amants, pour d'autres passants pointus, radieux, qui marchent le long de nos ombres...

LA PORTE

Du fond de la ville, il était attiré par cette porte. Alors pourquoi n'allait-il pas plus souvent à elle? Comment se fait-il?... Enfin pendant des années, il y pensait, il y pensait souvent, du fond des maisons, boîtes d'oubli, du fond des quartiers, sous les nuages. Quand ira-t-il? La porte du vieux logement, poussiéreuse dans les rainures tout en haut de l'escalier froid, qui souffle une odeur sèche, très ancienne, est-ce que tu n'as pas envie de la revoir, bien que dans ces étages il n'y ait plus rien pour toi... Oui, c'est entendu, tu y étais allé, mais il y a si longtemps. La dernière fois c'était le jour où tu avais pleuré dans la loge de la concierge avec la mère Jeanne. Une autre fois, c'était pour demander si l'appartement était loué, et si on pouvait le revoir. Et tu avais rêvé aussi que tu avais enfin trouvé le passage très secret qui menait aux cours dangereuses de la maison voisine...

... C'est la mère Jeanne, oh, c'est elle. Je la vois debout dans une chambre de la rue du Colisée, un peu bleue de côté parce que les rideaux étaient bleus. La mère Jeanne, elle m'a suivi jusqu'ici. C'est bien elle. Debout devant moi, avec son œil un peu de travers, son léger collier de moustache de paysanne et son air si bon. C'était il y a près de soixante ans. Et je voudrais tant pouvoir l'embrasser, par delà le temps, par delà l'espace taris...

Ces toits, ces cheminées, ces girouettes encore plaintives contre le ciel de la vieille rue et dans le fond de la rue, au bout de la rue ces cris oubliés, ces tintements d'une forge qui va s'endormir, ces mélodies bégayantes qui émergent interdites du fond de soixante années. Et dans une chambre du cinquième un ancien petit garçon qui écoute.

Loin, loin, si loin, pensais-je. Et la musique était là qui mourait d'envie d'entrer.

LA GARE ABANDONNÉE

Ces trois âmes se retrouveront, n'en doutez pas, toutes saisies, toutes ravies d'avoir été chantées. Je les chercherai toujours autour de la gare abandonnée. Je veux revoir la grosse lampe de la ferme qui s'allume à l'arrivée du premier train du matin. J'y gagnerai par l'étroit sentier trempé de rosée les voix qui se lèvent tôt pour la bienvenue qui coupe le pain bis dans le bol de lait encerclé de mouches. C'est l'heure où l'odeur qui vient de l'allée des tilleuls fait vaciller la lumière. Mais la diligence encense et grogne. Il faut prendre la route où la chaleur arrive par le courrier de dix heures quand les premiers papillons Vulcains posent leur écharpe le long des fossés. D'ici là j'ai tout le temps de m'arrêter aux premiers villages bleus d'enclumes, de revoir quelques cousins dans des maisons à sapins et à grilles... Que la paix descende sur moi et qu'on ne me reparle plus de cette immense aventure de vivre. Et que, dans la ruelle d'un étrange demi-sommeil prophétique, j'entende la douce voix du calme chuchoter de quelque part : Laissez-le.

POËMES

Pourrait-elle s'ouvrir encore l'aube, bleue comme des ailes de Morphe, où bâillait l'étrange passage, au tournant d'un mur, avec son escalier sonore, et nous parlait bas de sa bouche d'ombre?.. Un oiseau s'y campe. Il dit : Myrtis — avec douceur..

La rue est triste comme une porteuse de pain congédiée, et toutes les maisons ont mis leur tablier gris... Là-haut les marches vieilles et caves touchent ce ciel songeur qui est le front de toutes choses.. Un quinquet penche sa tête creuse où brûle encore comme un rappel de fièvre au soleil neuf, la huppe d'une pensée, d'une vieille pensée qu'on n'a pas tuée..

L'aube se hausse pour mieux voir.. Et de vieux murs en sont rajeunis!.. La pie qu'on a oublié de rentrer et qui a passé la nuit à la fenêtre nous le raconte en balançant sa cage. De l'autre côté du siècle, tant de cœurs sensibles sont morts dans une ombre rouge.. Et par-delà l'aube qui souffre un peu de ma jeunesse est morte..

Toutes choses paraissent malades et heureuses.. Au front d'un palais, plus haut que les toits touchés d'or, une grande horloge rose pâlit comme un visage.. Les pavillons, les palissades et les petits jardins qui grimpent la côte ont dormi debout, comme des bêtes.. Un peu de verre cassé par terre envoie comme des rais de larmes, des grosses larmes de la veille..

En bas, dans la rue couleur de perdrix, des passants, les premiers du jour et les derniers du soir, enjambent les corps couchés de l'ombre..

Le fantôme de Tancrède est nerveux, d'un bonheur où il pense à bâtir une petite maison claire, dans un endroit brillant de sel, sur une côte exposée aux vents du large.. Tancrède. Énonce un chant d'oiseau calme. Une cloche sonne. On appelle encore. Myrtis passe..

Car, sur son toit d'or, l'oiseau gonflé d'un chant froid se prend à dire : Elle t'aime...

De la tendresse — et de la tristesse — pour que tu m'aimes davantage.. Mais les jours où mon cœur écoute, il me semble que je ne t'ai rien dit encore.. On déborde en secret d'une chère présence.. On la contiendra plus tard, peut-être.. Il y est, le dernier mot de nous-mêmes. Il est dans la Chambre noire, il y dort. Mais comme une épreuve qu'on révélera sans doute un jour.. Il est couvé par tous les cœurs. J'ai longtemps rêvé de le dire..

Certaines grandeurs et valeurs.. Je ne saurais te les exprimer que par la musique. Ou par des noms propres remplis de tendresse.. La musique dira ces mots de lumière pour lesquels sont faits tous les autres, qui les coiffent de leurs feuilles sombres.. Elle passe d'une valeur à une autre, sur un fond de mer aux tons sourds qu'on sent là, derrière toutes choses.. Les pensées se disputent des fantômes qu'elle masque, et dont notre âme est la citadelle. Elle protège des secrets qu'entoure sa course.. Le Destin s'en sert pour t'étourdir. Azraël ébranle à coups sourds des portes lointaines sans que tu l'entendes. L'heure qui remue du feu pour tant d'autres et remplit des regards que nous ne savons pas voir, tombe d'une chute grêle dans ses eaux chantantes...

Les Héros n'ont que leurs joies mates de bataille et de théâtre. Les bruits les serrent aux oreilles comme des guides, leur relèvent la tête et l'empêchent de retomber sur leur poitrine. Mais nous! Tant de paysages gonflés de musique l'échangent avec celle que notre âme pense.. Un signe amical brille au ciel.. Un piano s'allume.. Une femme chante.. Des harmonies qu'on cherche et qu'on tâte ornementent des voix étranges.. Elles semblent venir d'un autre astre.. Et nos pensées tremblent au bord d'un abîme...

Souvenirs d'un passé qui dort dans une ombre si transparente.. Des intimités insaisissables qu'on se croit bien seul à connaître et dont on voudrait enchanter les autres.. Certains regards. La voix d'un être cher. La gaucherie d'une âme ardente.. Une inflexion familière très douce et bien humaine...
Des yeux qu'on revoit parmi vingt ans de souvenirs, dans une rue grise, un jour de promenade. Du soleil sur un peu de paille, devant la porte d'un malade..
Un regret sobre. Une parole d'un chagrin vague.. Un nom touchant qu'on n'arrive pas à retrouver.. Tout ce qui porte une chanson triste au bord des lèvres.. Et ce mutisme avant les larmes...

... Le retour, un soir, dans un quartier où l'on a vécu jadis. Le tremblement de la voiture entre des arbres.. L'odeur d'une avenue frissonnante où il a plu.. L'odeur d'un chantier, sépulcrale et tendre..
Un geste passe sur une fenêtre éclairée très tard, tout en haut d'une maison qui se reflète dans un fleuve.. Le grondement lent d'un train sur un pont de fer.. L'adieu long d'un remorqueur.. Et la persistante vision de ce coin de faubourg où la vieille maison que j'ai tant aimée ne me connaît plus. Rien qui bouge à ses vitres. Un boutiquier maussade y tourne et pèse. Elle est sans regard, elle est sans rêves. Et il n'y a même pas de lumière à la fenêtre où j'ai songé...
J'allume pour nous deux les lampes.. Une parole heureuse, un visage de femme, une fenêtre brûlante, des voix connues passent et se brisent.. Ah je voudrais serrer tous les souvenirs sur ma poitrine, en bouquet, pour te les offrir. Mais ils sont lointains comme des signaux. Signaux du soir, avec leur douceur menaçante.. Fanaux des trains et des bateaux, qui ont toujours ce regard triste.. Signaux d'amour, tendres et fins comme des cœurs à la fenêtre.. Signaux du ciel, un peu perdus, comme des fleurs dans un champ d'ombre...
De beaux accords plans se recouvrent. La mer qui remonte. Un rayon de Chopin m'arrive — et fait la lumière où je veux m'étendre — sans plus rien dire — avec un ami qui sache tout de moi-même, qui me reproche tout — et qui me pardonne..

— Mauvais cœur... souffle une voix nocturne à l'enfant que j'ai battu jadis, dans un jardin d'automne tout encagé d'or. — Ce fut un jour étrange, en vérité. Le soleil donnait sa langueur à tout. Des conseils d'amour et de mort parlaient par les bruits les plus vagues. On avait envie d'embrasser les beaux enfants qui jouaient dans les parcs, auprès des jolies mères, ou de les frapper...

Nous courions sous des arbres très hauts, bien pris dans la lumière, et qui secouaient parfois leurs chaînes de songes, de toute leur taille, à grands bras tristes.

... Le vent remuait ses plis lourds pour aller tourner plus tard, ailleurs, une ronde sableuse en forme de crosse, avec un bruit fin et qui se calme... Un parti de folioles traînait s'enfuir sur les paumes tièdes de l'air si dense qu'on eût cru le voir.. De l'autre côté de la scène, fermé d'une porte épaisse et sombre, une rue pleurait sa chanson mate. Une balançoire qu'on venait de quitter glissait la plainte d'une bête qu'on tourmente..

Il n'y avait personne à portée de nos voix, je crois.. Le cher enfant. Je le vois encore avec une fixité exquise et terrible, assis sur un banc de pierre, songeur et penché, dans son petit costume marin au béret et à l'ancre d'or, et tel qu'au jour d'angoisse où je frappai sa bonne figure...

Je le cherche. Et je pense à lui dans les fêtes qui fermentent, et dans les foules crieuses, et dans les rues grasses, plus longues au loin des baies des lumières, où des ombres rêvent sur les flaques, jambes ployées et jointes, sous le poids d'un souvenir qui leur saute aux épaules comme un mauvais singe.. Il est des pensées qu'on sent qui se cachent derrière toutes les autres. Et il n'en arrive de nouvelles que pour elles, qui bouchent par instants les clairières jaunes où la Mort est lasse de montrer sa figure trouée comme un liège...

    L'Enfant dérange la nuit chaude... Les yeux de l'orage éclairent sa forme. Il saute sur la grille d'un arbre. Il accourt dans l'odeur d'une avenue plantée d'ailantes où des phalènes battent comme des paupières... Les soirs où je prends ma part d'une fête, j'ai envie de m'enfuir quand j'y pense, de courir dans un quartier pauvre, et d'y souffrir dans un coin sombre.. Et il m'arrive de rêver que je le retrouve, homme enfin, noir et bête, abrupt, indolore et cruel — et qu'il est beau, et fort, et riche, dans un endroit de plaisir, avec une cravate indicible, et que mon pauvre vieux remords ne lui arrive pas à l'épaule..

Sur les fausses portées d'un bar, après des kummels et des Old Judge, des coupes de couleur contiennent Puck, Ariel et tout le Songe...

... Une femme en costume tailleur, aux traits parfaitement décidés et froids, sans un bijou. Deux marchands lourds, à l'encolure de buffles, les doigts pleins de bagues, un énorme fer à cheval aux caillots de la cravate, excitent mal son sourire par des grimaces grasses, vivantes comme une foule.

Une aigre musique énerve et tisonne.

Quelque chose, un bras de blancheur qui passe et sort des grands lacs du Songe, va toucher des ronces dans mon cœur obscur. Et ma voix crie!

Ma Vie! J'ai voulu t'embrasser sur la bouche. Mais tu t'es reculée en me soufflant avec dérision dans la figure. Ainsi les enfants des champs soufflent les chardons, comme des chandelles...

Tu m'as fait semblable au mendiant des routes : Il ne voit plus bien clair. Et puis le soir tombe. Il a cru voir, de très loin, quelque chose au tournant de cendre bleue, par terre... Un fouet peut-être. Il se baisse. Et il ramasse un serpent...

J'ai été l'enfant qui tombe, et qui se fait très mal, et qu'on relève avec une gifle..

Ma vie, tu m'as chanté tous tes mensonges... Tu m'as créé à tes images... Et je tournais au milieu d'elles comme dans ces boutiques fameuses que de grands jeux de glaces taillent profondes. Telle, je t'ai acceptée. J'ai accepté l'habitude. Et j'ai aimé. Je n'en parlerai guère. Je ne vante pas ce que j'ai. Je suis chez moi, peut-être..

Ta religion parle en moi d'une voix forte.. Ma fenêtre : Sa croix sur la chasuble d'or.. Une étonnante forme d'amour, la Diane de Goujon flatte ma pensée... Mais je vois plus près, sur une poitrine de femme qui brûle sur place d'une flamme mate, un pendentif d'émaux obscurs, comme une grappe d'yeux crevés remplis de larmes...

Est-ce Toi, dont je revois le regard ailleurs, hardi comme un pont sur un gouffre d'eau sombre? Ton cou si droit, serré du collier, flambe tes cheveux comme une fumée grasse. Ton rire triste au bas de mon ciel passe encore, comme un grand ibis dans le crépuscule.. Mais d'autres regards sont plus tristes, en prison sur le ciel d'un soir, dans un buisson trouble où des chenilles dorment sur des baies d'un bleu pâle..

Mes souvenirs.. Je les tiens. Je n'ai rien dit. La nuit est belle. Pourquoi se serrent-ils? N'aiment-ils plus comme autrefois les grands espaces qui arrivent?

De chères voix vont de la Cave au Paradis... L'heure éloignée sonne d'une voix naine. Sous la lumière basse du soir, derrière une palissade, on prononce à mi-voix des noms de choses vivantes et mortes.. Et je revois les yeux lointains de ceux qui pleurent mes fautes. Et je revois dans un vaste éclair de chaleur, comme un secret qu'on laisse échapper, la grande figure affreusement blessée de quelqu'un qui m'aime..

Sache souffrir. Mais ne dis rien qui puisse troubler la souffrance des autres. Rien qui puisse les distraire. Rien qui fasse qu'ils se retournent sur la route crépusculaire... Rien qui les accroche un instant sur l'immense courant chantant qui les entraîne vers la chute..

Un soir, j'avais trouvé — il me semble que j'avais trouvé — une chose — pour être heureux... J'y pensais dans une rue noire et grasse, à la rampe infinie de lampadaires, et telle qu'un grand rire silencieux et sombre.. Aux vitres d'un bal, une musique d'étoiles filantes.. Par instants des accords brillaient plus fort.. Mais on les cachait pour que je fusse seul encore.. Et la Mort y passait sa figure de trèfle.. Et j'en caressais mon rêve...

Vaincrais-je enfin les figures légendaires qui montent l'escalier des mythes ? Oh, je veux ployer celui qui me fera vivre, dans la gloire des villes, devant ceux qui me dévisagent, ou dans le silence qui plane et brûle de toutes ses lampes !...

On dit : qu'il cache une partie de sa vie. D'autres se demandent de ses nouvelles, non sans frémir de la tendresse bizarre qui remplit le nom qu'ils prononcent.. Une bouffée de musique, une odeur passent.. Ils se séparent. Leurs regards s'éteignent. De l'autre côté des maisons et des livres, de l'autre côté des pages de l'air..

Un homme par instants s'absente : Un spectre l'a pris d'un geste invisible. Il le conduit maintenant du côté où le ciel sera le plus sombre, tout à l'heure.. Il aime à descendre dans la ville, à l'heure où le ciel se ferme à l'horizon comme une vaste phalène. Il s'enfonce au cœur de la rue comme un ouvrier dans sa tranchée. Le ciel — on croirait qu'il recule devant les fenêtres et les vitrines qui s'allument.. Il semble que tous les regards du soir s'emplissent de larmes.. Comme dans une opale la lampe et le jour luttent avec douceur..

Des conseils s'écrivent tout seuls et s'étirent en lettres de lave au front des façades.. Des danseurs de corde enjambent l'abîme.. Un grand rouet d'or dévide son cœur aux crocs d'un buisson plein de fleurs. Un acrobate grimpe et s'écroule en cascade.. Des naufrageurs font signe à d'étranges navires. Les maisons s'avancent comme des proues de galères où tous les sabords s'éclairent.. L'homme file entre leurs flancs lourds comme une épave dans un port...

Alors, sa pensée s'ouvre avec force : Une crique froide et bleue qui se réchauffe. Tout l'immense bruit discord qui s'accorde. La marée qui monte. Le marbre d'une première lame qui se brise : Elle bâille et s'étire comme un grand fauve. Elle roule se creuser haut et loin comme les hautes vagues sur un vaste front...

Tout y a la grandeur des corps monstrueux d'avant le déluge.. Elle a des gosiers de grottes basaltiques. Elle a des prie-Dieu sans Christ ni lumière où les vagues des songes s'agenouillent.. La tiédeur d'un volcan mal éteint s'y traîne.. Et de hautes verrières crispent leurs serres sur son ciel, d'un bleu de regard intérieur, fumé comme un ciel de citerne..

Il marche! On lui dénie les droits les plus humbles parce qu'Il n'a pas de forteresse.. Son âme ne peut pas garder la chambre.
— Il faut qu'il marche au-devant des autres pour faire les grimaces et les échanges. — Il suit des pensées tumultueuses. Elles se battent devant lui comme de grands chiens noirs. Et il se surprend à courir quand les unes sautent plus haut que les autres!

Dans l'ivresse de la marche, il noue d'étincelantes conjonctures. — Il parle à des ombres qui lui parlent. — Les glaces reflètent ses faciles franchises. — Il fronce les sourcils, ramasse quelques gestes près du corps, se serre la main de l'autre et jette un regard maître : Comme d'autres hommes qu'il rencontre, aux figures jaunes de l'habitude.. Il sait trop que c'est tout ce que recouvrent ces grimaces qu'ils appellent vivre, et qu'il lui faut feindre ce qu'il dédaigne : S'il ne consent pas à mourir.. Et il bouche à coup de mensonges les crevasses qu'il rencontre et qu'il enjambe..

Il y a bien longtemps qu'il n'a pleuré, je pense.. jusqu'à ce qu'une main d'ombre le serre à la gorge et l'arrête au bord de sa vie béante...

Des enfants jouent et crient, doucement, dans un square étroit et noir, au crépuscule. Des ruelles serrées, sans oreilles, des murs criblés se consument. Des cheminées s'ennuient contre le ciel de haute lisse. Dans leurs chaînons de fumée grasse, on lit des foules qui dégorgent...

... J'aime chercher dans vos faubourgs ces yeux de l'Inconnu qui me sont familiers.

D'entre les nuages, un coup de lumière déclare un visage. Il touche de vieil argent les lointains des rues, debout comme des faisceaux de grêles branchages d'où l'ombre des nuages glisse et dévale. Il remue le bras sur un homme en nage, tout petit et tout pâle avec une grosse veine au milieu du front et qui traîne une voiture très grande. Il frappe sur un terre-plein des filles qui discutent. Il lave dans une rue grise une façade de bains tristes... Il baigne de petites places mal pavées où courent des enfants et des poules très libres, autour d'une fontaine colletée de fer, entre des causeries de femmes qui cousent...

Mais les premières lampes font rougir le soir comme un visage... Le square n'est plus qu'une cage ouverte et vide et s'endort avec douceur d'un sommeil de femmes assises... Une vitre s'étend, comme une tache d'huile, dans un coin d'ombre pelucheuse.. La joue pâle d'une horloge s'anime entre les arbres maigres qui coupent sans dureté ma route et clignent contre les lumières...

Toute une station de voitures s'ébranle avec lenteur, comme une file de crabes, et s'allume..

Sur un pont de fer cillent des fanaux pensifs.. L'énorme fumée d'un train se morcelle dans le crépuscule comme un lâcher de pigeons mauves..

Au rond-point d'une fête foraine, un manège roule sa meule au son d'une vieille chanson d'un tour mélancolique et raisonneur et que grasseye un orgue qui a mal aux dents.. Des baraques saignent comme des quartiers de viande. Un maillet retombe. Une sonnerie se détord, interminable.. Par groupes gourds, des soldats vont aux filles comme les scarabées vont aux roses..

Une rôdeuse bat des bras, saute à reculons et chante, devant la porte d'un hôtel où le gaz s'éveille en sursaut dans sa cage ronde! Elle surveille au loin des drames que nous ne pouvons pas voir, comme on regarde un naufrage de la berge..

Tout le baptême de la journée, la violence des enfants si près de la fièvre, les cris des petites filles nerveuses, et leurs marelles, et leur tristesse, et leur joie obscure et terrible ont fait venir le soir, peut-être.. Les légions vaincues dans les défilés, les vainqueurs fourbus reviennent des bois sombres.. Le fleuve en parle sous les vieilles arches à d'obscures choses qui passent.. Un tramway électrique, d'une vide et vaste lumière, longe le grand cimetière avec un léger bruit qui chante et fait penser à des voyages...

Et comme lui ma pensée chante, dans l'ombre, d'une voix basse et triste et qui vient des vieux jours...

Dans la rue qui monte au soleil morne et grand ouvert, des voix conseillent qu'on s'accoude aux fenêtres, pour voir passer les trains de luxe, au bord du ciel, à droite, par-dessus les arbustes du jardin de la gare. Un train écume et se rendort. Des musiques diffuses rôdent. La vie antérieure émerge et chuchote..

Villes de songe, lorsqu'on pense à vos noms plaintifs, on prête l'oreille.. Il semble que des voix longues vous hèlent par-dessus les barrières et les chants des âges, et que des odeurs, comme des veilleuses, et que des fougères d'étoiles s'allument.. Il semble que vos ruines tremblent sous leur châle de lune, et que l'horizon bouge, au plus profond des nuits repues de silence, d'une lente pluie de larmes...

Mais j'en sais bien plus de cette pauvre ville.. Vous venez comme moi, sans doute, sur une place, y chercher le spectre d'un vieil amour? Dans les Forges couchées à l'Est, aux corps de femmes nues et rousses, des formes se hâtent avec une sûreté ancienne. Les Hauts Fourneaux de Bieulles flambent. — Depuis le canal d'or où l'écluse trempe solidement dans l'émail chaud, jusqu'à l'horizon lourd, barré des sourcils des stratus, où se terrent d'autres songes, l'allée de peupliers rame sans frisson, comme à la parade et d'un geste infini...

Passe le pont. Des porteurs encombrent la rue.. J'allais la dire. L'œil cerné d'un quinquet tourne là sa rousseur.. Les beaux regards et les bras nus de Carmen et de Juliette glissent aux fenêtres.. Celles qui battent leur quart sous les hangars détournent les partants de leur voyage.. De vieux murs tournent le dos à ces gaietés..

Tu passes sous une voûte brillante de salpêtre. Tu trouves des cyprès bien grands et noirs sur une place vaste et vide que le couchant touche d'ors calmes.. Elle est ceinte d'escaliers rouges, comme l'âtre du crépuscule.. Ils exhaussent des boutiques touchantes aux modes désuètes, et d'autres, aux jupes de femmes pauvres, et d'autres fermées, étroites et grises d'usure, qui ressemblent à des signets de vieux livres..

Plus tard, il semble que les rues s'enfoncent au-devant du soir comme un orphelinat qui rentre.. Un piano pense avec lenteur.. Alors, au fond de vieilles impasses, béantes comme des muets qui voudraient parler, bat l'étrange lumière des cœurs humbles et troubles.. Et tout était doré et mort dans la vitrine de l'horloger pauvre...

Mais dans une rue qui a un nom d'oiseau triste, demeure et sourit, jour et nuit, l'éternelle Myrtis au clair visage.

Cinq-Ponts! Le train crie d'une voix si longue — qu'on se prépare pour la ville — qui est un peu plus loin et qui est plus sombre.. On peut bien s'y tromper. Car ce n'est pas la ville. Il y a deux stations encore. Il y en a une qui s'appelle : le Gouffre. Mais c'est bien grand. Et si on n'est pas prévenu, on s'égare..

Mais le train crie aussi que de grandes choses se préparent.. Prends garde. Les Tiens se détournent. Et les regards qui te réchauffaient vont s'éteindre.. On ne sait pas ce qu'on attend, dans la ville. Comme il y a du monde sur les quais de la gare..

Dans une heure d'été béante et blanche, avant l'orage, au moment de stupeur où le feu du ciel prend à pleines mains l'orgueil des villes par tous ses dômes, comme on prend une tête chère, et les regarde avec langueur, n'as-tu jamais entendu monter d'entre les clameurs des hommes et des matières qu'on tourmente, une plainte anxieuse et lointaine?

Je ne sais pas ce qu'on attend, dans la ville.. Et le train crie aussi qu'il est triste que des hommes y demeurent, et triste aussi que d'autres, sans un regard, passent.. Tout y convoque les fantômes des aimés qu'on délaisse, des timides qu'on blesse et des faibles qu'on abandonne.. Là comme ailleurs, la vie dure.. mais le bonheur, le bonheur.. Cherche-le sans orgueil, Gygès.. Où retrouver l'endroit charmant d'imprévu, presque tendre, qu'il vous semble avoir connu dans une autre lumière, et où il faudrait être dans le moment où l'on y pense? Là sans doute il est une âme qu'on ne fera jamais fleurir... Ils vivaient là, peut-être, les beaux yeux qui vous attendront toujours...

Comme cette avenue qui mène de la gare à la ville est longue.

Un tramway à petit toit emporte sur un rail qui mène aux grilles d'un Fort, des ouvriers qui baissent leurs figures où l'ombre tient tant de place, et des femmes avec leurs paniers et leurs fichus tristes.. Une vieille assise par terre sur de la paille loue un soupirail qui s'ouvre à côté d'elle à des tâcherons qui arrivent. Une fontaine soliloque. Un soldat boit avec emphase au guichet de vitres d'un kiosque, servi par une jeune femme sérieuse.. Un café-concert s'enlève en baldaquin de verre sale contre des fumées d'usines..

Ce soir, tu chercheras la fée et la chanteuse aux carrefours où brillent leurs sorties secrètes. Tu les verras tourner dans leur porte à miroirs, avec le chat qui tend sa traîne pour t'offrir la double coupe d'un regard où dort quelque philtre de lune..

Oh la douceur de voir un souvenir encore ajouter sa main pâle, avec un bruit de lustre, à toute la guirlande.. Douceur de se promener seul, entre son problème et l'heure attentive, dans cette ville de songe et d'après-midi grise...

Une tenture enfin semble filtrer cette lumière et cette musique obscure qui reculent sans cesse au fond des salles où l'ombre s'étire..

Prends garde. Ne laisse pas fleurir de bruit ni de parole. Et sache mériter les fantômes qui ne te viennent plus de tes songes..

J'écarte d'une main peu sûre la frange sombre et d'une douceur surprenante. Elle brûle et s'enlève! Et je vois la scène..

Un bal traîne sa robe aux ossements du parc. Un lustre de larmes plane et bat comme un grand fulgore. Je vois passer des portraits d'amoureuses. Je vois passer des inconnues que mon adolescence aima. Mais rien pour moi! Ces beaux visages, si pleins de toutes ces choses de la vie que j'aimai tant, m'ignorent. Et les yeux et les dents glissent contre mon ombre avec un dédain pâle..

Ho! Qu'y a-t-il? La rampe lumineuse monte. Les vapeurs du parc se résolvent. Un cratère de musique s'ouvre. Les tables chatoient de mets fleuris. La croûte d'un masque tombe : Une bouche bien vivante mord la mienne. Une main inquiète et dont les bagues me blessent m'entraîne dans la danse!..

Dans les villes jaunes sur un ciel d'orage..
On parle d'amour derrière une porte. Une vitre où bouge et s'allonge une figure pâle... Une lucarne où des fleurs brûlent d'une flamme douce. Une ruelle où l'odeur d'une étable vous lèche..

Dans un quartier de cours sombres et de fontaines où je rôdais seul dans l'odeur du soir — j'ai vu les Vieilles. Elles groupaient leurs têtes aux barreaux des fenêtres basses. Leurs yeux brillaient de malice obscène. Ils semblaient tourner dans un bain d'huile. Un rire plein de charbon tirait leur bouche. Une d'elles me désignait d'un gros pouce. Une autre un peu en retrait semblait souffrir. — Je distinguai les Parques, la Belle Heaulmière et la sorcière Sycorax. D'autres faisaient marcher la machine à laver, comme dans l'hôpital de Pairis du Lac Noir..

Quand elles sabotaient dans le crépuscule, une chauve-souris battait d'une vieille paupière et s'éventait.. Les bêtes torses des pavés se coulaient dans quelque fissure. Sous les auvents, les nids battaient de pulsations rapides. Un oiseau traversait le ciel où les tours du couchant brûlaient. Tout un bûcher barrait l'impasse..

Une pompe comptait dans son auge de pierre. Un gros rat pointa dans la brèche d'une porte, d'une tête tremblante.. Un chat rampa le long d'un mur comme un flocon de fumée grasse..

— Qui est là? dit une voix tremblante derrière une grille..
Une plainte arriva du large. Une étoile fixa le soir..

Ailleurs, on attend les aimés par la voiture.. Des bruits de cuisine sonnent. Le grelot d'un cheval danse dans la rue voisine. Toutes les voix calmes chantent à la ronde, égoïstes et douces..

Mais le soir m'emplit d'une ivresse étrange. Et je rôderai dans les cours sombres...

Le boulevard défile et bâille.. Un train crie derrière les haies..
Des filles en couleurs fortes cousent et attendent aux portes des bouges. Au bruit des pas noirs qui arrivent, leur regard tourne comme un astre.. Germaine et son amie traînent contre une palissade, au bout d'une rue vide, sous le temps couvert..
Souviens-toi des hôtels que ferme à mi-porte une barrière peinte en rouge où tinte un cornet de fer, dans quelque ruelle où les maisons haussent, comme une coupe de jade au bout de mains sales, un pan de ciel crépusculaire..
Les murs s'observent avec la lassitude de vieux partenaires, et comme les éternels vis-à-vis d'un bal pauvre.. Des loques ricanent sur des cordes, aux fenêtres. — Les coins recèlent d'étranges visages. J'entends des fins de scène et des yeux fixes me défient.
Des enfants piaillent dans l'ombre et tombent : Une voix grondeuse les relève. — La ruelle est si mal pavée que tout le monde a l'air d'y boiter. Le dos d'une vieille tourne au bout d'un passage.. Un chat débuche — et c'est deux pastilles de lune..
Le ciel se fonce entre les murs comme une grande fleur, là-haut, dans un vase de fer.. Un quinquet de travers, couleur d'oignon brûlé. Son maigre bras. Son tintement l'allume.. De courtes flammes bleues pointent dans les cuisines.. Des échoppes s'éclairent, baissent et tremblent...
Une fille ouvre sa fenêtre. Et je vois sa lampe, coiffée de rose, comme un long flamant debout sur une seule patte..
Rappelle-toi nos descentes sourdes dans les escaliers jaunes où flue l'haleine des plombs sans couvercle ouverts sur le soufre

des cours, les rais du ciel dans une gouttière, le coin bleu d'un toit où un tuyau bave, et cette femme au casque sombre, aux jambes gantées de bas rouges, et ton cœur qui battait quand tu prenais la fille — et les soldats qui longeaient le chemin de fer — et ce regard d'une femme à sa fenêtre — sage et lourd comme du raisin noir...

Sur le trottoir tout gras de bouges aux carreaux brouillés, des filles qui semblent de garde contre un terrible mur de réclames se signent lorsqu'il fait des éclairs. Quelqu'un d'invisible siffle et se hâte..
La bande éclatante d'un bar à musique éclaire des spectres qui attendent..
L'ennui s'endort dans ses palais qui soufflent leur haleine chaude..
Des pensées incomprises, des amours pauvres et des idylles depuis longtemps en marche frôlent les boutiques fermées et sombres..
Du côté des remparts souffre une seule lumière..
Une ruelle délaissée dans les terrains vagues reste obscure
Où l'amour blessé chante et se traîne
Et regarde de toutes ses forces l'image déchirée du soir...

Sous des hangars, de puissants moteurs font de grands gestes sur les murs. Des hommes obscurs allument leur fête derrière la baie vitrée qui tremble..
Une branche de canal fuit sous les lampes. Les arcs voltaïques y bercent par instants de grêles escaliers d'argent.. L'arche d'un pont semble monter comme une trombe.. L'écluse embouche, par ses hautes portes grinçantes et criblées de blessures, les longs clairons de l'eau stridente. Elle tord et cambre au vent sa crinière..
J'aime entendre encore longtemps sa grande chanson crevée et fraîche...

La gare se dressait contre une forteresse en fête aux portes flambantes. On entendait gronder l'orgue. — La guerre était déclarée. — Depuis longtemps, les miens se détournaient de moi. — Depuis quelques heures, l'aimée n'était plus avec moi sous ces arbres. La veille, on m'avait condamné à rester seul... Et j'avais encore une côte à gravir..

J'avais dû me séparer de mon vieux cheval. Il m'avait longtemps cherché dans la nuit, frappant du sabot contre les massifs du palais des Ducs. — L'aube parut. Je rôdais sur une place bruyante où les départs posaient leurs sacs.. Des machines écornées contre un bois que longeait la route se découpaient sur un ciel en larmes..

Tout le paysage, autour de la gare et du fort, était d'eau et d'herbes. Des pêcheurs vigilants et tristes surveillaient le cours du ciel et du fleuve..

On allait passer les ponts vers la guerre.

Nous sortîmes par une fête foraine, dans une odeur d'acétylène, de graisse d'armes, de fusils et de gares, avec des souvenirs de chansons parisiennes, de catastrophes, et d'amour frémissant sous des temps couverts... On plaçait déjà des hommes à leur poste. — Ils demeuraient là, droits et immobiles, chacun contenant sa peine comme un vase une plante sombre. — Ils suivaient parfois du regard un ami qui vous abandonne, et tous les yeux se perdre au tournant de la route.. Et ils restaient là, droits et immobiles, en attente au bord de l'inconnu qui murmure, sous le vertige du ciel où déjà passaient des rougeurs...

Toute la plaine qui descend contre la ville aux éclairs sévères bruit et chante.. La pluie d'été vient de s'assoupir et partout les rigoles rêvent dans les pentes.. Un hoquet détonne et sanglote : On dirait qu'un blessé parle tout seul dans son ornière.. Des cantines saignent faiblement, par leurs fentes, au tournant de la route. Des voix battent et tintent dans des maisons basses où brûle une lampe fielleuse, dont la lueur traîne d'une main qui cherche et tâte par terre...

Il trouve l'auberge où l'attend la voyageuse. Il y entre. Il parle. Il voit sa mère. Il voit des visages attristés et pâles trembler dans l'onde d'un poêle au fond d'une vieille chambre.. Sa mère le regarde infiniment sans voir qu'il déserte. On l'exhorte. Il pleure et court sur la route. Les amis tant aimés l'abandonnent en deçà des portes et chantent l'histoire de son cœur...

Le même arbre, au croisement livide où l'esprit se voile, porte une main maigre sur le ciel trouble. — La côte encore, qu'il faudra monter vers le Fort en courant dans la nuit fiévreuse. On devrait tout dire sans exorde : L'homme qui fuit ceux qu'il aime a croisé l'Amour. Mais il ne l'a pas entendu, devant la ville étrange, à cause des bruits de la pluie tiède et des voitures... Une vitre allumée : l'homme y frappa. Mais c'était fini. L'aile bleue tournait là-bas la croix, la place et les champs..

La nuit pleure ses larmes grises entre les sapins du redan, qui prêtent serment d'un bras noir.. Un homme de garde brille et pense, dans le songe d'odeurs où monte un arbre grave.. L'âme de toutes les sentinelles tuées brûle au loin par la vitre d'un poste isolé dans les bois.. Le vent passe par sautes et tape par terre, comme la tête d'un blessé traîné par un cheval.. Le vent secoue de grands sacs noirs dans les bas-fonds de Bois-sous-Roche..

Des rentrants trépignent. Des images étonnantes et trompeuses poussent comme de fausses oronges dans les têtes bleues aux trous noirs de bouches ouvertes qui soufflent la course à l'obscur vers le clairon déchirant comme un cadavre nu sur une grève déserte..

Des piétinements vous cherchent en arrière, le long des bas côtés aux lueurs pluvieuses, au long regard de mauvais œil.. Et il semble que les spectres du vent, couchés de toutes parts sur la plaine, tournent tous ensemble les pages d'un livre ouvert au bord de leur fosse..

Quand il empoigna la rambarde, il buta dans l'anneau qui sonna sur la pierre. Et il s'aperçut que deux ou trois corps obscurs barraient déjà le parapet. — Des voix forcenées lui crièrent, comme en rêve : « A lui! A Toi, la Butte de Terre! » Mais il vit qu'entre lui et la dune, la mer commençait à recouvrir la digue de longues lames lumineuses...

Lorsque tu veillais sur mon désert — et que je rôdais sous la voûte du Fort où l'aube tourne la crête d'une vague — ta voix m'arrivait, fine et lointaine comme une feuille qui tremble au vent du soir..

Maintenant que tu m'es rendu, sous le ciel moins sombre, écoute la mienne..

Regarde passer nos jours et nos rêves. De vieux complices nous les tournent, comme on regarde les images. Ils séparent l'écran nocturne. Ils sont déjà là, sans qu'on les ait vus venir..

Ils s'avancent du pas suspendu de ceux qui vous aiment, quand le mystère tinte au seuil des nuits fiévreuses.. Ils écartent les ténèbres d'un geste gauche de malade qui veut prendre ou chasse quelque chose.. Ils font le cercle autour de quelqu'un d'invisible qu'ils touchent et qu'ils ménagent...

Leurs noms ont une forme bizarre et très humaine.. Ils ont la voix des justes frappés qui protestent.. On voit rarement leur regard.. Leurs moindres paroles sont pleines de larmes..

Rêves de notre enfance.. O faibles.. Grands voyages..

Dans la forêt lointaine où les trains portent l'incendie, les Sioux avaient envahi les wagons ! L'explorateur, malgré son cœur, allait faiblir : Une gorgée d'un breuvage puissant lui rendit la vie. Burke et Wills souffrent dans une crique et ne mangent plus que du nandou.. Cameron pleure, parce qu'il revoit une table mise, avec sa nappe...

Dans un autre songe, on traverse une guerre. Les proues des palais s'abordent et brûlent. — On retrouve un village où chantaient nos voix de jeunesse : Il n'est que décombres. — On passe un pont tout frais peint au minium. — On longe des quais fumants d'odeurs. — On côtoie des plages où la nuit tombe.. Notre âme isolée y toise un naufrage, droite dans l'essor d'un vent noir...

On bâtit des trésors qui dépassent l'Histoire. Mais nous avons connu la ville où se perdent les certitudes. Nous avons connu d'autres villes, où nous avons vécu l'Amour..
L'ami et l'aimée vous sourient. Tout est sanglotant de musique. Aux parcs sans style pleure une chanson d'absence.. Des arbres durs et noirs versent le chagrin de leur cloche brûlante. De beaux geysers peignent leur crinière au vent tiède. Des chutes de fruits noirs tordent la bouche d'un masque tragique au visage hagard des vasques. Et des pluies chaudes comme des pleurs éveillent pourtant de longs sourires aux eaux d'un fleuve qui s'étire et donne son corps à la mer.

Et j'ai la douleur, par toi que j'aime..
Tout un paysage s'enfle de très loin, comme au bout d'un tunnel, et s'exprime par ta voix profonde.. A Stains, devant une barrière que je vois si bien, comme elle était, contre un jardin triste, et que je perds bien dans l'ensemble, avec un sang-froid détestable, tu me parlais de nous-mêmes. Et ce paysage où nous étions en suggérait d'autres, francs ou de limbes, riches en lumières mouvantes où souffrent les hommes, et dont on ne sait si elles sont proches ou lointaines..
La nuit vint. Dans la gare silencieuse et vide, une sonnerie sursauta d'un timbre qu'on sentait bien touché de très loin et comme à tâtons, comme par un fantôme.. Une pause avec le passage d'un express, au large.. Il tourne la page, tisonne sur la courbe et meurt..
Plus tard, nous étions dans un petit café où tu te penchais sur moi, comme ça, pour me dire quelque chose qui fût très près de nous.. Je vois encore ton geste. Et la lampe qu'on apportait du fond de la salle éclairait par degrés tes mains pâles...

Ils entrèrent au crépuscule. — Une lampe étendit ses ailes dans la chambre. Et quelqu'un posa la main sur mon épaule. « Elle est partie », dit une voix déserte. — Par la porte ouverte, on entendit des piétinements las de chaleur, des voix sourdes, une voix caressante, et puis les bruits plus frais du soir. Une fenêtre sans rideaux laissait voir la ville où baissaient les mirages, et le profond des rues qui bouge comme un fleuve..

Elle est partie. J'ouvris sans bruit la porte sur l'escalier sans lumière. On n'entendait sur le palier que la plainte obscure d'une fontaine. Mais je vis la main du Soir glisser sur la rampe, devant la mienne..

J'entrai dans la chambre. Je vis tout de suite quelques vêtements que je connaissais tant et qu'elle avait laissés sur une chaise. J'allai les toucher et les sentir. Elle tremblait vraiment partout dans la chambre crépusculaire. Et son regard y rayonnait comme un élément dans sa forme la plus belle.

Et je restais là sans oser bouger et sans pleurer, car je sentais éperdument sa présence par un frisson léger contre mes lèvres...

Les mots, les mots spéciaux qu'elle avait faits pour moi, je l'écoutais les dire à l'Autre.
J'entends sonner son sabre sur le bois du lit. J'entendrai toutes les paroles.
Quand il l'embrasse sur les yeux, là, tout au bord de l'île où s'allume une lampe, il sent ses paupières battre sous sa bouche comme la tête d'un oiseau qu'on a pris et qui a peur..
Il s'attarde au réseau des vaisseaux délicats comme l'ombre légère d'une plante marine..
Il caresse de tout son corps les seins qu'envenime l'amour...

J'entendrai tout, dans ce couloir aux minces cloisons, tout blanc de fenêtres, avec cette odeur fade et sucrée de la boiserie que le soleil chauffe..

Quelquefois j'attendais longtemps devant sa porte et dans un décor si connu qu'il m'écœurait. J'y frappais. J'entendais le vide bâiller derrière.. On marchait bien vite, à côté, comme pour venir ouvrir..
Une heure se plaignait quelque part. Le soir tombait par les baies vitrées, sur les marches..

Et puis les houles du vent d'automne, des frissons d'arbres sur les remparts, l'odeur de la pluie dans les douves, et bien des chansons de Paris passèrent sur elle...

EN SOUVENIR

Par les chemins cachés d'une ville, à une heure trouble, par certaines routes prisonnières dans le filet des bruits, comme un dessin se perd dans l'orchestre, un homme obscur, un homme invisible avance et pense, vers un quartier calme où sommeille un parc.

Il a quitté son quartier sombre, encombré de fumées dormantes, de gares et de cheminées. Un quartier fiévreux à la bouche sèche, aux vitres scléreuses. Un quartier qui a toujours soif. Une partie où la ville a mal... L'homme arrive du fond de son travail, un peu penché, comme un haleur. Il arrive du fond de son passé.

L'air et la route s'éclairent et changent. Les lumières s'espacent. Un souffle apporte une harmonie tendre. Une odeur suscite un trouble furtif. Un autre quartier vient de s'ouvrir, avec ses bras larges, ses gestes clairs, avec ses élans étouffés de musique, avec ses tournants et ses lointains purs, comme de belles épaules de femme, où tremblent les colliers du soir...

L'homme vient du fond de son passé. Comme une plante grimpante, du fond d'une crypte, dessine à tâtons dans les ténèbres, et cherche longtemps la fente de ciel presque imperceptible où hausser son cœur pendant des années, pour sortir enfin, d'une main tremblante, et toucher la traîne des vieux astres...

Du fond des courants du grand large, du fond des vallées de vagues éteintes où il s'évadait de son grand naufrage, il a vu glisser sur une crête, un doigt sur les lèvres, un timide espoir..

La blancheur obscure, expirante, et comme l'écho de lumière d'un phare.. Et il y va de tout son courage.

Et voici que le cœur d'argent de la lampe affleure au-dessus de la ligne mouvante, au-dessus des grands glissés lourds de la mer, et tourne comme une médaille au cou sombre de la nuit...

Il n'a que la force de se jeter sur la berge pâle, et il s'abandonne au grand cœur d'argent. Il faudra qu'on le touche avec des mains très douces, avec beaucoup de patience.. Il faut qu'il repose un peu, jusqu'à l'aube. On vient de l'étendre. Il pleure en dormant. Mais la grande lumière qui l'a sauvé fait briller ses larmes avec froideur.

Il arrête, comme trois chiens, sa gaucherie, sa raideur et son orgueil à la porte d'une maison calme et belle où le soir bleuissant déplie doucement sa nappe, d'étage en étage, jusqu'aux yeux mi-clos d'une fenêtre éclairée.. Il y a là une femme qu'il va voir. Elle ne l'attend pas. Mais il y a si longtemps qu'il n'a vu son visage. — Il mourait de soif. Il s'est levé brusquement de son travail, dans un bureau triste, au fond de la ville. — Il faut qu'il s'emplisse jusqu'aux bords de son image. Il a tant besoin de refaire provision de cette femme, pour trouver courage à ramer sa vie..

... Cette lampe attentive et le soir se concertent...

Il va monter l'escalier dans un silence de tentures. On va la prévenir, à mi-voix, d'un pas suspendu. Lui va s'arrêter sur le palier clair où brûle une applique au regard vide. Elle l'attendra dans une vaste salle, debout, toute grande, pâle et belle, comme une jeune nuit pensive, comme la plus jeune nuit du monde, comme la première nuit du premier printemps... Sa chevelure.. On dirait qu'un grand oiseau noir s'est posé sur sa tête et la couvre de ses ailes. Un lustre d'or attend là-haut, presque au-dessus d'elle et prêt à descendre, comme une couronne qu'on tient en suspens pour le sacre d'une jeune reine.. Une flamme qui s'en détache et brûle un peu plus bas risque sa lumière sur son front mat...

Mais elle fait pâlir toute lumière, par un éclat limpide et profond de diamant noir. Elle est pure et droite comme un grand vase où veille une flamme sacrée. Elle sort du sol comme un feu sacré dont sa chevelure est la fumée riche... Elle jaillit droite comme un geyser, comme un jet d'amour, comme un grand élan brûlant et sombre, dans une nuit chaude, un peu avant l'aube, et monte et daigne se courber, comme une fusée où monte un regard... Ses yeux font penser à des astres dans un arbre.. Parfois il y passe de tels courants qu'on se retourne lentement et comme avec crainte, pour voir ce qu'ils ont reflété... Mais ce sont des lointains furtifs, ce sont des choses d'autrefois... La mer phosphorescente et ses acanthes bleues... De grands insectes fulgurants qui rayent la nuit comme un cri d'appel... Les vagues qui viennent fermer à ses pieds leur bouche argentée, tout bas, une à une... La lumière d'une fête, dans un golfe, avec un cortège, un soir de victoire... Une grande pensée nocturne qui s'amasse, à l'horizon, dans un orage...

Elle sent la branche verte d'un arbre tropical... Lorsqu'elle se penche, il vous semble qu'il va tomber de sa tête une pluie de fleurs ténébreuses, odorantes et vanillées, comme un essaim d'étoiles sombres, il vous semble qu'il va s'enfuir quelque grand papillon nocturne... Sa voix désarme le silence, attentif et qui vous épie... Elle est si belle, qu'à sa seule pensée l'homme sent accourir les larmes...

Il hésite. Il bute. Et il s'arrête. Il lui semble que le fantôme d'un jeune homme le précède. Il lui semble que le fantôme d'un vaincu le suive, l'empoigne par les jambes comme une épave et le paralyse... Son cœur se hausse et veille devant, comme au poing d'un oiseleur. Sa pensée mendie, le tire en arrière et l'accable de prières...

Il ne pourra que se tenir devant elle et attendre, l'âme toute grande ouverte, comme un dépositaire fidèle, les fleurs et les fruits de sa journée, tout ce que la lumière aura choisi pour elle, et qu'elle voudra bien lui donner...

Il voudrait qu'il lui fût permis de se taire à côté d'elle, de s'agenouiller en silence, de la regarder de toutes ses forces, à longs traits, comme on apaise une grande soif... Il voudrait qu'il lui fût permis de s'étendre dans un coin d'ombre, pour l'écouter parler encore, toute droite dans la lumière...

Il l'a si longuement comprise, il l'a si violemment éprouvée, qu'il lui semble qu'elle fait un peu partie de lui-même, et que c'est un peu de son cœur si lourd, un peu de ses larmes, un peu de ses yeux à lui qui s'en vont quand elle s'en va.

Semaille triste et mystérieuse..
Celui qui aime a fait beaucoup de chemin seul, à l'insu de l'autre, dans l'étourderie de l'enthousiasme et dans l'égoïsme distrait de l'amour... Il s'annexe l'autre et s'y impose, jusqu'à oublier toutes les frontières, jusqu'à oublier l'Indivisible, et il en dispose comme de lui-même... Mais quel éblouissement de chagrin noir, quelle reprise et quels éclairs, aux failles de glace, au vent qui souffle toutes les lumières, lorsqu'il voit courir le long de l'autre la première flamme de recul et de désobéissance étonnée! Il sombre... Il regarde avec vertige : C'est son propre corps qui se dérobe et se refuse à le servir. C'est son propre cœur qui se renie. Ce sont les siens qui le regardent avec des yeux ternes d'étrangers. Et c'est sa maison qu'il ne retrouve plus, comme dans les rêves.

Ce qu'on va aimer se sauve tout de suite, à tire-d'aile, du côté de l'ombre... Mais ce qu'on aime finit toujours par se décider à vous quitter... On est seul. On est toujours seul. Tout a pour but la solitude...

L'homme n'a pas fait le moindre bruit. Personne ne l'a vu que la lumière aveugle. Il redescend l'escalier d'or... Il rentre dans les bruits de la ville. Il y a une voiture qui remonte péniblement la rue, à sa rencontre, avec un grelot triste. Une porte se ferme avec colère. La nuit est venue...

Dans un quartier qu'endort l'odeur de ses jardins et de ses arbres, la rampe du songe au loin lève et baisse un peu ses accords, par ce temps d'automne..

Quels beaux regards se penchent sur leur blanc calvaire? Quels gestes font chanter les rêves couchés et invisibles? Quelles mains ont ouvert les fenêtres sur des paysages où les souvenirs clignent comme au loin des toits, par éclairs?

Une lanterne attend son heure au bout de l'allée sablée qui mène à la villa perdue sous les feuilles où s'égoutte encore une pluie légère.

L'ange est là, sans doute, au clavier, sous l'aile de l'ombre, et son beau visage et ses mains où les bagues sortent leurs griffes à la lumière, brillent d'une flamme qui bouge à peine..

Mais l'oiseau qui souffre et se tait sur un secret des Iles se prend à chanter dans son panier d'or!

Un perron d'automne. Une villa blanche posée comme une veilleuse au bout de l'allée à l'odeur amère. Une pensée d'or descend, d'un vol triste.. On a fermé les persiennes sur des chambres où les idylles sont mortes.

Aux longs traits du fer et des pierres. Aux lointains môles et aux bras fins et bleus de l'air. Au pan de lumière gros de larmes où les deux amis de jadis repassent, de l'autre côté des buissons de brume, sur l'ancienne route où meurt la mer...

Que j'enfonce ici pour toujours ce cœur obscur que fut le nôtre, entre les canons du vieux port droits dans les quais de pierre lisse au front vert penché sur la mer..

Au fond d'une ruelle, la foule se voûte sur des cages sales où battent comme un cœur et s'éteignant des bêtes étranges et grelottantes..

Plus tard les rampes de gaz de la rue aux bouges sourcilleront au vent du soir.

... Un ciel fêlé du lent défaut des trolleys chanteurs, dans les quartiers neufs au souffle humide, à l'odeur crayeuse, où j'ai suivi pour une nuit de songe aux plumes de lune la traîne silencieuse de la mort où brillaient les yeux d'une femme...

L'homme à la cape rôde sous la fenêtre où glisse une lumière...
Dans le bassin royal, un yacht aux yeux verts attend l'idylle contre l'hôtel noir..

La rampe s'allume. Un clavier s'éclaire au bord des vagues. Les noctiluques font la chaîne. On entend bouillir et filtrer le lent bruissement des bêtes du sable..

Une barque chargée arrive dans l'ombre où les chapes vitrées des méduses montent obliquement et affleurent comme les premiers rêves de la nuit chaude..

De singuliers passants surgissent comme des vagues de fond, presque sur place, avec une douceur obscure. Des formes lentes s'arrachent du sol et déplacent de l'air, comme des plantes aux larges palmes. Les fantômes d'une heure de faiblesse défilent sur cette berge où viennent finir la musique et la pensée qui arrivent du fond des âges. Devant la villa, dans le jardin noir autrefois si clair, un pas bien connu réveille les roses mortes...

Un vieil espoir, qui ne veut pas cesser de se débattre à la lumière.. Des souvenirs, tels qu'on n'eût pas osé les arracher à leurs retraites, nous hèlent d'une voix pénétrante.. Ils font de grands signes. Ils crient, comme ces oiseaux doux et blancs aux grêles pieds d'or qui fuyaient l'écume un jour que nous passions sur la grève. Ils crient les longs remords. Ils crient la longue odeur saline et brûlée jusqu'à la courbe..

Le vent s'élève. La mer clame et flambe noir, et mêle ses routes. Le phare qui tourne à pleins poings son verre de sang dans les étoiles traverse un bras de mer pour toucher ma tête et la vitre. Et je souffre contre l'auberge isolée au bord d'un champ sombre...

Retourne aux pays sans amour où l'on était cruel pour toi. Retourne aux pays sans douceur où l'on revient toujours. Ils sont pleins de souvenirs qu'on déteste et qu'on adore.

On ne saurait s'y montrer fier de ce qu'on quitte. On ne peut rien en rapporter vers ce qu'on retrouve.

Le temps et la distance y perdent leurs mirages. Aucune magie n'y rayonne.

On y a laissé vieillir des hontes et de l'inconscience. Elles vous entendent marcher sur la route, de si longtemps et de si loin qu'on vienne.

Et tu vas t'y pencher encore, de toute ta hauteur, comme la plus lointaine étoile au fond d'un puits où dort le silence, dans les yeux morts, sur le cadavre des ténèbres...

Voici tant d'années! Gérard de Nerval partit dans la nuit pour aller revoir une figure de vierge..

Hier soir chantaient nos voitures le long du fleuve tout fêlé de lumière..

Départs! Vos chants et vos odeurs. Huées et plaintes des trains qui rêvent. Un couple tout noir sur un quai sonore..

On accueille un train de banlieue rempli de fanfares..

Mais le train pour nous refait son histoire..

Il crie les fanaux qui ont l'air si tristes.

Il crie les paysages traversés à tour de bras. Des gouffres pris de biais dans un grand bruit frais sur des ponts de fer qui grincent des dents... Une halte encore où sonnent des voix lourdes, où tout le silence assiège les vitres.

Mais un autre train perce en cris noirs...

Une aube au cœur serré se lève.

La nuit a séché les pleurs de la veille et consacré les solitudes..

Sous le ciel pommelé que traverse un ange, de petites maisons isolées dorment encore, affinées par le crépuscule matinal..

Un coq de Caldecott crache un coquelicot!.

Des laboureurs défont leurs gestes de travail, et la main sur les yeux, regardent... Des bêtes au pacage tournent lentement, d'un mouvement de rite, d'un air sacré..

Les rivières sont encore toutes bleues d'ombre avec une écharpe de brume. La fumée du train s'embûche dans les bois humides comme une poursuite de fantômes..

Un village avec les bâches d'une fête qui s'installe, s'envole..

Des choux bleus tournent leur bonne face de Quasimodos saouls de lune..

On brûle de petites gares naïves avec leur intimité pâlotte l'horloge au centre, les employés qui sont du pays, leurs paniers pleins de volaille crieuse, et les trains d'intérêt local qui attendent...

Et puis, plus tard — les maisons d'une vieille ville rouge et noire jouent à saute-mouton dans les rochers. Les voilà qui font la haie et qui regardent par-dessus le fleuve
 parce que j'embrasse ton doux visage dans le médaillon de la vitre...

La petite gare aux ombres courtes, lasse de cinq heures. —
Comme un reflet du ciel au fil de hautes herbes, les rails, où
fuient des yeux bleus, vont chercher les yeux roux des voyages :
Le tremblement bref et sourd d'un train qui sort du bas du ciel...
 Un rayon dore la barrière de sortie, sur le sentier qui tourne,
et cette grosse fleur, à gauche, comme une main d'enfant qui
dort... La voiture de l'Hôtel du Petit-Enfer attend. — La diligence attendra plus loin, dans l'allée bleue, sous les tilleuls.
 Marie est morte, mais les yeux de Myrtis rêvent dans les arbres...
 Une machine qui s'exténue d'une toux cave et noire — de se taire.. Tout s'arrête et songe. Comme naguère.
 Les vieilles choses qui sont là bâillent, reconnaissent l'heure et se rendorment. Les noctuelles des hangars partent, d'un vol gauche, cravater de vieilles poutres.. Un oiseau chante, sur un ton de question, du côté de la voie où la nuit vient, près du réservoir, au-dessus du parterre aux sonneries légères, au-dessus des fleurs qui prêtent l'oreille, dans l'arbre gonflé d'ombre et qui contient déjà tout le soir...

 Ami, tu es triste. Une lampe brunit quelque vitre, en face...
Une voix fraîchit sur la route. Un anneau tinte. — Un bruit de chevaux s'ennuie. — Certains souvenirs se prennent à chanter, d'une voix mal assurée, comme un chœur d'enfants timides..
 Oh ne songe pas.. Veille — et rejoins sur la courbe — enfin — ces lointains, doux comme un sanglot, vers les Délivrandes où nous souffrirons encore..

J'ai passé la croix de fer frappée de la foudre. Les batteuses ronflent dans la ferme, sur la droite, et le vent me l'apporte comme aux vieux jours..

Je saute le fossé qui est toujours plein de bêtes étranges.. Il y a une fourmilière qui bouge comme de la fumée.. Plus tard, un complot de champignons derrière un chêne.. Ils tiennent leur marché couvert..

J'enfonce dans les feuilles mortes. Une bouffée de guêpes dérangées médisent..

En bas, j'entends déjà battre et rire au bord du lavoir.

Et je longe le chemin creux où nous avons tant joué, le chemin dont les bas murs de pierre où luit la broche d'un lézard et les coins riches d'une eau sombre nous semblaient gros de mystères...

J'ai rêvé que l'ombre du grand Moine noir m'y suivait du fond de la lande.. J'ai rêvé que la diligence qui me ramène aux pays que j'aime était attaquée par des Peaux-Rouges et percée d'une volée de flèches, un soir d'automne, au crépuscule..

Le buisson de gauche se creuse comme une vague. Au bout du désir, là-bas, sur la petite place où s'assied la lumière, la même barrière de branches tordues noue son serpent noir sur le ciel gonflé d'orage..

Tout retient son souffle. Une caresse d'un froid bleu pénètre les arbres. Il se fait de minces déclics de bêtes dans l'herbe..

Une grenouille gymnaste crève la mare comme un cerceau de crépon vert.. Des mouches traversent d'une voix sévère..

C'est ici qu'avaient lieu les longs combats de scarabées noirs dont rêvait notre enfance. En grand deuil, ils gagnaient parfois la cathédrale des ciguës. Bien des familles y périrent.. Entre les ronces enlacées jusqu'en haut du tertre qui monte à la lisière du Bois-Moine où tremble une lumière pâle, on voit encore leur cendre brune..

Que bientôt j'aborde aux vergers fermés de barrières grinçantes où les choux vont au bal en robes à paniers..
Là-bas le sapin étend sa main noire au bord des tours du château du Breuil pour voir s'il pleut..
J'entends les voix jaunes du village.. Des sabots tintent sur un carrelage. Les chiens ne m'ont pas encore éventé...
Et la pluie d'été va bien me surprendre. On l'entend déjà qui marche au bout du sentier..
Mais je n'ose pas remuer. Je n'ose pas souffrir.. J'ai peur d'effaroucher les souvenirs qui viennent se poser devant moi, comme des oiseaux...

Une voix chante.. Et dans le même arbre, la même étoile nous fait signe. Elle tremble comme un regard que des travaux de nuit fatiguent. Elle semble toujours coudre, d'un air secret, dans l'étoffe sombre..

Regarde. Le poème des âges s'amuse et sonne, et se presse par toutes les mains des légendes.. Mais l'âme des soirs de jadis a gardé son côté intime et comme sur la cour.. On entend souffler dans leurs clefs toutes les bêtes de la terre nocturne. Un crapaud râle sous une grosse feuille, d'une crécelle sourde et grave. Un insecte lime à son établi. Tout n'est que douceur lancinante..

O jardin de jadis, veilleuse parfumée...

Le soir emplit jusqu'aux bords les dahlias écrits en ronde. Les belles-de-nuit ont leurs réveils de vieilles filles. Les vers luisants font leur petite moue lointaine. Les sphinx, en courriers, tirent d'une fleur à l'autre, ou volent sur place et s'auréolent du ronflement de leurs ailes. Les chauves-souris font leurs tours de cartes sur la lune. Au fond, les toits de la Bernadine fument légèrement contre son cœur.

Très loin, l'aboiement des chiens n'est plus qu'un froissement contre la trappe de la route, de cette route si étrange qui descend de chute en chute aux clairières de lune où songent les cerveaux de vieil or des morilles.. Le fer d'une roue sur une pierre y tinte..

Quand Elle arrivait par l'escalier de bois sonore, elle frôlait les feuilles d'une branche basse. La branche tremble encore.

Une buire, qui n'est plus la sienne, luit toujours au fond du hangar, avec les outils, comme un rappel de la mare..

Une nuit, nous étions assis là, dehors, sur la petite butte. Elle contre l'arbre, moi par terre. Et j'avais laissé rouler ma tête sur ses genoux, dans le silence haletant des pensées. Et je pleurais doucement. Et au bord de la plaine, dans un cercle de lune, une bête charmante, toute droite et toute blanche, était sortie de terre pour nous regarder...

Le soir se penche avec langueur — et les arbres au bord de la route des songes — comme de grands oiseaux la tête sous l'aile — s'endorment. La lune pleure dans les branches — comme un regard entre des mains tremblantes... Elle y noue ses froides faveurs. Elle suit le fleuve tout contre la berge. Elle s'y balance, et il semble qu'un grand cygne ait perdu ses plumes sur l'eau plate où le ciel se berce..

Il y a une garde de roseaux au tournant escarpé où la lune entre par échardes. Un long souffle d'air qui chasse par instants les noms et les souvenirs de leurs nids sombres écaille le fleuve et le feuillage.. Alors, le veilleur et l'éclusier de la contrée fiévreuse — le gros lézard gris où s'est réfugiée une âme ancienne — souffle d'une voix lointaine et qui évoque un rite et un instrument sauvages — parce qu'il voit passer des choses que nous ne savons pas voir — et qui rejoignent l'horizon où le passé dort sous la cendre...

La mer phosphorescente perle entre les arbres. Par les grands yeux des lémuriens crochés dans les plus hautes branches, l'âme des ancêtres regarde..

Un pont grêle part comme une fusée, surplombe la lune ébréchée, porte trois voyageurs sur son dos d'âne et rejoint la falaise averse.

Il commence à pleuvoir sur le golfe. Un nuage passe une ombre immense sur l'eau lourde et limoneuse. Une petite barque pagaye de tout son cœur...

L'éclair! Une fougère arborescente...

Or, entre les rocs, un Monstre aperçoit les trois voyageurs sur leur bât d'ombre. Autour des bords à pic d'un gouffre circulaire il écarte avec soin les plantes carnivores.. Il sort. Il pose sans hâte une énorme patte palmée sur la crête de la falaise en faisant pleuvoir des éclats de schiste.. Et il se laisse glisser le long de la paroi restée dans l'ombre, comme une coulée d'émail en fusion sort du creuset plein d'or, avec un bruit bien rond qui tourne et qui gronde...

Les festins qui sonnaient aux terrasses du soir attendent ce que les gestes fatals vont écrire. Il se fait au ciel de grands signes d'écume...

Un château s'étage. Une forme inquiète ouvre une porte au bord de la nuit qui s'égoutte. Elle regarde en face un regret de lumière isolée et douce. Elle vient se taire et voir au large..

L'Heure tourne et sonne au buffet des songes.. Elle baisse au loin ses longs cils qui tintent.. Les bêtes des nuits jouent à lui répondre, à petites voix blanches et minces.. Elle donne à danser aux insectes du lac. Les lucioles font leur ronde aux sons de sa boîte à musique. On croirait qu'un oiseau en joue avec ses griffes.. On dirait l'esprit de la pluie qui pleure...

Toute une ville naine veille et tremble à ras de terre, entre les hautes herbes. J'entends ses enclumes. Les mouches de la Saint-Jean brûlent d'un feu boudeur, traînent sous le couvert et partent pour l'amour...

Un chant d'oiseau s'ouvre et tout change!

La lune met la nappe sur la clairière. Elle poudre à frimas les saules. Tordu comme une algue, un chemin nacré tourne la côte où dansent les images.. Une nymphe travaille à son crochet d'écume, avec un bruit léger, contre l'écluse. On voit trembler sa natte.. Les sylphes commencent à se répandre sur les pelouses pâlissantes. Un chêne, d'un grand geste, arrête enfin les rangs silencieux de l'ombre au bord de l'allée blanche comme une morte où passeront tout à l'heure les grandes personnes, Viviane et Myrdhinn, Faust et Marguerite, et les deux spectres du parc solitaire de Verlaine...

On est allé réveiller Perrault et Andersen, peut-être.. Les champignons en parlent sous le manteau, par groupes sages. Ils sont quelques simples de jadis.. Ils affrontent leurs têtes chauves. Certains font le signe du silence, d'un long doigt pâle, sur d'invisibles lèvres. Ce jaune, au crâne de savant, semble ausculter longtemps les secrets de la terre. Un autre a l'air d'un explorateur sous son casque blanc doublé de liège et s'en va tout seul dans les grandes ombres.. Leurs marmots lèvent comme des cloques sur les grands pieds noirs des arbres. Les vieux se renfoncent sous leur bonnet de nuit qui tourne et font la lippe.. Mais de jeunes coquettes, fraisées de clair, ouvrent doucement leurs longues ombrelles d'ivoire et dorment debout, dans l'attente...

Une poupée qui fut Turandot, princesse de Chine, accourt la première, ses yeux grands ouverts à la lune. Un nasicorne, en habit, l'aide à descendre un petit sentier sans lumière. Le monstre bleu turquin s'amuse avec le petit oiseau d'un beau vert. Un bouffon royal s'est fourré dans la peau d'une taupe, et il n'en sort que des mains nues.. Le sphinx Atropos ronfle.. L'escarbot compte sèchement les herbes..

Les mains pleines de lucioles des Naïades qui entraînèrent Abeille une nuit de lune ronde maintiennent sur l'étang les follets aux mèches blondes..

... Et il arrive toujours des confins bleus le bruissement croissant des graines que la chaleur fait sauter de leurs coupes, et qui viennent rejoindre de toutes leurs forces dans le frémissement lointain des terres..

Orphée prélude, et les yeux des bêtes attentives, dans l'ombre, entre les fûts des arbres, brillent sans lumière, comme des vins rares.. Et je suis devant lui, lourd de ma peine, sous la futaie qui me rend invisible, au bord de la lisière mystérieuse — comme un homme que son âme empêche de dormir...

Il est tard. Dans ce long couloir tout crépi de lune, entre les cours, je me surprends à marcher sur la pointe des pieds.. — Pourquoi? — Le vent pousse, il ouvre avec indifférence — un journal — d'un froissement vide et distrait — sans la force humaine.. Le lavoir s'égoutte avec un bruit pensif.. De légers nuages glissent très vite au-dessus des forges éteintes. Un four de fer où la chaleur tremble encore somnole à côté de la maison toute en langes.. Les lucarnes tètent la lune..

Un de mes chats dort, fermé comme un œuf, sur le rebord de la fabrique. Mes clefs sonnent. Il saute et me suit. Ses yeux clignent dans la blancheur.. Dans le coin d'ombre et de terre ou le treillage prie sur le ciel avec tristesse, je dérange une petite danse de feuilles sèches. J'aperçois le gnome familier qui trottine contre la clôture. A l'aube, je l'entends souvent qui gratte à la porte et fait remuer la boîte au lait.. L'autre jour, il s'était déguisé en marchande de menthe..

Il me semble que le regard de ma mère s'attarde après la journée, dans les fleurs, sur la terrasse où tourne encore sa forme blanche.. Tous les fronts, tous les toits sont au faîte éclairés par un vaste regard dont le foyer demeure invisible.. Le silence attentif écoute les pensées et les songes. Un sifflet lointain et sourd évoque une plaine contre un ciel trouble sous le tremblement d'une étoile rouge.. Mais la fenêtre aux ailes d'or veille contre toute inquiétude...

Et tout l'enfant sentimental s'affaire et songe.. Un an de travail qui finit, de la douceur, de la fatigue.. Un geste de joie qui s'étire:

Un espoir de joie rayonnante, absorbante après des climats durs, et dont la seule pensée vous fait courir dans la rue...

Faut-il donner tout son effort, fût-ce au prix de son repos, de la justice et de la tendresse? Ne plus dédaigner le bonheur qui s'offre parce qu'il est un tout petit? Ne plus faire fi des regards qui se bornent? — L'imprimeur, l'homme qui essaye ses cornets plaintifs, le céramiste, et tous ceux de la maison qui travaillent, dînent le dimanche en abat-jour vert avec des amis à leur table.. Et moi je suis tout près d'eux comme un homme riche qui vit seul et s'éclaire à la chandelle..

Tomber dans la lumière ou vaincre dans les ténèbres? Ne plus se cramponner à la crête des murs d'où l'on voit les lumières, les tueries ou les échanges?..

Oh tant d'années passées à m'attendre, à me regretter et à m'attendre.. Un sifflet lointain et sourd évoque une plaine contre un ciel trouble, sous le tremblement lointain d'une étoile...

Une odeur nocturne, indéfinissable et qui m'apporte un doute obscur, exquis et tendre, entre par la fenêtre ouverte dans la chambre où je travaille.

Mon chat guette la nuit, tout droit, comme une cruche.. Un trésor au regard subtil me surveille par ses yeux verts..

La lampe fait son chant léger, doux comme on l'entend dans les coquillages. Elle étend ses mains qui apaisent. J'entends les litanies, les chœurs et les répons des mouches dans son aréole. Elle éclaire les fleurs au bord de la terrasse. Les plus proches s'avancent timidement pour me voir, comme une troupe de nains qui découvre un ogre..

Le petit violon d'un moustique s'obstine. On croirait qu'un soliste joue dans une maison très lointaine... Des insectes tombent d'une chute oblique et vibrent doucement, sur la table. Un papillon blond comme un fétu de paille se traîne dans la petite vallée de mon livre..

Une horloge pleure. Des souvenirs dansent une ronde enfantine..

Le chat se fend à fond. Son nez dessine en l'air quelque vol invisible.. Une mouche a posé ses ciseaux dans la lampe..

Des bruits de cuisine s'entassent dans une arrière-cour. Des voix contradictoires jouent à pigeon-vole. Une voiture démarre. Un train crie dans la gare prochaine. Une plainte lointaine et longue s'élève..

Et je pense à quelqu'un que j'aime, et qui est si petit d'être si loin, peut-être, par-delà des pays noirs, par-delà des eaux profondes. Et à son regard qui m'est invisible...

Se peut-il que ce faux ménage, avec le grand fils, se brise? — Certes. — La vie a été la plus forte. — Ils ont épuisé tous les regards et toutes les larmes. — Ils se sont adorés. Ils se sont déchirés. Ils se sont retrouvés dans une autre lumière. — Il faut nous séparer. Il faut vous séparer. — « Tu partiras, criaient les trains sous les portiques. — Tu t'en iras », chantaient les cloches dans les villes.

Le père a rencontré son fils. Il avait une trace sale sur la joue et beaucoup de barbe. — On a vu passer la fille ailleurs. Elle porte une espèce de guitare.

Où est le temps où la mère courait à la fenêtre pour voir son enfant partir dans l'allée.. Ils s'étaient adorés. Ils s'étaient épuisés...

Avec quel plaisir on se déchire..
Ces pensées font qu'on regarde si on saigne..
O les mots touchants qui vous font pâlir..

Ils se sont adorés. Ils se sont séparés...

La corde le serrait si fort que du sang gouttait lentement sur le plastron de sa chemise. Son cercueil attendait hier sur le palier, au fond de l'impasse.

On a fini par emporter le mort d'amour. Ça sent encore le cierge et l'antiseptique..

Il y a bien longtemps que nous voyons, le soir, par cette lucarne, la même lumière qui still, edouce comme une plainte, longue comme une larme. L'horloger joue toujours du trombone à six heures. Un voisin jovial accroche des outils qui pèsent. On entend le déclassé qui cherche à l'étonner en lui jetant les mots de Géologie, de Cosmographie.. « Pour une femme! grogne le cocher d'omnibus. Pour une femme! »

Une porte s'est ouverte sur le couloir, avec inquiétude.. Une forme de femme en cheveux passe très vite et tourne, comme un lambeau de fumée que le vent chasse...

« On a trouvé sur le cadavre des lettres, un crayon et quelques cigarettes espagnoles.. » On décrit les beaux traits, l'expression de profond chagrin du visage, et tant de choses, et l'abandon terrible...

J'ai peine à suivre.. Pourquoi faut-il qu'en lisant je revoie fixement la douce figure d'un des maîtres de notre enfance, avec l'expression qui la tendait lorsqu'il annotait nos devoirs...

Je le vois encore, dans son clair pouvoir, un soir de travail.. Il causait avec mon père. On sentait passer dans leur voix contrainte une délicate certitude, et toute l'estime d'un travailleur pour un autre.. Notre lampe baissait les yeux.. Les oiseaux dormaient dans la cage. Une ombre de barreaux venait régler ma page blanche.. On entendait le feu bouger comme un dormeur, monter dans son rêve et crouler sur ses piliers d'or avec la douceur d'un fruit mûr...

Si c'était lui qu'on a tué.. Son crayon.. ses lettres...

Est-il vrai? qu'il soit étendu là-bas, par-delà cette mince ligne nocturne où souffrent de pauvres lumières...

Un homme a penché la tête en arrière : son âme accourt, monte embrasser la houle énorme.. Dieu vient reprendre son trésor dans sa caverne.. Et des écluses chantent, et le brasier noir de la vie charbonne..

Il y a si longtemps que son cœur frappait pour sortir! La mer s'est retirée des voûtes de sa tête. Le silence, à pas de loup, s'y installe. Mais nous seuls sommes morts, et tous les bruits sont morts, au bord de ses oreilles..

Le Ciel a toujours son regard infiniment égal et sans fatigue. Un paysage oublié n'en tisse pas moins ses bruits calmes...

Nous allons voir les nôtres. Il fait doux. Les deux peupliers sont bien droits sur la route de la Touche... Une chèvre à l'attache broute un mur. On entend le chant bleu de la forge au tournant de la route.. On perçoit le bruit d'une fête de village qui vous rappelle un amour d'enfance...

Les bruns satyres se poursuivent gauchement sur les tombes. L'herbe tire à l'arc par toutes ses bêtes. Les bourdons vous parlent à l'oreille, roulent dans l'air tiède et prennent le large.. Un criquet part et retombe, comme une arbalète empennée de rose.. Une motte de terre qu'on enlève et qui découvre une odeur profonde laisse voir la fuite au dos tremblant des bêtes sombres...

Il me semble qu'on a chuchoté sous la terre.. On entend le bonheur qui frémit sous la terre. On entend défiler tout un troupeau de cloches. J'ai aimé d'autres cimetières...

J'aime les cimetières des grandes villes où des têtes blanches et sans regard dépassent les murs, et les belles chapelles où des lampes brûlent en plein jour, et les allées de grands arbres où il bruine, et les lents chemins sablés d'or où les cyprès défilent comme des pleureuses...

J'aime les beaux cyprès tout vernissés de pluie. J'aime le vol lointain des cloches. « Tu t'en iras, chantaient les cloches dans les villes.. Tu partiras, criaient les trains dans les tranchées.. Tu t'en iras dans une autre lumière.. Tu partiras comme en voyage... »

Mais pour Toi — qui sais t'accouder sur la pierre, les morts fredonnent sous leur voûte. Les regards des aimés sont montés dans les fleurs où la pluie d'été brille encore... Le fleuve souterrain nous parle, engendre, encourage et rassure. Qu'as-tu dit? Les regards des aimés, aux fenêtres? Ils n'apparaîtraient plus jamais?..

Tu ne peux mourir, toi qui te demandes s'il est bien vrai que tu ne verras plus le ciel, et la lumière fiévreuse des hommes, et les regards des bien-aimés qu'on retrouve au fond d'une ville obscure après une journée de fatigue, et les corps adorables, et le visage inexplicable de l'Amour... Par toi sont immortels tes horizons choisis, tes villes mystérieuses, et les moins grands désirs, et les moins beaux visages. Tu viendras quand tu seras las de la course, de l'ennui tiède où tout s'éboule et rapetisse — et des fantômes du bonheur...

A l'horizon, par-delà les orages, derrière une grêle ligne végétale, au bord d'une route — un regard d'amour, cette chose immense et qui semble emplir le monde, n'est plus visible... La tête exquise de Myrto dans les dents blanches de la vague est moins qu'un souvenir, qu'une aile froide emporte.. Un ballon s'enlève — et sous lui tous les mystères sombrent. La beauté d'un regard en face du nôtre, les lointains des rues semblables à des falaises, une fenêtre qui s'allume, et tout ce qui fait le charme à hauteur d'homme... Une bataille n'est plus rien qu'un peu de sel qui se renverse... On n'entend plus rien d'une foule qui chante au milieu d'une ville ténébreuse...

Et tout un passé de feu et de fêtes, les grandes migrations parties de l'Iran, l'Exode et les Huns et les Volcans, tout s'est éteint comme un coup d'œil de flammerole à l'horizon pour aboutir à cette pauvre plage qu'est le jour nouveau qui se lève...

Tu viendras, quand tu seras las de l'ennui lourd et de la course. Il me semble qu'on a chuchoté sous la terre.. On entend le bonheur qui frémit sous la terre...

Qu'est-ce donc que toute notre tendresse? Rien, — qu'une petite vague qui racle sur la terre et s'en retourne à la haute mer...

Un ange se pose aux créneaux du jour.. Des fenêtres qu'on ouvre, au loin, se signent l'une après l'autre d'un lent coup d'aile.. Il semble que de longs bras d'argent tournent les pages d'un livre vague, épars, sans bornes.. Ils font aux murs, en face, de pâles caresses. Ils touchent les velours qu'oubliait la nuit d'été, basse et chaude..

Le soleil poursuit sur toutes les pistes les âmes qui courent dans leur plante libre, les pauvres cœurs vêtus qui frappent à la porte.. La lampe et la tour des visages, les regards sortis de la mer haussent vers Dieu ou l'Orateur la grimace du drame intérieur, crépi de feu, sculpté dehors, ronflant et sourd dedans comme un poêle..

L'Amour et le Crime passent et dorment dans leur gaine de la même démarche et du même silence. D'autres rêvent, les mains comme mortes, et lâchent les rênes.. Des soldats tuent le temps à coups de pied rythmiques. — Le squelette attend, debout dans son corps comme un emmuré dans sa niche. Il suit comme un aveugle. Il singe dans son coin la chair qui goûte et parle.. Il sait qu'il rira le dernier...

Le jour se déroule et gronde. — Les bruits se répètent. — Le rythme pérore. — La musique s'étire jusqu'aux bruits les plus faibles.. Les rongeurs grincent dans les vieilles chambres.. Les tarets percent le navire et l'envahissent comme une idée fixe..

Le soir tombe. Une à une, les lampes entrent dans leur veille.. Aux tempes des rues s'allume un dortoir de pensées fiévreuses.. Les braises tintent et chantent dans leur vase de fer avec un bruit fin et triste.. On entend fraîchir la voix des écluses.. Toute l'engeance d'Adam bat la lumière à coups de basques et d'élytres.

L'Homme pleure, et attend toute sa Nuit le bruit d'une clef dans sa serrure.. Il s'endort au bruissement du jour qui monte..
Il s'éveille.. Un autre jour parcourt au front des maisons leurs songes de pierre et de verre. Et l'homme entend frémir et se reformer la plainte unanime des âges, où nage le thème de sa vie qui chante, lasse de refléter les ciels et les terres...

La vie tournait dans son passé, dans sa musique et dans sa joie. Sur la plage on voyait briller tous les aimés, tous les disciples attentifs. Debout, la figure penchée vers ce qui arrive, avec des fleurs et des ombrelles ! Oh tous les espoirs formaient le cercle, à plein cœur, dans les pays blonds tressés tout autour et blanchis des villas où se reposaient les peines... Les voiles des vaisseaux gonflaient leurs joues blanches... On n'était séparé de l'immense Amour et de la Mort que par des premiers plans noirs d'étranges visages, des villes, des fêtes foraines, des jardins sombres remplis de détritus où des cornemuseux faisaient danser des spectres, des caves, des casiers où mangeaient les souvenirs, un comique nasillard, une vieille femme accroupie en bonnet de paysanne, et l'homme des foules aux yeux impurs et si tristes !.. Et tout bataillait de grands gestes, d'offrandes et de reprises, pour venir buter à l'Irréfragable... Les passions tordaient leurs cariatides. Les fleurs des yeux souvent balancées adoucissaient seules les formes poignantes, les formes sombres.. Et tout un bouquet de noms propres, qui parfumaient l'air de leur intimité si vieille, partaient et chantaient comme un lâcher d'oiseaux !

Le soir vint. Nos groupes marchaient et souffraient sur un grand ciel rouge. On vint fermer des grilles d'or.. Le sommeil jetait ses pavots d'honneur et la Mort donnait des acomptes...

Nous autres, friands de l'odeur d'un parc, nous nous obstinions à y pourchasser la bête du Bonheur.. La bête infidèle aimée dès l'enfance..

Et les hautes maisons haussaient les épaules, toutes noires...

1902

Pour la musique

A Francis Jourdain.

RÊVES

Un enfant court
Autour des marbres..
Une voix sourd
Des hauts parages..

Les yeux si graves
De ceux qui t'aiment
Songent et passent
Entre les arbres..

Aux grandes orgues
De quelque gare
Grande la vague
Des vieux départs..

Dans un vieux rêve
Au pays vague
Des choses brèves
Qui meurent sages..

TONNELLES

Des sèves de vitrail éclairent le silence
Sous la tonnelle aux yeux verts où sourit Marie...
Passe sous l'arceau vert..

Un bras de balançoire encense le silence
Avec un bout de robe qui monte et qui chante!
Ceux dont il est parlé causent des vieux dimanches
En l'honneur d'autrefois.

Les lueurs de ses mains reflètent le silence
Que strient
Sur la route, au dehors, des cyclistes qui font
Un bruit de libellule — qui pointe et qui plie...

Sous l'arceau vert qui la rend pâle, elle sourit...

Mon cœur frappe à la porte
Dans l'ombre..
J'aime trop pour le dire...
Il passe dans mon verre,
Comme des ailes claires,
Ses gestes, son sourire...

ORGUE SOUS LA FENÊTRE

Celle qui sut broder ton cœur, à la fenêtre,
Longtemps, contre son cœur, tu ne la verras plus..

... Un gamin joue et crie
Dans le coin chaud et blond
Où le soleil décrit
Les choses qui y sont..

L'orgue monte sa plainte où danse un cœur brisé
Comme sur les jets d'eau des tirs
L'œuf tant visé...

Cette valse dut plaire à l'archiduc Rodolphe...
Des spectres ont ouvert dans l'ombre leur croisée...

Un frêle geste allume
La lampe aux yeux baissés..
Une rougeur affleure aux marches de la nuit..

Sur quel Sable d'Olonne ou dans quel Dieulouard
Trouverai-je l'oubli de son visage pâle...

AU PAYS

Un nom : Cromac, nous fait parler
D'un golfe sombre... O mort d'amour,
Sois moins triste d'avoir pleuré
Pour d'autres noms, pour d'autres jours

Où tu étais comme l'aveugle,
Qui regarde du rouge sombre
Et joue avec ses mains grattées
Sur le vieux banc de son enfance...

Comme l'aveugle, lorsqu'il songe
Et bougonne, et que son cœur gronde
Contre la beauté au corps tiède
Qui le regarde, tonte en larmes...

Cromac. La Maison sous les branches,
Dont la fenêtre aux yeux en fleurs
Écartait ses longues mains blanches,
Doucement, sans bruit, sur ton cœur...

INTÉRIEUR

Des toiles, des choses sèches pendent aux poutres...
Le vieux fusil dort fixement
Au mur clair..
Rêve à ton gré. Tout est comme autrefois. Écoute...
La haute cheminée
Fait sa plainte ancienne et son odeur éteinte
Et tasse son échine de vieil oiseau noir...
Elle porte encore au front ses images d'âme crue
Et ses vases de loterie aux prénoms d'or..
Et l'horloge recluse dans l'ombre et la bure
Berce son cœur avec une douceur obscure...

Pareils à des visages ronds de spectateurs
Les plats se penchent aux balcons du vieux dressoir
Où des files de fruits qui font la chaîne, fleurent
Dans leur ruelle d'ombre couleur d'aubergine..
J'ouvre un tiroir où je vois passer des noix vides,
Un gros couteau à vingt lames, qui contient tout,
Et l'ombre de mes mains qui glisse sur les choses...
Et ce sont des couleurs vivantes, refroidies..
Et ce sont des odeurs d'intimités suries..
Ça sent la malle, et le poivre des vieux départs,
Et le livre de classe, et la chapelle éteinte..

Un vent tiède pousse des guêpes
Frapper à la lucarne bleue..

Un grand chat doucement passe comme on chuchote,
Et vous lève un regard où veille l'ennui sage
Du soleil dans la douve aux lentilles d'or vert..

Sois calme. Tout est là comme autrefois. Écoute...

EN VACANCES

Le joli bras rond de l'allée
Mène à l'église du village,
Où Camélia tire sur les mains
Vieilles et froides de l'harmonium
Pour la messe du lendemain...

Je l'entendais chanter
De là-bas, où j'étais,
Comme j'allais sortir de la châtaigneraie
Par le chemin couvert où planent les argynnes
Que chasse le bruit du moulin...

Ça faisait si bien, ce chant grêle,
Comme un plaisir chevrotant de vieille,
Qui arrivait en lent courant,
Coupé de minces cris d'oiseaux,
Dans les parfums et dans les bruits,
Jusqu'au creux vert plein d'insectes drôles qui cousent
Où j'oubliais ma ville, où j'oubliais mes nuits...

Monsieur de Beaufort qui est un rêveur
Comme moi, je pense,
L'écoute aussi, à sa fenêtre...
Lui, demain dimanche, il jouera du cor
Jusqu'à midi...

ROMANCE

Certes nous vous avons aimée,
Marie... Vous le saviez,
N'est-ce pas ? Vous vous rappelez ?...

Un soir
(Nous partions dans la nuit
Arthème et moi), nous allâmes sans bruit vous voir
Sous l'abside du ciel d'été, comme à l'église...

Il y avait de la lumière et vous lisiez...

Nous avons gardé les dessins
Aux trois crayons, et les oiseaux à l'encre bleue
Que vous faisiez...

Ah ! Marie, vous chantiez si bien !
C'était au temps
Où vous étiez heureuse à l'école des Sœurs,
Où la Procession toute pâle de fleurs
Chantait dans le désert du Dimanche..,
Tremblant
J'étais auprès de vous qui étiez toute en blanc...

L'orgue parlait d'ombre à l'église...
Sur l'autel pendait le jour bleu...

Par les blessures du vitrail, l'appel de brise
Où fuse un gros bourdon d'onyx! chassait le feu
Des cierges, vers vous qui étiez grise
De lumière et de chants sages...

AU FIL DE L'HEURE PALE

Un jour, au crépuscule, on passe, après la pluie,
Le long des murs d'un parc où songent de beaux arbres..
On les suit longtemps. L'heure passe
Que les mains de la nuit faufilent aux vieux murs...

Mais qu'est-ce qui vous trouble au fil de l'heure pâle
Qui s'ourle aux mains noires des grilles?
Ce soir, le calme après la pluie a quelque chose
Qui fait songer à de l'exil et à la nuit..
On entend le bruit nombreux
Des feuilles partout
Comme un feu qui prend..
Des branches clignent. Le silence
Épie
Et il passe des odeurs si pénétrantes
Qu'on oublie qu'il y en ait d'autres
Et qu'elles semblent l'odeur même de la vie...

Plus tard, un peu de soleil dore
Une feuille, et deux, et puis tout!
Alors, l'oiseau nouveau qui l'ose le premier
Après la pluie
Chante!
Et comme une âcre fleur sort d'une lampe éteinte
Il monte de mon cœur l'offrande d'un vieux rêve...

Un rayon rôde encore à la crête du mur,
Glisse d'une main calme et nous conduit vers l'ombre...

Est-ce la pluie ? Est-ce la nuit ?
Au loin, des pas vieux et noirs
S'en vont
Le long des murs du parc où les vieux arbres songent...

DIMANCHES

Des champs comme la mer, l'odeur rauque des herbes,
Un vent de cloches sur les fleurs après l'averse,
Des voix claires d'enfant dans le parc bleu de pluie,

Un soleil morne ouvert aux tristes, tout cela
Vogue sur la langueur de cet après-midi..
L'heure chante. Il fait doux. Ceux qui m'aiment sont là..

J'entends des mots d'enfant, calmes comme le jour.
La table est mise simple et gaie avec des choses
Pures comme un silence de cierges présents...

Le ciel donne sa fièvre hélas comme un bienfait...
Un grand jour de village enchante les fenêtres...
Des gens tiennent des lampes c'est fête et des fleurs...

Au loin un orgue tourne son sanglot de miel...
Oh je voudrais te dire...

AUBES

Que l'aube apporte le vent neuf
Et qu'elle joue aux quatre coins
Avec nostalgie dans les villes
Aux carrefours ornés de glaces
Qui attirent de vieux regards
Subtils du fond des lointains graves..

Que les rats qui roulent sans bruit
D'un arbre à l'autre, hors de leurs grilles
Au ruisseau que l'heure pâlit
Traversent ton ombre grandie
Lorsque les choses vous regardent
Aussi vite qu'on les regarde..

Que s'ouvrent au tremblement mauve
Les corolles des boucheries
Où s'égoutte du sang qui dort
Et que le ciel monte à coups sourds
Du bout du fleuve au timbre obscur
Où un remorqueur meugle et fume
D'un nasal noir contre le jour...

Que le mitron ferme le four
Où brasillent les vieilles cendres
Et qu'une femme vigilante
Aux yeux de mère et de servante

Sous une porte où le vent s'enfle
Souffle ses fumerons qui chantent
Et verse le Noir aux mains lentes..

Que l'aube emmêle le vent rêche
Dans l'arbre où se peigne la lune
Et qu'elle réveille la mare
Couverte d'un duvet de prune
Où d'étranges insectes tremblent
Sensibles comme des balances
Sur un vieux nuage qui dort..

Il suffit — pour que tu te chantes
Une chanson basse, égarée,
Où il est question de femmes,
De bleus retours à des campagnes,
De promesses et de poëmes,
— Et que ton cœur se fonce et pleure
De pleurer sur d'anciennes larmes.

CHANSON

Les fabricants ont arrangé
Pour notre usage, les objets
Usuels — Les objets aimés..

Le bruit du cristal éveillé
Pareil à un sommeil léger
N'a pas troublé n'a pas troublé
Les gens — de leur prospérité..

Ils en ont fait des quantités
Sans être émus de leur beauté
Et, pour satisfaire à la vente,
Notre petite sœur la lampe,
La lampe qui voit nos baisers...

Notre petite sœur la lampe
A la ronde voit nos baisers.
Comme les morts elle dormait
Sans bruit, au creux d'un tertre vert..

Tout le jour elle était fermée
Sur son rôle et se recueillait
Et se taisait comme se tait
Une ruche, sans bruit l'hiver..

Mais voici l'heure. Une petite
Étoile tremble et périclite...

Au bleu triste de la croisée
La mouche tait son bruit disert..

Et la lampe fait sa lumière
Douce et pâle, couleur des plages,
Couleur des blés, couleur des sables,
Couleur des sables du désert..

Dans une maison qu'on ignore
Le soir monte au bras du danger
Et s'arrête sur un palier
Devant une porte marquée.

1898

Espaces

Le penchant pour le merveilleux, mon goût particulier pour les impossibilités, l'inquiétude de mon scepticisme habituel, mon mépris pour ce que nous savons et mon respect pour ce que nous ignorons, voilà les motifs qui m'ont engagé à voyager durant une grande partie de ma vie dans les espaces imaginaires. Aucun de mes voyages ne m'a fait autant de plaisir; j'ai été absent pendant des années, et suis très fâché de devoir maintenant rester chez moi.

Le baron de Gleichen.
Souvenirs.

ÉPAISSEURS

GAMMES

Voix dans la chambre à côté
Derniers doigts de la musique
Longue et bleue comme une route
Saurez-vous y dépister
L'immense larme qui sonne
A l'évent de ma cachette
Et que j'attends chaque jour?
Un petit point s'il vous plaît
Sur ma page de douleur.
La ville ouvre ses compas,
Ses couleurs, ses tire-lignes.
Sur les grèves étagères
L'homme à l'encre sympathique
Contemple avec méfiance
Les signes de son bonheur.
Hachures de chair qui dansent
Aux confins de la rumeur,
Cette allure verticale,
Ce saut interrogateur
Dans les rues qui se démaillent
Piétinées par les troupeaux
Que faisande le menteur,
Esprits voleurs de chapeaux,
Fantômes de caracames,
De fatagins, de marmoses,
De réincarnés précoces,
De transfuges de la mort,

Transmissions sans ressorts
Dans les pièges osmotiques,
Dans la bouche des boutiques,
Dans la bouche de l'amour...
L'homme interdit par la nuit,
Bluté par une peur vague
Au bord du van de l'orage
S'accroche comme une épave
Dans le lit de la pierraille
Réfléchit avec ses cornes
Et regagne son fournil.
L'ombre qui l'entend monter,
Le drap vite recouché,
Se hâtent de se plier
Et préparent leurs grimaces.
Quel pédicure néfaste
Porte une main sans scrupules
Le long des orteils carrés
De la sonore momie?
Mais du cendrier des rues
Par la trappe des marelles
Où les morts jouent au jonchet
Pour tromper les nuits de garde
S'ils ne sont pas de sortie,
A peu près à la même heure
Que la barque de la lune,
Monte avec un bruit de franges
De verre autour de sa lampe
Où confit de l'angélique,
Douce enflure d'Ophélie,
Longue comme le chagrin,
Ronde comme la famille.
Cette fleur de Nézondet.
C'est le nom d'un gâteau triste,
Spécialité d'artiste,
Que ma mère me donnait,
C'est le nom d'un souvenir
Que mon rêve regardait...

A Marcel Raval.

LA DROGUE

> *Dans ce pays des enchantements, je considérais chaque chose avec une sorte d'inquiétude. De tout ce que j'apercevais, dans la ville, rien ne me paraissait être tel que mes yeux me le montraient. Il me semblait que, par la puissance infernale de certaines incantations, tout devait avoir été métamorphosé...*
>
> Apulée.

> *Si le soleil et la lune doutaient, ils s'éteindraient sur-le-champ.*
>
> William Blake.

Il y avait longtemps que je m'en doutais. J'en étais sûr. Ne l'avais-je pas dit dans deux ou trois conversations? Avais-je parlé? Je n'avais pas vu dans leurs yeux qu'ils eussent entendu. Je ne pensais pas à la chose, elle me pensait; je n'agissais pas, elle m'agissait. Je ne pouvais plus remonter, me retourner sur mes mobiles, plus me fixer, plus me rassembler. Traiter une affaire? Et avec qui traitais-je? Qui avais-je au juste en face de moi? D'où montaient ces voies mates? D'où m'arrivaient leurs assurances? D'où sortaient ces mots baroques, flemmards, comme des champignons lents à se tendre? Plus de confiance en la parole, plus de confiance en personne. Dans la rue, je circulais avec beaucoup de circonspection, de préambules, de repentirs, le côté par où l'on tourne offensé par les maisons, craignant le verre, louvoyant avec des ruses de chasseur, questionné brusquement par l'air nocturne, glissant comme une épave entre les sabords des boutiques, séchant dans les cafés, fourbu, parcheminé, mâchant du cuivre, torturé par une question mal posée, fixé longuement par une sorte de faille, un manque en pointe agaçant de blancheur. J'en croyais Pascal, qui sentait toujours un abîme à sa gauche. Voyais-je seulement l'énoncé du problème? Il me souvenait de certaines périodes ardentes et dissimulées de mon enfance, pleines de rumeurs, de rayons humides et de larmes de plaisir, d'états de colère ou de silence, où le médecin de mes parents discernait de légers troubles, imputables, disait-il, à mon activité précoce, excédée d'impressions vives, que je n'avais garde de trahir, et qui me criblaient de baisers amers, de la part de quelque merveille implacable comme un coquillage dans une vitrine, l'atlas d'un dictionnaire d'histoire naturelle, un navire en miniature au musée de la marine, ou quelque jouet absurdement riche et que je ne pouvais posséder. Je n'ai jamais éprouvé plus dur le sentiment de l'impossible, sinon sur certaines montées de la fièvre où je travaillais comme une machine à faire entrer une masse indéterminée, mais considérable, dans un orifice imperceptible, comme une cathédrale dans le chas d'une aiguille; à moins que, sur les chevaux de bois, l'ordre ne nous parvînt de nous suicider tous avec notre lance, sous peine de mort, avant l'arrêt complet du manège, qui commençait à ralentir, sous les yeux de ma mère, qui luttait pour me joindre avec une longue bête, se déformait comme un nuage, et ne pouvait plus me sauver.

Cependant, la vie devenait intolérable. L'atmosphère se coagulait. Il m'arrivait de me lever brusquement en mangeant, de m'apercevoir que j'étais debout, couché, courant dans la foule, hors de propos et hors de tenue, toutes les cases de l'esprit découvertes. Naturellement, impossible de dormir. Je ne pouvais plus rien faire de propre. J'avais mis mes affaires en ordre. Je me hâtais comme un voiturier que la nuit gagne. Je me débattais comme un malade qui ne se défend pas mal, mais d'un peu plus bas, avec un peu plus de mouvements inutiles, et qui souffle un peu plus fort que la veille. C'était trop long à se dessiner, en horizontale ou en verticale. Il fallait que je gagne ou que ça casse. Comment ça s'est fait, je n'en sais plus rien. Le savant lâche le problème qu'il fatigue, où le crayon glisse, où l'esprit s'endort en mordillant. Quelque jour, au matin d'un sommeil réparateur, il est réveillé par la solution. Le tri s'est fait. J'ai tant et tant secoué l'arbre que les fruits pourris en sont tombés.

Le prévenu, moutonné, s'est mis à table. La question était si tendue qu'elle a chanté. J'ai reçu enfin l'avertissement. Je me suis levé, je suis parti, comme on court jouer, quand on sent la veine. L'énoncé du problème et sa solution se télescopaient. Tout devenait clair. Il n'y avait qu'à suivre. Je suis descendu. J'en ai suivi un.

Pourquoi celui-là plutôt qu'un autre? Quels signes sur lui me donnaient l'éveil? Imperceptibles dans ma mémoire. Il était grand, bien vêtu, marchant carré. Je n'avais pas de peine à ne pas le perdre. Il tirait ses lignes, ses pauses, ses entrées, ses sorties, dans les galeries de la termitière. Il faisait sa journée comme un passant quelconque. Il jouait son rôle de bête à fromage. Je l'ai vu s'enfoncer dans les maîtres d'hôtel et les vitrines en veilleuse d'un palace. Je l'attendais à tout hasard. Il y est resté près de deux heures, et c'est ce qui m'a donné le plus de mal. Enfin, le voilà qui ressuscite. Il me traîne comme un remorqueur, d'une corde invisible. Il tourne un long moment dans un square avec inquiétude, au point que je crois qu'il rate un rendez-vous. Non? Repart. Bureau de tabac, trois boutiques. Quartiers non conformes... Les Halles, la rue Saint-Denis, le boulevard de la Chapelle. Je traverse tout ce que j'aime. Dans des rues écartées, sur des voies de garage, nous longeons des haies de putains architecturales, d'un style qui se perd, roulant comme des locomotives en manœuvre, ou s'allumant aux hublots de quelque entrepont. Pas de blagues, l'œil à mon homme! Ses feintes sont un peu larges. La journée s'avance et les pieds durcissent. Va-t-il faire le tour du monde? Il a passé par l'Olympia, qui a une sortie rue Caumartin. Il est entré dans les maisons à double issue qui portent le n° 18 de la rue Pigalle et le n° 56 du faubourg Saint-Honoré. Il en est ressorti loyalement, la rosse. Cependant, je commençais à ouvrir l'œil, car je sentais le fil mollir.

Il traversa la rue Royale. C'est à ce moment que je le perdis, dans l'écrase-nez d'un embouteillage. Je crus le voir prendre une voiture, qui se brouilla dans un peloton remis en marche. Je sautai moi-même dans une voiture, mais, là, je n'étais plus sûr, et je fis suivre à tout hasard. Cette poursuite me menait si loin que le doute commençait de m'envahir, combattu par une sonnette intime... Nous étions aux Buttes-Chaumont. La voiture présumée ralentit. Je pressai mon chauffeur. Nous la dépassâmes. Elle était vide.

Le jour baissait. Plus rien à faire. Ma course réglée, je m'en retournais par la rue Bolivar, agitant des trousseaux de faux calculs, quand je vis venir à moi mon homme, à pied, marchant à grandes enjambées, la tête obstinément et complètement tournée en arrière, et comme dévissée. Je l'évitai, revins sur mes pas. Je sentais les événements se précipiter, j'entendais battre mon cœur. Je repris la chasse, mais je le suivis sur l'autre trottoir, à cause de sa tête. Il s'engagea, sans paraître m'avoir remarqué, dans la rue des Mignottes, puis dans la rue des Solitaires, et voici ce qui se passa.

Son allure devint saccadée, puis onduleuse, sa tête s'ourla d'un liséré bizarre, les bords de son corps, puis le centre, commencèrent à s'éclaircir, laissant voir par transparence, et comme à travers un verre fumé, tout l'échafaud, tous les juchoirs, tout ce qu'il avait dans ses poches, tout ce qu'il avait mangé, comme une besace à la cardan, puis le tortil d'un colorant intense, on devait le soigner au bleu de méthylène, puis les passants, qui se faisaient rares, puis les maisons, puis le ciel. Brusquement, il s'arrêta, je n'eus que le temps de me jeter en arrière, le trottoir se fonça en rond autour de ses pieds, comme mouillé de la bruine circulaire d'une rôtissoire, il devint diaphane et s'enfonça, comme un sac de verre silencieux, dans le sol. Il y eut un grésillement bas, le trottoir souleva deux ou trois grosses cloques, avec un clappement assez fort, tout rentra dans l'ordre, j'avais gagné.

Depuis lors, je ne lâche plus la chasse. Quel jour suis-je allé chez moi ? Tant, et tant, qui ne sont pas vrais ! La plupart ne sont pas vrais ! Ça se passe de tant de façons différentes ! Il y en a qui fument doucement, comme une émission solfatarienne, ou quittent le sol, comme un gréement squelettique, ou presque invisibles s'enlèvent, comme un ballon qu'un enfant lâche. Une femme monte, les cheveux droits, la jupe retournée comme une bobèche. Je ne sais pas si les autres les voient, moi je les vois. D'autres s'enfoncent dans une paroi poreuse, absorbés comme par un buvard. Un jour, j'en ai vu deux s'enfoncer à la même place, dans le mur d'une usine. La nuit nous cernait. Leur double contour devint lisible comme une encre sympathique et demeura longtemps lumineux sur la pierre. Où sont-ils ? Je ne pouvais quitter ce mur palimpseste. L'un d'eux parut vouloir remonter. Je m'enfuis. Il y en a qui surgissent sur place, presque sous vos pas, comme un fantôme de poussière d'une bouche de chaleur, armés de pied en cap, avec leur canne et leur serviette. Et il y a les échanges, il y a les rachats, les mauvais numéros, les remplaçants, les permutants, les ordonnances, les substitutions, les volontaires, ah, toutes sortes de combinaisons et de ressources, un mouvement monstrueux, perdu dans la bagarre, une navette silencieuse, un va-et-vient discret de la vie à la mort. Les raisons des vivants et des morts se balancent. L'amour et la mort ont fait leurs premières armes dans la mer. Ils s'entortillent, ils se dépistent dans la pierre. Jusqu'où font-ils des armes ensemble? Le texte serré du troupeau t'en impose. Fuseaux de fumée, acrobates qui marchent sur une boule, louches bateaux ramenés dans une anse, rôdeurs obèses, requins-marteaux de la mer pierreuse, qui se déchirent aux brisants des rues, qui se décousent de proche en proche, mailles graisseuses sur le ciel. Espèce de tam-tam sourd d'organes, danse macabre de molles massues, migrations de lettres de deuil, ordre dispersé, service en campagne cantonné dans des géodes, pour des apartés pleins de chiffres, des accouplements de vers bavards, de blattes goulues, des trocs poisseux et sonores, circonvenant les maisons comme une écume sale et sombre. Il s'agit de démêler les ressemblances trompeuses, les souvenirs d'avec les démons en visite, les figurants d'avec les revenants, les figures venues avant terme des limbes, les carottiers, les simulateurs, les réincarnés précoces, les transfuges de la mort, la pensée criminelle provisoirement formée, gonflée comme un mufle de vapeur, le corps astral voleur de vêtements. On t'a fait ton pardessus dans un café? Ne cherche pas, ce n'est pas un autre. Quel travail! Une patience inflexible t'en donne la maîtrise. Si tu fixes sur la grève un pou de mer entre mille poux de mer, si tu ne le quittes pas des yeux, tu le fascines. Les autres s'en vont, dans un frémissement multiplié, sassés par la peur, lui reste sur place, avec son gros œil. Tu en fais autant pour un insecte dans la campagne. Ton regard lui pèse. Tu peux le voir prendre du dos, cisailler à vide avec ses pinces, dresser d'un coup sec les volets de ses élytres, découvrir un petit moteur qui te donne envie de faire ta prière, et, quand tu le lâches, fondre dans le ciel avec un mot triste... Comme ces petits, j'ai pincé les hommes. Alors j'ai vu, oui, j'ai vu : qu'il y avait de drôles de corps. Un jour, j'ai rencontré trois fois mon ami. Deux fois sur ses yeux, ce n'était pas lui. La troisième, il m'a parlé. J'ai pris peur et j'ai filé dans la foule. La boulangère du carrefour fut abusée pendant deux ans par un amant des plus légers qui ne venait de là-bas que pour elle. Il faut distinguer les personnes. Je t'apprendrai bien à les suivre. J'en ai choppé comme ça beaucoup qui ne circulaient dans leur complet et sous leur chapeau que pendant une heure, et je les couvais jusqu'au moment où ils s'enfonçaient lâchement dans le sol. Il y a beaucoup de points nourriciers, de filons de fuite, il y a beaucoup de chausse-trapes divines, pièges incompris, dionées mystérieuses, opercules qui cèdent, points d'enlisement, larynx de la pierre, séquestrations obscures, exécutions sans jugement. J'entends parfois dans la foule un grelot bizarre. Je distingue, du bruit des voitures, une sourde semonce qui vient du large. Quelqu'un dit : Il va faire de l'orage. Près de midi, les sens s'exaltent. Au bord du soir, les courants fraîchissent, la pierre tournante ne ballotte plus d'épaves, les mouches s'envolent des courroies mortes, la lumière se déshabille aux fenêtres, et je me souviens que la paix était bonne. Alors, je débouche ma solitude, fourrée d'une science durement acquise, et je la respire dans les ténèbres.

Un jour, l'esprit divin nous assaille. Il en a assez d'achopper contre sa matière. C'est nous qui sommes la matière, cet esprit qui s'est induré. Il est fatigué de sentir dans sa flamme ces lourdes mouches incombustibles; il est démangé de sentir dans son ventre, au fil le plus fin de son sang, ces bulles salines, ces calculs, ces échardes sales, ces pailles avares, ces réserves tristes, ces sinus fongueux, cette question remuante, insupportable, que nous sommes. Alors, il nous lance une bouée, il nous passe une drogue, il nous empoisonne, il nous rumine et il nous digère. Résorption catalytique, précipité spirituel, dissociation chimique foudroyante, tout ce que vous voudrez... Sur quelque point que nous passions, sur quelque chaussée de l'espace et dans quelque métamorphose, à travers les siècles des siècles, nous aurons l'honneur de faire des échanges avec cet Esprit inconcevable. Parfois, il rapetisse le monde, pendant un temps incalculable. Il supprime un moment le temps, l'espace et la matière, jusqu'à nous rendre tous invisibles. Mais quelqu'un s'en aperçoit-il? Car le monde reste à l'échelle. Toi, peut-être, chez qui l'adaptation ne se fait pas vite, avec tes manies, tes lenteurs, ta plasticité particulière, tes intuitions interminables. Chh! Que rien de raisonneur ne vienne infecter ton flair de Dieu. Je m'accroche parfois à ses vergues, et je me survole à sa poursuite, dans la quatrième dimension, la radiante. Cependant, j'étais un pauvre homme, et j'aurais voulu rester dans mon trou, petit maître d'anthologie, subtil insecte du génie, de l'amitié ou de l'amour. Trop tard. Je ne peux plus être un artiste. Je ne peux plus me tenir tranquille. J'entends derrière moi, comme un train dans la nuit, retentir des cris qui me gagnent de vitesse. Si je veux garder ma distance, il faut que je chasse moi-même quelque chose, il faut que je piste un de ces danseurs noirs, qui font tant de mal, et qu'on prend sur le fait de n'être pas des hommes! Je les suis, rongés par leur pensée, dissous par elle comme par un mordant, par l'indifférence ou par l'extase. Ils ne répondent plus à l'Éternel plasmagénète. Ils n'entendent plus Dieu leur dire qu'ils existent. Alors, ils doutent d'eux-mêmes et s'effondrent. Ils meurent d'une attaque de scepticisme, comme on meurt par septicémie. Sensibilité différentielle à Dieu. Mais je veux savoir comment ça se passe!

Ah! je suis un fantôme occidental actif! Cette relève, que je me demande si souvent, qu'en ferais-je? Il faut que je brasse, que je m'affaire, que je chasse, les hommes, l'autobus, ou Dieu. Frappe les fesses de la terre avec ton fléau de cuir, cours ton petit bonhomme de chemin, Babonin. Çakya-Mouni ne peut rien pour toi, pâtiras!

COLÈRE

Pourquoi m'as-tu quitté, moi qui t'aimais tant?
                                    Almanach.

Sonnez, flèches de miel, sur les fausses portées fumantes; œil de tigre, frelon fusant, sphinx taupé, navette au chant brumeux, chalumeaux du jour, enclochez-vous dans l'alvéole; fuyez, secrets pointés cachés dans le ciel, petites clefs plumeuses; oreillard, fais ton portemanteau pour la nuit dans les cours chaudronnantes rayées d'animaux inconnus et de linges. Le disque se déclenche au rouge! Voici l'Homme!
Te voilà, zoizonin. Bonjour, Monsieur, eh imbécile. Homme, va-t-en, voici les hommes. Quand ils parlent, rien ne pousse. Anatole, tanaos et thanatos, anthropofrime, bœhme, assez de vos mots, assez de vos dieux, assez de vos cloches! Les rais s'épointent, les souffles s'attristent, l'uranie s'endort contre vos plaques, vos chevaux de pierre montent dans le ciel, vos larmiers verdissent, vos cerveaux s'englument, hommes, lâchez-nous! Comment! L'oracle étonné, pas compris, dévêtu pourtant, jonché de patrons et de feuilles d'or par la grande batte, toupies brunisseuses et molettes célestes; l'oracle endormi du soleil dans vos maisons pleines de méduses montées en graine, d'échos et de prismes trompés, de niches prises en alcôve, d'instruments scientifiques en instance, de sacs de fibrine, de lampes capillaires, de tubes de force hantés de résilles sanglantes; vos chambres secouées de haussements d'épaules et de larmes ménagères,

fumées qui rabattent, miroirs infestés de tics, grimaces balancées; vos têtes nasardes, hôtels borgnes, sourds à la musique muette des nombres, le tendeur gainé de chair, l'œil à la mèche encrassée, l'écorché dans sa baignoire, le moribond dans son stère, baisers et sommeils qui choquent les pots, traînerie de frotteurs passionnés, prisonnière entre ses lattes, vieux appareils photographiques sautant sur deux pieds sans trouver leur place, vos objectifs tremblants et bègues, meetings de rêves, soufflets digestifs, de potins et d'histoires, et jamais au point; votre cœur vairon, la tendresse impossible avec vous, votre psychologie de vieilles demi-vierges, votre hyperlogorrhée; l'ami qui tousse de traîtrise, l'étudiant en droit qui se croit l'empereur, le grimaud qui mesure la France avec un ver solitaire, le potard qui regarde dans son tube tourner les volants du fromage, l'élève et la femme lui font les poches et l'anévrisme chemine en lui; ce besoin d'échapper au centre de gravité de votre pensée d'hommes, cette envie de sortir avec l'œil d'une mouche, cet acharnement sur les comptes de la terre, espérez-vous faire son prix de revient, c'est bien difficile; vos questions résolues, tout est pire qu'avant; vous oubliez toujours le principal, vous n'avez rien vu comme coulage, vos coutures filent de proche en proche, vos trains les plus rapides s'avancent comme un dessin d'enfant, la fumée mal faite; les constructions de vos têtes les plus fortes roulent sous la table, les cristaux de Descartes mal départis, mal nourris, décroissements moléculaires, vident la monture, sautent dans les lieux; pas fort, une pichenette, le taon d'un souvenir, le prurit contre la tempe, un revers de la main sur un spectre sucré (rien, c'est l'Inconnue qui se décroise dans un courant d'air) renversent d'un seul coup vos parties d'échecs les plus longues; vos travaux ne valent pas cher, et votre papier de tirage ne vaut rien! Mais vous m'avez plombé de votre haine, de vos querelles, de vos attentats, de tout cela qui est de l'amour qui se cherche et se tord comme un ver; vous ne pouvez pas trouver la formule, Colin-Maillard béni de gifles, vous le sentez là qui respire, et vous ne pouvez pas l'atteindre, et vous battez la semelle, et vous claquez du bec l'un contre l'autre, et vous soufflez du nez, hein, c'est comme un mot qu'on ne peut pas sortir, pauvres pataurés, petits rageurs noirs; le père chef d'État, le frère chef des chœurs, la fillette horriblement aimée dans son petit lit, la grande sœur jalouse en banlieue, le solitaire brucolaque, les militaires beaux

comme des bureaux de tabac, le maréchal doux comme un Bon Dieu de sergents de ville, le pingouin du tribunal, l'ingénieur qui se crotte dans ses calculs, le marin dans ses tripes d'acier, le poète plein de crimes en marcassite, la mère qui pleure dans la cuisine, le piano qui console une dent malade dans une rue pluvieuse; avec ça vos propos n'amusaient pas la route, et vous vous déchiriez, fil à fil, au fond de la turbine. Pourtant, vos pierres creuses étaient posées dans un jardin, vous l'aviez belle, on vous donnait des feuilles neuves chaque matin, des feuilles fraîches comme si elles n'avaient jamais servi. Mais vous alliez trop vite, et vous n'avez rien vu. Si vous m'aviez suivi, si vous aviez parlé moins fort, nous aurions ralenti, moi qui vous aimais tant!
    Voix désertes, foulard du soir, tête osseuse contre la vitre. Chaque bête avec son rouet dans son enclos. Votre plainte n'est plus pour moi. Trop tard. A quoi bon, pélican, gonfler éternellement sans pouvoir l'ouvrir ton vieux parapluie nourricier; c'est pour rien, casoar, que tu cours en boxant sous les arbres; vous ne me faites plus plaisir, comme au temps que j'étais enfant, quand un homme de peu de paroles et de grand amour me menait à vous par la main... L'organeau qui tintait quand nous passions la porte, on l'a arraché, il n'y a plus de cheval côtier... Poète, le resteras-tu, dans cette île tournante musquée de mensonges et de fantômes, qui ne te rendent pas ton amour, qui t'appellent monsieur quand tu les tutoies, mais où tout le monde tire de toi le meilleur, jusqu'au moulage de la mort? Ton rire a fondu dans sa grille, le temps pavoise d'étage en étage, et voici la nuit. La grenade montre son cœur. L'usine de quartz et de pain d'épices s'allume au bord de la Seine. On entend le bruit des marteuses. Va où tu sais. Retourne dans ta galerie de mine, parle à la fille sur sa porte, enfonce-toi comme autrefois dans ce passage sourdement bordé de micas et de chrysalides où s'exile un vieux bec de gaz couronné, noir paponcle; bourre-toi d'images sonores. Musique, maintenant que le moral flanche, tu ne vas pas me lâcher?

MIRAGES

Marina Semina.

Il disait : qu'il n'avait pas le temps, qu'il avait sa voiture à la porte, une cuisine roulante bondée de toute sa journée, de sa nuit couveuse d'œufs sanglants, les grandes dames conquises en mangeant des plats nègres, la virée de l'enfer dans le marais salant du jour, le silence de sa vieille maison encore endormie retrouvée chaque matin, le râle du concierge dans la loge, le sursaut d'un réveille-matin derrière une porte étrangère; sa chambre ouverte, la persienne où manque une latte, la vie du jardin qui commence, et le rabat du jour et les colliers d'oiseaux descendent sur son lit; les trousseaux des laitiers tintent dans l'escalier, la terre sort de son cocon, les horloges sont débordées, les cloches commencent à pondre, et la rumeur grossit jusqu'au midi de la voiture qui part pour l'action, les marchandages, les bureaux de tabac, les courses traversées de souvenirs d'enfance et de tristesses brassées en arrière.
Il parlait au milieu des amis, de quelques intermédiaires à la bouche carrée, des livres qui faisaient le gros dos. Il avait la figure bouleversée, recréée, de l'inventeur sûr de son affaire, et comme deux regards superposés... (Lui vient d'aboutir, il sait, les autres flottent.) C'était un tragique battu par les comiques, à l'image de la vie. Au vrai il avait une vie dramatique, rarement devinée, où il prenait toutes les peines du monde à sauvegarder sa confiance et sa santé, et comme il avait le cœur à vif, il s'y adonnait en mau-

gréant, mais sans marchander, riant et pleurant, portant la tendresse où il le fallait, faisant de son mieux son métier d'homme. Cette vie de plans multiples donnait à son visage une expression des moins tranquilles, mais nous avions foi dans son poème : « Ça y est. J'ai trouvé l'orgasme de l'homme à la terre. J'ai centré les fluides. Cette pierre transparente dont nous avions parlé, pleine de fumées et d'éclairs de lances, où deux cavaleries semblent prises dans la mort, je la fais vivre. (Un soir, dans un brasier, j'ai vu bouger la salamandre. Je vous l'ai dit.) J'avais mis au point le sirop de feu, l'eau frappée de la foudre et pleine de médaillons étranges, la rosée qu'on peut tailler à facettes, les circonstances où la matière n'est plus la matière. Hier j'ai trouvé les zones réservées, les in... les inchauspés, les points nerveux du trottoir, les métastases terrestres fixées, les fonds d'artichaut minéraux sensibles. A présent, je suis maître des transformations de force en matière et des réciproques... » Il vivait dans cette biodynamique, on le savait assez, comme la pyrale dans les forges...

« Les continents glissent sur de grands fonds tricheurs; fête foraine à réverbère, moufles de monstres, moules à gaufres où les sédiments descendent cuire, orgues de vache en gélatine, tartes d'axolotls, témoins de mollusques chauffés au bleu, claviers d'orteils bouillants de cloques. La terre se nourrit par le centre, non sans réfléchir et sans pathétique, dans la forcerie de l'atmosphère, comme dans une serre à ciel ouvert. Volcans à surprises dont les branchies respirent dans le ciel, corneaux de poulaine ignivomes, tremblements de terre, vieilles matrices des bruits de camions dans les villes nocturnes, wagonnets qui montent dans la carrière, tombereaux qui traînent sur les routes laiteuses... Blessures mal fermées, restées susceptibles...

Il s'agit de trouver l'accord des extrémités sensibles de l'homme à la terre. Je l'ai trouvé. C'est dans la jambe que ça se tient. Le magnétisme terrestre monte à la rencontre de ton pied guêtré d'anatife, et le libère si tu le mérites. J'ai trouvé ces zones précieuses, ces coupes de cellules invisibles à l'œil nu, cet aubier d'un travail bizarre, ces mailles métalliques, ces moelles damasquinées, ces piliers de cristaux élastiques, ces mastics de vitesse, ces incidents insolites, ces différences de hachures dans le mouvement, ces cheminements de gangrène où la terre est malade dans son attraction, ces eschares qui font vivre l'inerte au lieu de faire mourir les tissus, tout passe par la jambe et monte dans la capsule grise.

  Je frappe le sol du talon sur le socle de phosphore à la rondelle sympathique, et je suis projeté dans la colonne montante. Il faut, et il suffit de suivre le fil et les ramifications de cette colonne radiante pour s'élever au-dessus du sol. Il faut la sentir, il faut la trouver. Si tu la sens, tout t'est permis. Nous reparlerons de l'atmosphère.

  Pour commencer, je monte à peine. J'allume mon cigare à un bec de gaz, j'en referme posément le boîtier. Première surprise des ombres humaines qui me regardent, hésitent avec un cri sourd, et s'enfuient. Le géant Antonitch, mort depuis longtemps, qui rôdait dans les limbes du macadam, m'approuve de quatre grands coups de battoir. Je reprends du poil de la bête et je monte plus haut. Me voici à la hauteur du cinquième étage et dans un état de ravissement inexprimable. Je vois s'équarrir mollement dans la chaleur les toits de Courcelles, parc humide où les Juives m'ont fait tant de mal. C'était donc ça! Voilà le moment de sérier son gypse et ses micas. Si mon père était verrier, je le suis moi-même. Le périsprit donne un coup d'orteil dans l'eau profonde. Mon couvercle me quitte, monte, et fait des ronds de cigarette. Je me divise en deux comme une bague d'alliance. Je monte sur les toits couleur d'arrosoir où je trouve la crème cuite du père Noël, quelques météorites d'une espèce inconnue, des plumes d'ange, le doigt coupé d'un rat d'hôtel collé dans la gouache des oiseaux, le laitage et la suie du ciel, un œuf bleu canard de la nuit. Quel est ce rayon qui me cherche? D'entre ces lampes, quelle est celle où mon père est allé revivre? La girouette fume sa dernière pipe. Une sorte de chevêche toute ronde, au regard tendre, saute à mes côtés sans me quitter des yeux. Me reconnaît-elle? Je traverse la maison comme une grande épure sanglante. Une bouffée de piano dérangé dans sa tanière. Une famille bourgeoise reçoit dans la méfiance du crime et les vapeurs, un dessous de plat à musique joue faiblement *les Cloches de Corneville*. — Je n'ai pas de famille. — Un homme qui écrit dort sur ses insectes, je le coupe en deux comme le cheval de M. de Crac; l'espace d'une lueur, je vois les clefs! je vois les secrets! comme un scarabée ouvre son triptyque! je veux m'accrocher, je suis emporté! Pas de sentiment! Une chambre d'amour, quelle odeur, cheveux gras, soufre, gluten et crottin.

La lumière décoiffée, les amants font la tortue, que d'histoires pour s'aider à vivre! je glisse entre eux deux, je les fusille en oblique, je casse une ampoule, courant d'air, à gauche un bouclier de chair qui tourne... La femme aux longues jambes blanches, le blason de corail, je frôle une main nerveuse, un ongle agaçant... C'est donc tout ça qui m'a fait tant de peine! Il y avait quelques malades, la teigne d'une veilleuse, les corps étendus sur leurs radeaux, le glissement de l'eau noire, des problèmes tournés et retournés dans le linge, des jeunes filles un doigt posé sur le sexe... chut, des roses trempant dans la cuisine, des animaux lovés dans les caves, et du haut en bas et dans tous les coins, dans la maison forée comme un grand nid de polybie, la longue équation moite qui ne se résoudra qu'à l'aube...

A demain pour la technique.

Voilà ce qui m'est arrivé hier soir. »

Ce fut alors que se produisit l'incident qui nous fit connaître. J'y étais.

Je ne pouvais plus voir les hommes, les hommes qui gâtent le métier, les hommes qui veulent que tout se passe mal, les hommes qui vendent à faux poids, celui qui bouche le vide avec l'ennui, l'ennui avec le crime, le crime avec l'argent, la femme qui prend la complication pour de l'intelligence, la femme qui prend les quatre sous du pauvre pour les porter au riche avare, l'homme qui se surclasse, l'homme qui aime les traîtres, celui qui te brime pour se prouver de la force et le méchant par désœuvrement, l'homme qui te vole au nom du droit, l'homme qui te ment dans la figure, l'homme qui te dit durement : c'est comme ça, l'homme qui conduit la boucherie avec une omelette en or sur la tête, l'homme qui s'appelle Durand, Meyer ou Lesbeau de Sontompoyr, l'homme et la femme qui se regardent dans les yeux, se mordent la bouche, trinquent du nombril, font trois tours de valse ensemble, s'échevellent, suent et pâlissent, essayent de se tuer, se repassent à d'autres, se déprennent en tournant encore pour ne jamais se revoir, et s'enfoncent en titubant sous les arceaux de la mort. Pauvres vaisseaux mal gréés, pauvres sacs mal arrimés, pauvres œufs tristes!

Désaffecté de nos mécaniques, écœuré de tout ce caviar, gonflé à vomir du chagrin que j'avais de cette blonde absurde, j'aperçus les fleurs du Champ-de-Mars. Un coup pour retrouver le contact, me rhabiller de mes sens d'enfant, ramasser combien j'étais bon, sentir mes yeux se mouiller, mes joues rougir.

Vacances! L'odeur d'un champ de blé la nuit, les vers luisants sur le domaine de la Touche, un chant d'église aidé d'abeilles et d'enclumes, est-ce que je comprends encore ces fleurs? Et je poussais de toute ma tête. Ça ne rendait pas. Non vraiment, rien là que des petits verres à liqueurs buvant gentiment à la santé du ciel. Pas d'orage, pas de mains jointes, pas de crépitement, pas de mystère. Je sentis monter des larmes amères. Mes mains étaient lourdes. Je chantais vaguement.

> *Demandez à la gysmnasti-que*
> *La vigueur qui vous manque encor*
> *Vos pieds prendront le vif essor*
>   *Et vos bras*
>   *La souplesse*
>   *Élasti-i-que.*

Là-dessus, sans y penser, je donnai le coup de pied intime.

Quand tu seras au plus haut point du désespoir, surplombe le mancenillier. Sors-toi du charme à hauteur d'homme. N'aie plus l'homme en face de toi. Gouvernail de hauteur. Romps le cercle, et monte! Plus de paroles captieuses. Plus de ces regards d'huître consciente et organisée qui te font frémir. Donne le coup de pied, donne-le. Monte. Je t'apprendrai.

Sur mon lit, drogué de silence et de chagrin.
Sur mon lit, comme un violon dans sa boîte. Ce que je pense monte en stratus de couvercles.
Moteurs. Tambours voilés du jour.
Seul. — Ma mère et Julienne sont sorties. — Par la fenêtre ouverte sur le ciel vitreux, le chant des oiseaux de trois heures. Une mouche arrive du bout du monde. Elle commence, avec le robinet de la cuisine pris d'une quinte, une sonate assez précieuse qui m'emmène en gémissant sur le chemin de la douleur.

Je monte. Au-dessous de moi, d'interminables bandes de papier tue-mouches, des tartines grises couvertes du frai des hommes entrant par petits paquets dans des trous, s'agglutinant dans des tubes sifflants qui l'avançaient un peu sur l'horizon, trié dans des escaliers, transporté verticalement dans des boîtes vitreuses, entreposé sur des bois infectieux, sur des terrasses, autour d'une statue colossale, enfilé grain à grain dans le gréement d'une tour en fer. Les bandes grises vannaient lentement leur caviar, avec des explosions de concert Lamoureux, des arrêts par la mer, des typhons, des confusions sismiques, des essaims de chairs pleins de clameurs soufflées par le vent, des formations de grenaille en étoiles, la mathématique inconsciente des foules, la mathématique prétentieuse des guerres, monômes qui vont à l'école, écoliers qui vont à la mort. — Tubulures du temps. Plainte légère d'un tramway, le soir. Goût de bleuté opalescent sur la langue. Le ciel bat comme un éventail. C'est la nuit. Plus haut dans les timbres frais. Passage dans un vélodrome à la hauteur des petites places. Une cigarette qui bouffe allume cent visages et des mains pendantes. Un trait d'encre, un fossé lumineux laissés sur la droite. Je renverse un pantin de cire qui dort debout, le doigt levé, chez un tailleur, une femme sans tête chez une corsetière. L'Opéra pris de biais, nid de guêpes ameutées contre deux cétoines, il se fond dans l'éloignement, rouge et petit comme un dentier plein d'or. — Arrêt torride. — Entrée dans un entonnoir sombre. Rythme d'usine! Projecteur! Un chou-fleur de fumée marneuse, un grand tamanoir crache sans relâche, un fer à cheval englué de troupes, un criquet tapageur au-dessus d'un ballon qui commence à flamber! — Mais alors?... Déjà fini. — La nuit se calme, interminable. Une avenue méconnaissable. Une étagère d'omnibus garnie de bibelots tristes. Un parti de lampadaires bizarres, têtes de pavots pleins de vieilles pensées. Ce personnage armé d'une canne essaie de m'éteindre, et ballant, s'arrête... — Le jour. Je me trouve dans une rue sévère, je lis sur une porte : École Centrale. J'en vois sortir mon père avec un chapeau rond, sa figure de jeune homme, une barbe fine que je ne lui ai jamais connue. Père! Il a donc une permission de la mort? Écoute!... Trop tard. — Les Tuileries, guérite avec deux cent-gardes face à face. On sent qu'une belle journée se prépare. Une chambre dorée. M. Poyard vient donner sa leçon au prince impérial. — Virage. Rouen. Le père de Pivet marche sans hâte vers les ateliers de la gare en traînant avec plaisir sa main sur le parapet déjà chaud du pont. — Le jour, la nuit, tours de cartes.

Je fais vaciller un quinquet carré. Je traverse en éclair le tapis-franc où domine Rodolphe. — Puis brusquement la lumière mange. Un bruit de friture dévore la ville. Je me trouve rue des Balais au-dessus d'un pâté de vermine annelé de fumée, un peu plus haut qu'un tas de cadavres, devant le guichet de la Force. Des oiseaux s'enfuient. J'en frôle un qui paraît d'une espèce peu commune. C'est une tête au bout d'une pique, la bouche tirée de côté sur les dents. Des arquebusades sourdes s'entendent, les rues grésillent. Caviar encore. — Changement de vitesse. Un cul de basse-fosse noir comme un four, gâteaux du vieux Paris. Je bouscule un cagou qui peste et s'ébroue. — Le jour. Trois cadavres de mignons sur la place Royale. Deux autres s'escriment à pot et à feu. — Coup d'aile. On crie Noël. Les rues pleines de cires allumées, des tapis aux fenêtres, les fontaines ragent le vin. Caviar. — Fuir. Sifflement terrible. Cinq siècles en arrière, une compound répond doucement. C'est un rapide qui se traîne à ma poursuite comme une chenille processionnaire. C'est l'accordéon rouge de fièvre du Simplon-Express plein de Ritz. Le pauvre homme! Appel d'air. Plus haut, plus vite encore!

De là, je vois la vie comme un lac enclavé dans les monts venteux de la mort. L'archipel, ce sont des îlots pleins de tendresse et de malice, et chaque îlot, c'est une vie d'homme, avec sa toupie, ses clochetons, ses ressorts, ses battements, ses cheminées, ses lumières clignotantes, ses bruits de cuisine, sa musique et ses larmes. Ils ont inventé la psychologie, mais d'aussi haut, ça ne se voit pas... De temps à autre, un îlot se fane et pâlit visiblement, se fonce à vue d'œil, grésille un peu, le voilà qui tourne vertigineusement, le voilà qui coule à pic avec un adieu de charbon qui chante... Plus de caviar, plus de chagrin, rien que des jouets mécaniques à bout de spirale...

La barre toute. Plus rien n'est visible. Un éclatement silencieux. L'idée du monde tombe comme une pierre. Trois sphères couleur de fiel tournent sur ma droite.
Lumen.
Canadanses.
Houlorians!

Les nébuleuses filent de prodigieuses quenouilles, qui sèchent en tournant comme des chrysalides. Que n'êtes-vous là, où je suis, physiciens et mystiques ! Les dieux mugissants, patriarches de cristal et de vapeur, rhinocéros et phacochères aux ailes d'ange, ouvrent des yeux de verre antique aux bords sanglants comme des babines, chaussent des lorgnons formidables qui promènent sur l'atlas des lueurs métaphysiques, brassent dans le pétrin d'azur les futures ophicalces et les cervelles de quercyite, tisonnent du membre, dansent dans le pressoir à grands coups de hie, dégouttants de bitume, cherchant la forme et l'échaudé, sonnent du cor de tous leurs orteils, lancent les planètes sur les courbes, et de temps en temps les réveillent, comme un jongleur une file d'assiettes, où ramperont les files d'hommes et toutes les espèces de files qui finiront par un corbillard, comme un nœud noir au bout d'une natte. Il y a déjà des qualités de modelage. Il y a déjà, dans un coin de toute cette saburre, une bonne promesse de carte de France. Une de ces cervelles fixera les frontières que les armées viendront engluer. Des orblutes passent et s'éteignent dans le gouffre. Et ce gyroscope de Saturne au bord de la route de Gargilesse ! Une sirène hémorragique forge mille siècles d'oreilles. Les mælstroms ralentissent et les grands fonds de colle fermentent. Derrière l'immense cornée, les pentacrines cillent avec grâce. La grande holothurie monte lentement, comme un lampadaire de sperme. Quels plasmes, quels bournalions, quelles monères, et que c'est joli ! Ça rampera pendant les millénaires sous les aisselles des berges, dans les abat-son des premiers vieux arbres, des premiers squales, le long des serpents goitreux, des tortues géantes, des poissons exophtalmiques et des crapauds pipas chargés d'enfants de troupe. — Premier schisme dans le sperme. Polypiers alcyons. Scissiparité. Voir plus tard le Concile de Trente, si j'y passe. Le Massif Central se dessine modestement, plein de crottes de ptérodactyles et de promesses d'amour. Les mastodons barrissent contre les volcans qui jouissent dans la lumière tourmentée de spectres. Des oiseaux tendeurs aux cris de scie. Quel chantier ! La Terre coule des bronzes mobiles et formidables. Une racaille énorme se bat dans les houillères et dans les eaux. Caviar. Caviar encore. Redescendre.

Déjà se font entendre les gammes par tons du sperme. Je bute et j'allume : Il y a là, dans deux encriers rouges, harcelés par les sons et les touchers de leur époque, un germe de dronte, et celui d'un futur empereur. (Au bout de trois mois, il commence à leur pousser des cornes, ça promet.) Je traverse des casiers, des huttes, des ventres, des cavernes meublées d'un vaste fumier d'ours. Une tribu bleue et nue, aux yeux hagards, sans sourcils, les cheveux noirs pendant jusqu'aux talons, groupée sous un vieil arbre tors d'où pendent des hamacs empouacrés de mouches. Dans les ténèbres quaternaires, un premier feu s'allume, salué par un cri de bête. Il y aura là plus tard des îles, des bateaux de laque blanche, une cuve de lumière immense et des palais pleins de belles filles et de Wagner. — Un village bas sur pattes. Je longe assez lentement les Pélasges. Puis, grand bruit d'écluse et de cirque, tonnerre de roues, la borne prise au large, gladiateurs, césars, cléopâtres. — Frissement formidable, la dimension chambardée, changements de plans, lanterne d'amour, schisme dans le sperme. Le Christ. Il est déjà là-haut, à gauche, douce ruche au milieu des casques et des fleurs. Un grand jardin plein d'égéries, de blandusies, de madeleines, des eaux chantantes autour d'un reposoir, avec des régimes de lampes en forme de barques et des bocks. Socrate, Chabrier, Verlaine, anges pompettes. Un jet de liquide à longue portée, rien, c'est La Fontaine qui pisse le vers libre. Attention, hein, regarde bien ceux-là, c'est tout ce qui nous reste de la vieille tendresse et du Chat-Noir. — Pas le temps de parler. Je suis précipité dans une rue pleine de monde. J'ai déjà vu ça tout à l'heure. Une charge de chevau-légers gaspille le caviar. Massacres de Machecoul. Vieilles maisons rongées d'escaliers en pas de vis et de corridors où des hommes un peu forts avec de belles têtes colorées travaillent et se lisent des feuillets, la main battant la table et la cuisse, les lunettes pleines de larmes. Quel est celui qui parle debout sur un tambour dans un jardin plein de soleil? Je ventile un groupe de jeunes gens qui chantent et qui pleurent autour d'un piano-forte en s'étreignant les mains. Grandes gueules tonnantes, et celui-là dans sa baignoire, comme une jambe malade dans une bottine, guérie par un ange, à la devanture d'une pharmacie. La Révolution. La France a ses époques. Cette fille splendide qui défile, lourde de sperme, avec la robe ouverte en losange sur la chair des cuisses, et celle qui se trousse entre deux campagnes, en croupe un instant sur un juron : j'ai le cul rond comme une pomme ! Une nuit de Paris réparera tout cela. Caviar.

    Le sperme grossoie, le germe grossit, se pousse du col, champignonne en meneaux roses, en éteignoirs, en chapiteaux, se subdivise en canaux douteux, grandit, rayonne, prend une voix de basse-taille, fait chaudière, se coiffe d'un chapeau haut de forme (voir collection Pinaud et Amour à travers les âges), fume sa pipe, chausse des bottes à éperons, casse des tibis, pousse des vrilles de jarretelles, met son fixe-moustaches, s'accroche la légion d'honneur à l'extérieur, un scapulaire luisant de crasse centrifuge à l'intérieur, son stylo pour les devoirs, son extraplate et son revolver pour la distance, se boursoufle, s'ambitionne, monte en Papes, en maréchaux de France nègres, souffre des courroies, du grand sympathique, se constipe l'oreille, se bouche de sottise, conducteurs d'hommes, poètes, ingénieurs loyaux, chefs de cabinets d'aisances, farceuses de palaces, bringues emperlousées, graveuses de musique, pédicures, cheveux de vieilles maîtresses pour violoncelle, vidangeurs, forts de la Halle, figures gothiques et nocturnes, accordeurs de robinets, branleurs de pianos, professeurs de massue, jeunes filles de suicide ; saute sur des béquilles, monte un peu dans le ciel, aviateurs, ballonnistes, pas bien loin au-dessus des basses-cours, des bureaux friands de suppositoires, crache sur des timbres-poste, tamponne avec son mouchoir, il faut faire ce qu'on fait du mieux qu'on peut, caviar.
    ... A la fenêtre. Et je me souviens que voilà vingt fois que je vais à la fenêtre, avec l'odeur du temps, du temps présent. Sur les vieux meubles de pierre et de verre de la rue, il y a de grands vases bleus. Ton cœur a été bluté par la femme, entends la vieille pulsation des sphères, regarde en bas, il y a deux ombres sur le trottoir, deux coups de faulx reposés, un atome clair se balance, grandit en potiche de chair, danse avec ses ailes fraîches coupées, tondues, c'est la femme qui t'occupe, elle arrive dans une douce rumeur d'usine, dans les éclats de verre, dans les vapeurs, dans le roulement prolongé de l'incident qui nous fit connaître, il n'y a pas à en sortir, elle vient faire son poids d'amibe porté à son plus haut point de perfection. Germe pour germe.

L'intelligence courait les rues. Elle courait après la bêtise. Elles avaient dans les jambes les passants porteurs de serviettes, les dupés qui sont du croire, les ministres dyspeptiques, les professeurs qui sentent la grande personne les fils de leurs œuvres, les boiteux de la connaissance médiate, les penseurs qui répètent le dîner du soir, les femmes du monde qui ne croient qu'à leur caste, au théâtre, à la Vierge et aux Idées, tous les Zozos, toute la Bibliothèque Rose adulte, tous les niais instruits qui mènent le monde.

L'intelligence attrape la bêtise, qui se renverse sur le trottoir, longue comme une digue. Elle crie, la langue en hélice : « Au secours! ah! la rosse! » et pan! du fond du pot-aux-nerfs, poche l'œil à l'autre qui l'ausculte et commence à raisonner. Elle crie : « Sale gousse! Je regrette bien de vous avoir connue. Arrêtez-la! » Et elle pâme. L'intelligence affolée, la boussole voilée, ressent la pitié, ressent l'animal, la prend dans ses bras, la bêtise l'attire et la maintient à terre, la serre, l'embrasse jusqu'à faire une sorte de muco-pus. Encore une partie de chewing-gum. Voilà l'intelligence arrêtée, elle a laissé rouler tous ses paquets : les livres, les cadeaux pour une femme, un pâté dans une boîte en bois, une bouteille d'eau-de-vie pour faire vierge forte. Il faudrait leur jeter des seaux d'eau pour les décoller.

Tout le monde fait le cercle, les nervo-sanguins ont envie de se battre. — « Mais, Monsieur, de quel droit? — Mais elle a parfaitement raison! » On cherche un avertisseur d'incendie. Un ami me tire violemment par le bras : « Regarde ce qui nous arrive. » Un groin brûlant, masqué de vert, ronfle sur nous.

Rien n'arrête la voiture des Postes, l'autobus, l'*Almanach Hachette*.

Nous avions assez de cette vieille histoire. Tout le temps qu'elles étaient des sœurs siamoises (il serait plus désagréable, mais plus exact, de dire iniopes), elles étaient trop serrées pour entreprendre, elles faisaient tristement leur ménage par l'intérieur, et tout marchait tant bien que mal. Du jour où l'homme, l'homme insigne, dans sa noix de coco de tête de luxe, farci d'une pendule, d'un aréomètre et de quelques burettes, s'imagina de les descarteler, l'homme, l'homme insigne leur fit mille petites blessures sur la membrane, mille coups de canif dans le contrat, par les siècles des siècles, et versa dessus des termitières et des fourmilières de phrases. Dessillé l'ombilic, elles prirent du champ, se découvrirent, se jetèrent l'une sur l'autre, et l'intelligence devint follement amoureuse de la bêtise.

Nous n'aimons plus l'intelligence. L'opération semblait réussir. C'est elle qui ne se tient pas tranquille. Nous avons assisté à trop de scènes, nous sommes las de recevoir leurs confidences et leurs doléances, c'est un vieux collage, odieux pour les camarades, nous leur en voulons de ne pas se dépêtrer. Jour de Dieu! Qu'elles rompent, et qu'on en finisse! Ça prend les faces les plus passionnées, les plus fétides. J'en ai vu d'autres. Elles s'attirent dans une rue nocturne, dans quelque passage à l'écart (passage Dieu, par exemple, ou rue des Envierges), et l'une dit à l'autre, chacune à son tour, en l'embrassant et en sanglotant : « Je ne te veux pas de mal, moi, je ne veux que ton bien. » Et elle lui passe une langue, et elle la griffe, et elle la gifle : C'est une vieille maîtresse, une ex, comme disent les potaches. Quand tu étais enfant, tu t'habillais en dix minutes, tu dégringolais l'escalier sur la rampe, tu enjambais la papeterie de Mme Roth, et tu t'enclochais dans la classe qui sentait le jouet sérieux. Mais cette bonne sueur des récréations! Ton cerveau a poussé, l'intelligence tue l'automatisme à petit feu, tu réfléchis, tu mets ton veston en décomposant, tu fais mécanothérapie, ta bécane et tes compas prolongent ton squelette, tu comptes les œillets de tes bottines, tu vises pour pisser; pendant que tu prouves à une femme qu'il est raisonnable qu'elle t'aime, elle suce son doigt avec haine; chaque fois que tu éteins l'électricité, tu penses à Bergson; chaque fois que tu serres à bloc le robinet de la cuisine, tu penses au maréchal Foch.

L'intelligence travaille à la façon du cancer, la manie, commencement de la connaissance, le cancer, maladie de la santé *(sic)*, un noyau de cellule localise la haute température, la cellule évolue, prolifère, le cerveau fait des idées, la terre fait des truffes, la peau fait des sarcomes, le chêne fait la noix de galle, le nez de l'ivrogne fait des petits, l'intelligence fait des siennes. C'est reconnu par les médecins les plus célèbres.

Le colonel d'artillerie Béhemot de Calculangle au moment de faire mettre en batterie eut la colique, et qu'il n'était point une bête, et qu'il avait le goût des lettres.

Le roi de Thulé fut sage, qui jeta sa coupe lorsqu'elle devint longitudinale. Les jardins babylans suspendent leurs présents. L'averse d'idées douche l'homuncule, mes jambes se dérobent, je ne peux plus marcher. Pendant ce temps, le ciel se gâte. Témoins de ce duel, la propreté et la saleté luttent pied à pied, collées l'une à l'autre, comme la lumière et l'ombre, Jacob avec l'ange, la Belle et la Bête. Sisyphe refoule éternellement son coprolithe. Hercule suant la benzine et le chlore bat Cacus tous les jours, assidûment, comme on bat une carpette. La grande fille se fait les ongles, la ménagère lave son deuil. — Des machines toussent sourdement dans la nuit, jusqu'à l'aube où les vacuum-cleaners avaleront les armées grises, jusqu'à l'heure où les eaux tièdes rinceront pour un jour les vitamines.

Mais quelle est cette main de gloire, qui poigne impérieusement cette grosse pierre, et quelle coiffure! C'est la plus grosse araignée du monde entier, c'est la théraphose, dont on ne connaît pas les mœurs. Elle compte vers nous sur ses dix béquilles de soie rousse. Allô! Allô! La seringue à eau blanche!! Ou les pompyles!!

Équilert
Et métathèse
LLe bras
LLendu

(Réveil.)

Le feu se plaint, les lampes dorment les yeux grands ouverts, une douceur d'étain, les mots se posent comme des mouches.
Absorbé. Distrait. Où est-il?
Ép...inal dans les Vosges! Buffet, cigarettes toutes faites, femmes de rechange!
— Debout, vieux! Nous sommes arrivés! Et vos rires.

Arrivé. Vous ne savez pas où j'étais arrivé. Allez-vous-en. Laissez-moi là. Je ne peux pas répondre.
Ma mère, qui me dit que je n'ai pas mangé depuis ce matin, elle m'offre deux œufs frais. Je la rebute avec une parole de pierre. Tous ses traits pleurent. Elle tourne et s'en va lentement dans le couloir.
Toi, maîtresse étincelante qui te courbes et prends ma tête à pleines mains et me questionne âprement, épiant que je me dérobe, avec une tendresse perfide et ouatée.
Vous, mes amis, vos chers visages, dur menton d'entêté, barbe studieuse, et toi qui dis qu'après tout, on ne peut pas faire davantage... Mais toi! qui dans un éclair vois plus loin que les autres et me tires violemment du côté de la lumière.

Quand vous m'avez crié : « Debout », un appel de moi seul entendu m'a soufflé : « Couché. » Je vivais encore avec vous, les yeux songeurs, comme un feu qui tombe, et pourtant j'étais déjà loin.
J'étais sorti de mon corps, tout bas, toujours assis, puis je me suis couché derrière lui.

Je suis descendu plus bas que votre divan, dans une eau profonde. J'ai traversé la cave où les deux chats sont morts. Plus tard, j'ai nagé dans un ruisseau qui pleure humblement sous un théâtre ruisselant de musique. J'ai couru comme un enfant sur des places tendues de sommeil. J'ai coupé des chemins de fer souterrains pleins d'yeux tristes, où se hâtaient des ombres pliées, par l'éloignement ramassées, les quais jonchés de vieilles feuilles de thé...

Et puis je suis entré dans un pays que je connais bien, rythmes discrets et parfaits, tambours voilés, battements couverts des cœurs immortels.

Un appel jeté pour moi seul. Un papier glisse de la table. Le monôme des ombres traverse la chambre. Voilà ceux que j'aimais, ils ont les yeux baissés, et sous des rues encore et sous des canaux plats où dorment les chalands, à travers les sous-sols et la terre, j'arrive aux jardins noirs, où tout près de la morte fraîche où j'ai glissé, dénoncé par la verrière, je retrouve enfin celui que ma mère et moi nous aimons jusque dans ses os. C'était un ingénieur français.

A Francis De Miomandre.

CAQUETS
DE LA TABLE TOURNANTE

(SECOND RÉCIT DU NAUFRAGEUR)

> *Les tables tournantes chevauchent les âges avec une facilité notable.*
>
> *Je ne sus que répondre à qui me parlait de pentaculer l'arcane.*
> Louis Jacolliot.

— Je ne suis plus rien, cita le bon oncle, s'il me souvient d'avoir jamais été quelque chose d'autre qu'une vicmite *(sic)* Toutefois, vers 1883, la France était heureuse. Ah quel malheur d'avoir un gendre. On dirait du veau. Qui mont'ra l'grand escalier, c'est Vadier. Sur le bi, sur le ban, sur le bi du bout du banc. Le Palais de l'Industrie tendait ses couronnes aux locomobiles et aux artistes. L'amiral Jurien de la Gravière, le général Brière de l'Isle, l'amiral Aube, chef d'état-major général de la Marine, à moins que ce ne soit le contraire *(hein?)*, préparaient l'expédition du Tonkin. Julien Viaud pilotait le torpilleur *Le Narval.* *(Nwglmpsz.)* Au grand bal de l'escadre de la Méditerranée, l'amiral baron Duperré, qui la commandait *(sensation)*, disait à l'amiral Dupetit-Thouars, costumé en mandarin, et à Julien Viaud, dénudé en griot, bourdonnant au carré des officiers, leur montrant le grand sabord tout bleu de nuit et de fusées : « Tout ça ne vaut pas un bon coup avec la baronne Duperré. » *(Mouvements divers.)* — « Je croyais, batifolait dans un autre coin

Georges-Henri Rivière, que toutes les femmes terminaient leurs lettres d'amour par : « Ve t'envoie mon cœur dans vun bévé ? » — Passe-moi la bambêche ! » interrompit Brazza, qui, d'avoir trop parlé Niam-Niam, Gros-Ventre et Tête-Plate, ne bougonnait plus qu'une langue étrange, entièrement personnelle, écoutée sur le tambourin de la chaleur, promenée sur le parchemin de la solitude. *(Hourras, tollés et rires maigres.)*

— Mes amis, poursuivit Francis Garnier, fini de rire, il s'agit de nous montrer propres. Si Jean Bart et Surcouf en avaient référé à Duguay-Trouin, leur supérieur hiérarchique, la piraterie eût pu être organisée, et cette malheureuse campagne des mers du Sud n'eût jamais été perdue. *(Trépignements sourds.)* Ah, ce n'est pas d'hier que la marine et les expéditions coloniales, chaussures sans cirage, tombent en cachexie. Qu'est-ce qu'on va dire, le père Bugeaud était tout au plus bon à coiffer le bonnet de coton de Louis-Philippe ? Rends-toi, rends-toi, l'Algère, l'Algère. Boulanger s'annonce comme un Saint-Arnaud de café-concert. Il s'agit de faire mieux qu'eux. Bazaine et Canrobert avaient la bosse de l'assassinat, pas celle de la victoire, mais qu'est-ce qu'ils pouvaient bien faire d'une grabine légitimiste et d'un rouflaquet socialiste ? *(Bruits de discussion dans la salle.)*

Nous partîmes en guerre. Le pays qui a fait le plus de guerres depuis la guerre de 70, c'est la France. Floquet n'aurait jamais blessé Boulanger en duel s'il n'était pas tombé de son cheval. *(Voyez-vous ça !)* Bismarck, gros malin, dogue de Varzin, saucisson d'acier, qui gardait l'hégémonie allemande comme ces chiens géants qui gardaient les symphonies de Beethoven, orientait la France vers les expéditions coloniales. Il sentait bien qu'il fallait fricasser l'activité de ces sauteurs pour un autre plat que la revanche. Le Tonkin lui servit de cuisine, et c'est de lui que TorLotting *(?)*. Les rapports que le brillant basique envoya sur les débuts de la campagne et la retraite de Lang-Son firent florès au Cabinet; les lettres qu'il écrivait de sa meilleure encre au vicomte Maillechort de la Vogue, à la baronne Brouillard, au capitaine Lyautey, passaient sous toutes les lampes, et le consolaient un peu de l'ivrognerie du général de Négrier. L'amiral Courbet le prit à bord de sa canonnière, qui remontait le Fleuve Rouge en éternuant de tous ses cigares au milieu d'une double haie de Pavillons-Noirs hérissés.

La littérature commença de raconter leur histoire. Tous les matins, en allant au collège Rollin, dans la joie physique du café au lait, du cartable et de la fraîcheur, après une station chez Washner, le bon naturaliste juif, qui n'en finissait pas d'empailler la huppe que m'avait chassée dans le Berry le coiffeur Thévenet, nous entrions chez la mère Château, notre papetière canepetière et notre marchande de timbres, pour y attendre, dans l'odeur fiévreuse de l'encre Lorilleux, l'arrivée d'une nouvelle livraison de *la Guerre illustrée*, par Lucien Huard, ou de *l'Illustration pour Tous*, qui racontaient les hauts faits de nos marins sur les fleuves et dans les rizières. Le commandant Dominé, coiffé de son chapeau d'agavé, soutenait vingt jours d'un siège héroïque, dans le fortin de Tuyen-Quan, contre les abat-jour pressés des Jaunes. Le sergent Bobillot, calicot génial, engagé volontaire, dont la statue fait un si triste pas gym sous le ciel couvert du boulevard Richard-Lenoir, jaguillait jour et nuit de ses dépêches le cul lourd du *Petit Journal*, pour qu'on se pressât de publier ses grands feuilletons de bataillons scolaires et de midinettes sur la guerre, sur cette guerre qui venait de faire sortir une boutique d'un enseigne.

La première fois que j'ai vu Loti, c'était, je crois, à Veules-les-Roses, dans la maison de Louis Dumoulin, parent de mon vieux grand Bouhélier. Dumoulin venait de faire son exposition chez Georges Petit. C'était à peu près deux ans avant son panorama du Tour du Monde. Les peintres officiels, agacés par son savoir-faire et ses succès de femmes, disaient tout de même : « Il fait des progrès, ce petit Dumoulin. » Sa maison croûtonnait au flanc de la falaise. C'était le soir, c'était l'heure crépusculaire où Paul Viardot et Edmond Lepelletier, avant le duel ou l'apéritif, allaient voir Jacques Dusautoy, vain de ses mains de mandrill et de ses oreilles pleines de mousse de bouteille, et Madeleine Vallière, de sa bouche rosse et de son chapeau d'un goût chien, faire de la musique dans le petit salon du Casino, qui sentait le buffet rance et le sapin chauffé toute la journée. C'était l'heure où les demi-vierges rentraient de la cressonnière et du tennis. Loti était assis dans un rais de lumière entre deux serpents, boulus d'oreillons, rapportés par Dumoulin de son dernier voyage. Il avait un dolman de toile blanche qui repoussait très haut sa figure longue et maigre et sa jolie barbe. Je mis d'emblée sur lui tout ce que j'avais d'arabe et de cheik en puissance. C'était la grande époque des barbes. L'ingénieur avait une barbe fine, en pointe; le maître de forges avait une barbe carrée; le vieillard des banques et des bouquetières avait une épaisse barbe blanche, jaune près de la bouche, et qu'il n'eût point fallu sentir; l'officier de marine, une barbe courte et qui montait haut sur les joues. Au Gymnase, Marais, l'œil dur, la voix métallique, martelait, dans *la Lutte pour la Vie* : « all right et struggle for life », en se vaporisant la barbe dans son cabinet de toilette. Damala, le premier Touranien de Sarah Bernhardt, avait un collier de barbe. Richepin, qui lui enlevait Sarah Bernhardt, avait une barbe bicuspide. Sadi Carnot avait une barbe de catafalque. Pierre Loti avait une barbe de marin.

Il exerçait sur la jeunesse un incomparable presgite *(sic)*. Il nous racontait de sa voix chantante, un peu haute, des chinoiseries européennes, une fête dans je ne sais plus quel poste, des rues plantées de mâts flexibles où tapaient au vent de gros poissons d'or, de poteaux supportant des cages remplies de taupins, de fulgores, d'insectes sécrétant une lumière aveugle, grimoires de la foudre, et de grandes vessies bruissantes qui prenaient feu par instants avec un bruit d'effarement brusque, et tombaient comme des perruques rousses sur les pieds des gamins rieurs et tristes. Il disait doucement la pièce basse en bois noir à l'écume d'or, avec la pastille verte qui brûle dans une coupe, et le sanhédrin des vieillards polis comme des pintes précieuses. Quand il se leva, je vis qu'il avait le buste long, de toutes petites jambes pas très bien faites, et qu'il portait de hauts talons pour se grandir. *(Mouvements tendres.)*

Mais oui, mais oui. J'ai lu, comme tout le monde, *Japoneries d'automne*, avec la montagne en peluche toute rebroussée de lumière et d'ombre, et les grands bombyces, couleur de scabieuse, qui planent sur l'écume de la cataracte. J'ai connu Mme Chrysanthème, et toutes les petites figures de terre qu'un officier chagrin, vêtu de blanc, raide sur le ciel, abandonne sanglotantes au bord d'une crique pour rallier le vaisseau amiral. J'ai rêvé, comme tout le monde, des maisons en papier qui tremblent au bord de la route nocturne, avec leurs lanternes de couleur, que la mort, allongée sur une corniche ou suspendue d'une main sèche au coin d'une porte, souffle avec une malice de chat maigre afin de faire peur pour rire aux hommes. Il me souvient que, quand nous étions en rhétorique, Ernest Zyromski, frais émoulu de Normale, mais le cœur plein de poèmes et d'écriture artiste, nous lisait *la Mort de tante Claire*, et j'entends encore sa voix mélancolique, devant la grande fenêtre prête aux vacances, répéter presque bas : « Elle est morte, la tante Claire, la pauvre tante Claire... » Claire, Claire... Peu de lecture, peu de vocabulaire, et savoir finir sur la sensible, comme ce grand piano de l'impératrice de Chine, dont une touche jouait toute seule, et sortait et rentrait sur le clavier, comme un long doigt pâle, pâle, pâle, quand les troupes internationales entrèrent dans le palais désert, après la révolte des Boxers et le siège des légations. J'ai revu Loti deux ou trois fois depuis, et singulièrement à une répétition générale, où son visage et celui de Robert de Montesquiou se profilaient, étroitement collés l'un contre l'autre, comme une médaille des frères Montgolfier. Ils étaient maquillés à la bonne franquette, quette, quequette, quette. Ils ne perdaient pas un pouce de leur taille, ils parlaient tous deux à la fois, et de la façon renchérie dont parlent les gens qui attachent beaucoup d'importance à la conversation. Quant au jeune Proust, oust, oust, oust, oust...

(On la roule.)

A Paul Valéry.

BRODERIES

Je ne peux plus supporter l'art des hommes. Je ne peux plus le voir en peinture. Ni en sculpture, donc. Ni en décoration. Ni en littérature. Reste la musique, qui nous fait sortir un moment de prison. Nous en reparlerons. Pour le reste, rien, plus d'amour. Ceux que j'admire entre tous rendent la question plus pressante encore. Devant leurs ouvrages, tout est pire qu'ailleurs. Ils se débattent, ils se vident, ils tombent en arrière, à leur tour, il faut les semer un jour ou l'autre, comme les autres, après une lutte plus longue et plus de temps perdu. C'est une affaire de temps. L'instant où nous parlons est déjà loin de nous. Rien qui s'arrête, rien d'indestructible, pas d'œuvre indiscutable, pas une qui nous rassure, pas une qui ferme à bloc et ne se dégonfle. Car, il n'y a pas à dire, toutes sont douteuses, toutes sont véreuses. Il y a, eh bien oui, la nature et la vie, dont les modèles sont inabordables, et ça se renouvelle. Alors? Être, ou vivre? J'ai peur de choisir. Mais, pourquoi choisir? Manie de mettre la nature en comprimés, manie de triple extrait, manie de prendre ses repas en pilules, manie de tirer un flacon d'essence de la mer. Satisfaction de la tête! Et pourquoi, grand Dieu! pourquoi s'avancer, pourquoi s'isoler, pourquoi mettre sa tête en vedette, pourquoi essayer d'y mettre de l'ordre, pourquoi faire la toilette du monde? Dieu habille mieux. Tout a été fait avant, et mieux, et avec de l'air, de la lumière, avec le magnétisme terrestre, avec la musique des sphères, qui n'est pas la même et me trouble autrement le matin et le soir. »

Je répliquais à Naigeon : qu'il traversait une crise d'expropriation. Nous étions ivres morts d'expositions, de salons, d'ensembles : « Quand je pense, repartait-il, que nous peignons avec ces sales matières, ces produits chimiques, ces toxiques, ces poisons violents, médicaments pour l'usage externe, tu parles, ces tourteaux, ces crèmes de champs d'épandage, ces détritus d'Achères, ces vieux fromages auxquels nous refaisons un état civil, ces excédents de charrois, foie de cheval torréfié, café de glands doux, brique pilée, vieux abatis, viande verte; quand je pense que nous beurrons toute cette saburre avec des barres d'anspect en poil de cochon, des béquilles à barbe de rat, de l'huile de pied de chaise, du jus de bois tordu, sur des toiles, des papiers, des panneaux sauvés du marché aux puces, torchons ruminés, langes d'enfant guéris de la diarrhée verte, plaqués de tables de nuit, couvercles des cabinets; quand je pense que nous patinons là-dessus le vieux mirage du monde, que nous y crépissons le vieux roman prismatique avec une grande patience de crottes, que nous chaussons notre tartine dans un cadre en bois qui est en yogourt, bruni d'un or fin qui est du cuivre, et que nous accrochons ça à un mur punaisique, entre des colonnes de marbre qui sont en levure de bière comprimée, coupées de chapelles alimentaires à l'encens de rosbif, de thé de troisième lavure, et de gâteaux à la cocose! Et il y a le vieux maître, chargé d'ans et d'honneurs, qui entasse vingt kilos de marne sur sa toile, et ça s'appelle un beau peintre; celui qui l'envenime comme un bobo, et les croûtes tombent; celui qui peint des anges lamellibranches qui mangent des tripes et jouent du rebec dans la merde; et il y a le boucher qui empoigne son couperet, coupe sa carne en deux, fout les morceaux des deux côtés de la route, et vl'an! ça fait un village; et il y a celui qui peint des polyèdres hydropiques et des cristaux en cérumen. Alors, arrivent les Patagons de Montparnasse, avec leurs cors-aux-pieds dans la bouche, les dissidents plus verts que jaunes, plus huileux que verts; les Juifs-Nègres, les Polonais intellectuels, avec leurs dents en chasse-pierre, avec leurs femmes, le nez percé d'un collier de coquillages; les banquiers, les marchands de pétrole, de tapis, de déchets de fourrures, les journalistes, les panouillards d'échos, les critiques en pied, grandeur naturelle, qui s'hallucinent, prennent du champ, clignent de la chassie, se serrent les uns contre les autres pour être plus sûrs de leur affaire, entrechoquent les pots de leurs têtes, lèvent un pouce en demi-deuil (il y aurait beaucoup à dire sur les pouces), hoschent la poire, et profèrent, d'une voix qui

sort du saumon sauce verte de Bedel ou du martini de la Rotonde :
« Intéressant comme conduite de pâte, délicat comme esprit de
pinceau, les valeurs sont bien en place, anticipation largement
spatiale, etc. » Et ces cimetières de bustes, choux-fleurs de rebut,
cœurs à la crème de fosse d'aisances, les yeux mangés aux mites
un vrai lorgnon sur le nez, oxydé, repêché dans un seau de toilette. Et les meubles, et les ensembles, catafalques et sarcophages
construits en gâteaux de Cacagne. Et les objets d'art, et les
bijoux! Quant au caractère typographique, c'est de la vermine
intellectuelle, c'est du parasite perfectionné, quel défilé de puces
savantes! Tu ne peux pas t'approcher de tout ça, tu ne peux pas
le regarder d'un œil un peu dur, sans en dépister la tare, la mollesse, sans en subodorer le goût de mort. N'aimes-tu pas mieux
les meubles fourbis, les parquets cirés, le linoléum et le lincrusta
des vieux maîtres? Non, non, permets-moi. Regardons le travail
de l'homme avec d'autres yeux que les nôtres. Regarde à la loupe,
au microscope, un ouvrage délicat qui sorte des mains humaines,
le mouvement d'une montre, la pointe de l'aiguille la plus fine.
Qu'est-ce que tu vois dans le ciel du puits? Qu'est-ce que tu dis
de ce crapaud boxeur, de ces tiges mal épluchées, ce ne sont que
rochers d'un métal plein de pailles, rognons striés, mâchefers à
peine ébarbés, et tu n'arrives pas, dans tout ce chaos, à discerner
même l'intention de la pointe. Le bijou le plus travaillé, dans
un bon Zeiss, donne une espèce d'omelette Parmentier. Non,
c'était ça? Oui, c'était ça! Alors, nous avons besoin de nous
consoler, n'est-ce pas, Groult, n'est-ce pas, Seguy, n'est-ce pas,
Duchartre, et nous mettons sur le plateau magique un peu du
tissu d'une aile d'insecte, un grain de poussière, la moindre
petite malice organique, et nous contemplons là-dedans la mathématique inconsciente la plus audacieuse, la plus humiliante qui
soit pour nos prises, kaléidoscope où se gourment des hématies
de toutes les couleurs, aurores boréales aux plumetis ruisselants
de silence, gouffres infestés d'éventails, passerelles hardies, pierreries terribles, on en mangerait, gouttes sanglantes où grouille
l'arche de Noé, où roulent les uns contre les autres des éléphants
d'ivoire aux nez compliqués comme des ophicléides, des bonshommes tératologiques aux flancs desquels tournent des roues
dentées et des courroies de transmission, des monstricules trépidants de marteaux pianistiques, des tarières à l'œil de veau, des
spirilles qui partent comme des estafettes. Tu peux regarder,

va, tu peux être tranquille, pas un défaut, pas une bavure de la forme, pas une faiblesse du volume. C'est net, précis, impeccable dans la lumière. Le détail n'en souffre pas, ça supporte n'importe quel grossissement. Au contraire, plus l'infinitésimal émerge, plus tu te rapproches du point d'attache, de la cellule, du noyau, des origines, mieux ça vaut. Nous vivons, au milieu de ces merveilles, comme les riches, « que leurs biens entourent et ne pénètrent pas ». Nous n'avons pas d'imagination, pas de curiosité, pas de métier. C'est à dégoûter de faire quelque chose!

— Si Dieu habille, l'homme déshabille pour rhabiller à sa guise. Si Dieu agence, l'homme démonte et choisit là-dedans ce qui l'intéresse. Il est aimanté, il attire, il est attiré par quelques pièces. C'est à lui de trouver les inconnues par les données. Mieux vaut faire son truc que de rien faire, et mieux aimer de l'à-peu-près que de ne rien aimer du tout. Tu n'es pas trop sentimental. Et comment n'es-tu pas touché, et comment ne comprends-tu pas que ce besoin d'idoles vient d'une certaine complaisance du cœur? » Enfin, je répondais à Naigeon ce que je pouvais, et ce qu'il y avait à répondre, sur l'individu, sur l'élection, sur l'atmosphère, et autres fariboles artistiques, et nous en étions là de nos radotages, qui se répétaient assez souvent pendant cette période, piétinaient dans ce long couloir de neurasthénie qui mène à la crise sentimentale, et que connaissent bien tous ceux qui sont entrés jeunes dans la passion, dans la recherche, fatigués par tant d'années d'exercices, d'emballements, de ruptures, saouls de beaux-arts, quand il nous fut donné, entre dix expositions, feuilletées comme une porte tournante, de connaître les broderies de Marie Monnier.

Brusquement, au premier coup d'œil, les actions de l'homme remontèrent. Mais, comme dit la chanson, cet homme, c'était une femme.

J'eus le sentiment que cet inconnu, que notre satiété espérait confusément au bout de tant de voyages, que cet artiste, qui recevrait, si l'on peut dire, et donnerait des radiations nouvelles, et dont l'imagination aurait besoin de se faire une matière à elle et d'en créer toutes les ressources, nous l'avions trouvé.

Il y avait là une vibration singulière, une sorte d'état lucigène. (Un premier aspect de soleil à travers des fleurs, des feuilles, des travaux d'insectes.) Pas de lourdeur pigmentaire. Des couleurs lumineuses. Des fenêtres tissées. Je pensais au mot de Volkelt : « La couleur est un mouvement particulier de l'éther. »

J'étais émerveillé, indécis, mais je me sentais, peu à peu, vaguement roulé. J'étais pris, je tournais dans un filet d'ondes, de cellules orphiques. L'artiste nous ramenait à ces merveilles naturelles qui dégoûtaient Naigeon du travail de l'homme, elle semblait les porter sur elle-même, elle était tatouée par la nature, elle était fabuleusement naturée. J'entrais dans une sorte de madrépore spirituel, infiniment variable, dans une verrière soyeuse parfaitement harmonique, dans un tissu de rythmes où les vies individuelles se dissociaient sans rompre la tresse, où la monade était libre dans le système, dans une machine aux rouages bien huilés, dans une matière dont les éléments faisaient vertigineusement la chaîne et se refilaient, sous la lumière d'un atelier, dans le feu d'une ruche en plein travail, avec la rapidité des protes et des insectes, les pièces d'un travail organique excessivement excitant. Sèves et pulpes, pelages et plumages, pierres où la rêverie voit se dessiner des figures étranges, chaude symétrie d'animaux rayonnants, faces douteusement humaines aux yeux magnétiques, minéraux étoilés, cristaux et corolles, la forme radieuse et la forme en miroir... Je me trouvais dans une mystérieuse colonie de phénomènes où la vie se divisait indéfiniment sous mes yeux.

Cependant, j'entendais le chant se prélever de l'harmonie, je voyais des acteurs entrer en scène, des êtres vivants crocher la lumière, des yeux se fixer. Ça avait poussé comme une plante, ça n'arrivait pas de l'extérieur en passant par toutes sortes de pannes intellectuelles. Ici, l'intelligence fait une besogne diplomatique. La nature grimpe à travers l'artiste, elle tire après elle son fil, qu'un dessein de plus en plus visible promène en dehors de son point d'attache, dans un sens discret, mais impérieux. L'unité sortait de la diversité, j'en suivais l'ordre et le graphique. Les broderies de Marie Monnier sont des peintures et des objets. Pas plus que la nature, elle ne saute le pas, n'escamote le difficile, comme ces sous-verge du modernisme, aussi bougeurs, mais moins exercés que des singes. Ce phénomène, auquel j'aurais donné le Bon Dieu sans confession, je discernais maintenant quelle intervention insolite, quel esprit subtil, ingénieux, l'organisait et le déviait sournoisement; comme un remous dans une mare, avec ses bracelets bien en ordre, où le caprice précis d'un insecte peint le défaut chagrin d'une vitre; comme une ruche, une fourmilière, inquiétées en plein travail par un importun qui sait parfaitement ce qu'il veut faire, et quelles bouffées, quelles fusées d'insectes, quel effet d'orage il veut se créer. Cet importun dans la nature qu'est l'artiste est ici quelqu'un qui connaît ses feintes, un esprit chasseur, un braconnier, un sourcier, quelqu'un qui se baisse, qui travaille à même, et qui la suit étroitement pour la déranger dans son sens, et pour lui faire dire ce qu'elle ne voulait pas dire, et qu'elle pensait. J'étais étrangement conduit d'aiguille en fil. J'arrivais au point où l'on peut prendre sur le fait l'accord latent, la complicité tacite de la nature avec son charmeur, celle de l'oiseau avec l'oiseleur, celle du bourreau avec le martyr. Il y avait là de grandes roses de soie où la lumière suivait comme aimantée la main de la brodeuse, lui volait son ombre, devançait sa patience. L'esprit naturel, avec ses mystères, ses pollens, ses visites rapides, couronnait à mes yeux l'ouvrage, comme un feu saint Elme dans l'air immobile allume le cierge d'un mât. Le chiffre vivant, le nombre de chair, avaient trouvé à qui parler, à qui se confier, par qui se prolonger et se faire aimer, à qui chuchoter des secrets qui fussent transmis aux plus dignes. Aussi vrai qu'une pensée et qu'une volonté intenses puissent créer de nouveaux êtres, la nature, dans ses nombres les plus riches, dans ses zones les plus chargées, dans ses enchevêtrements, peut créer, par l'homme et pour l'homme qui l'aime et qui y prend de tout près ses forces, une nature au second degré, tout à fait active et miraculeuse. Ses points nerveux, ses extrémités sensibles, imperceptibles au fils prodigue, à l'homme qui se presse, à l'homme détaché de la terre, il s'agit de les rencontrer. L'homme qui les mérite, qu'ils fascinent et qu'ils imprègnent, reçoit quelque jour le don d'un véritable pouvoir magique. Il se fait un échange ardent de son organisme au milieu cosmique. C'est toute l'histoire des charmeurs d'oiseaux et de serpents, c'est tout le truc de saint François d'Assise. Tu peux, si tu veux, marcher sur les eaux, monter très haut dans l'éther en donnant un coup de pied secret sur le sol, à l'endroit voulu, dans l'état de transe, te dissocier et te promener dans la lumière et dans la matière défendues, et, s'il te plaît simplement de vivre et d'être un homme parmi les hommes, tu les enfermes à ton gré dans des réseaux que nul n'élude.

C'est ainsi que Marie Monnier peut apprivoiser les miracles, qu'elle manœuvre la faune et la flore, qu'elle fait venir en plein jour de gros papillons nocturnes, qui, sur un signe d'elle, se barbouillent la figure sur le pistil des corolles; qu'elle lance les uns contre les autres, dans les moulures de la vague et sur le sable des grèves, et qu'elle darde dans les feuilles, et qu'elle noue dans les cactus, des poissons armés de faux comme un char antique, des astéries qui marchent pieds nus, des coquillages au cerveau rongé de plagiaires, hôtels de la mer, des hippocampes cambrés comme une femme qui se peigne, des serpents coiffés de casquettes, des oiseaux qui jouent sur leur propre lyre, des méduses en bonnet de nourrice, et toutes sortes d'animaux étranges qui font le cercle, affleurent et bruissent autour d'elle et se groupent avec une rigueur fantasque, sous le signe des poèmes qu'elle songe ou qu'ont écrits nos plus grands poètes. Elle les attire, elle les rapproche dans la harpe de son pouce; elle enchaîne doucement dans la soie ces miettes tombées de l'immense Dieu que nous ne pouvons prendre que par ses faibles, et qui dort, épars dans tout le système, comme un Gulliver qui ronfle, ivre de musique, enchaîné de mille liens, tandis qu'aux plans éloignés l'on voit peu à peu, dans leur ordre de rêve, émerger de la vapeur les banquettes du vieux monde, les mælstroms, les volcans, les cristaux, les animaux tâtonnants, les laiderons géants hautement sympathiques d'avant le Déluge, les dieux répudiés, les momies, les morts, et qu'apparaissent, au bord du ciel et de la mer, des mirages, des villes condamnées, des regards énigmatiques, des figures de proue, des yeux clos éventés de palmes, témoins divins inclassables et pareils à ce fantôme qu'Arthur Gordon Pym vit sortir des cataractes du pôle, et dont le visage, dit-il, était blanc comme la neige.

L'idée de temps, de forêt, de lumière et de saisons préside à ces broderies, qui ne l'ont pas trichée, qui ne l'ont pas trahie. Quelques-unes d'entre elles ont coûté à Mme Monnier deux ans de travail. Elles se sont garnies, elles se sont parées comme des jardins, comme des branches, elles sont sorties quand il le fallait, comme une bonne semaille. Il fait beau, on ouvre les fenêtres sur elles. Regardons-les bien pendant qu'elles sont libres encore. Passons leurs derniers moments avec elles, sans entraves, avant qu'elles n'aillent faire leur service militaire dans les collections et dans les ventes, à grand renfort de mutations, de permissions, de chantages et de spéculations paradoxales, pour prendre leur retraite, un jour, dans les musées.

Nous sommes les contemporains de quelques maîtres et de quelques chefs-d'œuvre. Nous n'y faisons pas attention, nous ne prenons pas leur mesure, parce qu'ils vivent à nos côtés et que nous pouvons les voir sans peine. Un sage a dit, je ne sais plus où, que si l'on nous annonçait pour le lendemain l'arrivée au Muséum d'une troupe de sirènes, nous n'irions pas. Mais il est temps, il est grand temps, il est plus que temps de faire mentir les sages.

A Madame Catherine Pozzi.

NUÉES

Siccis oculis.

Non, rien, ce n'était pas lui.
C'est bon, je ne suis pas sourd.
Il ne vient pas tous les jours
Il n'a pas toutes ses nuits
Dans le dortoir éternel
Où se cherchent les amis
Sous la grande lueur sage.
La terre qui fait sa route,
Où se penchent les visages
Des témoins de sa jeunesse,
Tourne ses pépins couchés
Dans le rond de la paresse.
La bête sort du pertuis,
L'homme caché dans l'étui
Se souvient de la tendresse.
Cette avance douce et fraîche,
Ce faufilement perché
Qui tinte dans le chéneau
Sur la vitre et sur le mur
Et retentit dans la cour
Comme une réplique obscure,
Ni l'erreur d'une souris
Ni la gratte d'un oiseau
Ne feraient cette écriture,

Ni la main du bien-aimé...
Non, c'est le filet rêveur
Qu'ils jettent sans espérance
Sur la chauffe de la boule
Sur le vieux tambour qui roule
Sur les hommes qui sécrètent
Dans leur sablier de chair
A travers le temps qui trame
Et qui ferme ses yeux bleus
Sur le métier de la ville.
C'est la filandière armée
Qui vient voir où nous en sommes
Et qui lave le décombre
Pour avancer son ménage.
C'est le tisserand sans âge.
Le malheur qui nous accorde
S'approche et retend ses cordes
Et suce les harmoniques.
Il marche sur le clavier
Tout en haut de la falaise
Au fond du soir escarpé
Où filtre un cœur écharpé
Qui chante sa solitude
Dans la cage de la lampe.
Le solfège de l'orage
Le grand livre des prologues
Le vieux livre des recettes
Qui ne s'ouvrent pour personne
Lâchent leurs signets de larmes
C'est l'aumône qui nous tombe.
Le malheur qui nous surplombe
Briarée aux mille peines
Étendu sur son nuage
Refait son plein dans nos cœurs
Refait son plein dans la mer.
La douleur qui recommence
Dans la barque qui fait eau
Veille à la pompe foulante.
Le mille-pieds du silence
Fait ses gammes sur l'échine

De la sphère qui chemine
Sous la cloche du vampire
Avec toute sa denrée
Les lances dans la fumée
Les étages les fossés
Noirs de bâtonnets pressés,
Les machines qui appellent,
Le port qui ronge la crique,
L'insecte de la musique,
L'art pensif dans sa géode,
Les raisins secs sous la terre,
Sous les soleils qui se hâtent
Et sentent leur écurie
Qui chauffe et qui les aspire
Dans les forges de la mort
Sous les hangars de la nuit.
Cicindèle de cristal
Tu danses sur mon sommeil
Comme un léger parasite
Sur un dos d'atlantosaure,
Tel fut Kunckel d'Herculais
Piétiné par les criquets.
Le dieu qui sale la terre
N'a pas la main trop légère.
Le fantôme des vieux lacs
Vanne et blute le chagrin.
J'ai comme ces patriarches
Le mien nous ne saurons rien
Que la lampe et la paupière
Quand l'ongle de verre étoile
Les toits couleur de cartable
Où fument les hochepots
La girouette écornée
Qui ressemble à Don Quichotte
Prend la garde sans relève
Contre les moulins de l'eau...

VULTURNE

I

VOUS FAITES UN SONGE

Es-tu mort, Pyrrhon ? — Je ne sais...
Épitaphe.

Alors, je vis un ciel tout nouveau et une terre toute nouvelle.
L'Apocalypse.

DANS L'EXPRESS

— Y a-t-il quelqu'un, ai-je dit, y a-t-il quelqu'un dans ce lit? Seuls dans la nuit, seuls dans les cages... Il le rêvait à haute voix, surveillé d'en haut, sous les tétins vitreux, dans le roulement oublié, dans la prière entrecoupée, dans les chuchotements. Les clefs sursautèrent. La vapeur répondit très fort à voix basse... Il y avait déjà longtemps qu'il sommeillait. Quoi! Le drame d'hier a dormi si longtemps? Voilà donc... Ces regards douteux, ces aiguillées, le premier manger de la lune, en serre-file, avec la grande ombre flanc-garde, et la fumée qui suit comme un chien sur la campagne...

Les noms peuvent placer un mot quand on respire. Eliépassebo, Bressling-dans-l'Eau, Gognor... La longue note tenue depuis le départ se récuse dans un soupir. Lampes sous goélands, l'arrêt s'étale, ouverture de la cloche à plongeur, estuaire d'arceaux et de mâtures. Dieu visite ses reposoirs, et se recueille et se prolonge. La machine entame une confession basse, avec un coup de trompe étrange. Voilà donc... Souvenir dérisoire et tendre d'anciens voyages avec ceux qui ne sont plus, murmure enfoui dans la campagne avec des amis lointains, ceux qui sont en sommeil, ceux qui sont devenus des étrangers, oui, c'est bien ainsi que la chose est arrivée, des morts, fantômes éclairés devant la porte, abordant aux grands cafés de province tout pleins de l'audience notable parfumée du nom des fleuves et de leurs idylles béantes et muettes, les filles cossues qui bâillent et attendent, les amants au conformateur, jolis officiers d'artillerie, cavaignacs de forteresse, proserpines herbagères affamées de convenable. Le bouchon d'un cœur saute dans la musique! Quand elle se calme, on entend la grande chute et le souffle court de la gare voisine... « Y a-t-il quelqu'un, ai-je dit? Y a-t-il quelqu'un dans ce lit?... » Riches nomades qui passent, hantés par le bain, dans leur scaphandre de cuir, animale odeur des bagages (où diable ai-je vu cette tête sanguine), chair de poule d'une sonnerie, migraine lancinante d'un ascenseur... O pullulement des hématies, vieux secrets bourdonnants de cloches, tout le fourré de vos voyages et de vos fantômes de chair fermés sur leur histoire, sur leur garde-robe de souvenirs, sur leur cargaison de souffrance, sauterelles de l'impatience dans le coffre, points de vue sonnés de sommeil, richesse cataleptique et pensées homicides, leur boussole en détresse, leur accrochement à vivre, le but où ils se hâtent lentement, le cœur somnambule, le sanglot bouché, l'idée fixée comme un insecte, la pulpe d'indifférence avec des oublis suaves, le tournoiement poli, la pose, et l'éclat de voix qui les trahit parfois; le couac de la grandeur d'âme le regard gauche de la tendresse sans phrases, et ce séisme qui affleure si médiocrement à nos visages... « Y a-t-il quelqu'un dans ce lit?... » D'autres villes, vers d'autres villes, des campagnes sourcilleuses, des odeurs de terre nocturne, l'entrée dans les balances lumineuses encore, un amour qu'on va retrouver, caché dans un îlot sombre, au fond d'une ville qui fait battre le cœur, l'arrivée la nuit, la chambre qui s'allume et retentit pour vous; douce marée d'une voiture qui s'éloigne... Ah, Juifs errants proscrits des fanaux et des haltes, écureuils autour de la terre, dans votre cage à ciel ouvert; lettres crassées, chiffres brouillés dans le composteur de vos rues, dans votre liberté de fer... « Y a-t-il quelqu'un, ai-je dit, y a-t-il quelqu'un dans ce lit? » (Glissement frais et surprenant d'un drap d'écume, accordéons blancs sur la mer...) O corps parqués, maisons soufflées sous l'éteignoir, chambres errantes, enchaînées, traînées par leurs cheveux trempés le long des clôtures du temps, le long du bâillement des jours, ne le réveillez pas, il fait un songe.

CINQ MINUTES

Eh bien eh bien, qu'est-ce que c'est? Qui est-ce qui se permet?...
(On lui prend brusquement le bras. On lui parle dur à l'oreille.)
Tu vas finir.
Ne discute pas. Ne m'interromps pas. Il n'y a pas de temps à perdre. Tout le monde va finir.
Pas de questions. Les minutes sont comptées. Mais oui, parbleu, je sais quelque chose.

Où veux-tu, toi? Chez les tiens, là-bas, dans ta vieille maison forte tête avec son horloge et ses fours en pleine marche, et qui ne pense pas à nos histoires? Trop loin. Pas le temps de faire quelque chose d'utile. Regarde : il n'y a déjà plus de voitures. Pourquoi? Non, pas le temps de t'expliquer. Tu arrives en courant dans ton quartier, n'est-ce pas? Tiens, qu'est-ce que c'est que cette lumière insolite, il y a déjà des rassemblements. Tu bouscules une fille de tes amies qui descend à son heure au tournant du petit café, tu cognes dans une figure familière, et qu'est-ce que tu vois, le bijoutier mort depuis dix ans qui sort pesamment de sa boutique! (Est-ce qu'il y a déjà quelque chose, par ici?) Tu entres en trombe dans ta porte, tu fais sonner la vieille fontaine, tu grimpes quatre à quatre, et c'est trop tard!
Non. Pour une fois, laisse les tiens tranquilles. Tu leur en as assez fait voir.
Chez ta maîtresse? Est-elle chez elle?
Chez ton vieux maître? Il te dira de griffonner ton compendium philosophique.
Chez un ami d'enfance? En as-tu dans tes poches?
Hâte-toi de choisir. Ou bien reste avec moi qui suis ton bétourdin. Ce que j'entends par là? Tu le sauras ce soir. Parle-moi,

dis-moi tout, réfléchis de toutes tes forces, concentre-toi, rassemblons-nous sur tout ce qui nous reste à dire. Forgeons notre petite clef... Faisons la somme. Et faisons vite!

Allons, ne souffre plus pour toutes ces maisons...
Tu ne vas pas pleurer?
Presse-toi. Déjà cinq minutes!

Quand tu vacilles au sommet du désespoir,
Lorsque les larmes sont rebelles,
Lorsque les larmes sont taries,
Monte au-dessus des hommes.
Mais qu'est-ce qu'il a à monter tout le temps, riant et pleurant, ce monsieur rouge et noir?
Il a du chagrin.

Voilà. Ça a eu le cœur élevé dans du coton,
Et ça souffre.
Donne un coup de pied! Il y a le sens, il faut le chercher.
Comme on cherche un ressort secret.
Quand tu l'as trouvé
Tu marches sur toutes ces têtes en proue de systématiques,
Sur tous ces yeux de basse-cour,
Tu es sauvé!

Je ne veux pas me laisser prendre! Je ne serai pas fait de sitôt! Je ne suis pas encore bonard!
J'aime mieux y laisser ma peau de veston, comme un voleur!
J'aime mieux y laisser une patte en gage, comme une sauterelle!

Hop-là! Sautez! Sauvé du compartimentage, de toutes ces cellules et de toutes ces boîtes les unes dans les autres, des salles de police tainiennes, de toutes ces mouches encriphiles, des yeux captifs, des larmes d'ornière, de tous ces rayons qui pèchent par la clef, de tout cet échiquier de chair où broutent les ludions de l'amour !

Ai-je donné malgré moi le coup de pied qui chasse les hommes, ou si j'ai laissé passer l'heure ?

Une voix tonnante et silencieuse m'aspire comme un retour de flamme. Un abîme s'ouvre sous mes pas.

— Je monte !

Plus de composition possible. Les choses se composent d'elles-mêmes. D'en haut les passants chargent mollement, la figure en l'air. Qu'est-ce qui se passe ? Est-ce que ça commence ? Est-ce pour moi ? Je vois s'enfoncer les maisons, leurs chapeaux de fer, puis ce sont les tours, puis les clochers, tous les espadons, puis les fumées... Une locomotive se fâche dans une gare, pas plus fort qu'un siphon dans un apéritif... Tout n'est plus que bulles, puis tout s'adoucit. La maladie de peau guérit à vue d'œil... Une cloche arrive comme un moustique ; un fil de musique, un fil de fumée presque imperceptibles se prolongent, où protestent tous les clairons, toutes les montagnes, tous les tribuns, tous les canons dans l'étendue, tout ce qui lâche la vapeur, toutes les maisons, derniers appels, uhau sanglot roux cage tombée la pipe en feu la suit fini...

La musique des sphères s'arrêtait par instants, comme une batteuse de campagne, pour ménager la place où le silence avait besoin de ronfler. La lueur de Tycho s'annonçait par bâbord. Un peu plus tard, je la rencontrai qui se rendait dans une autre étoile. Elle passa devant moi, gentiment à cheval sur son petit coussin d'éther, elle passa devant moi comme une chatte blanche..
Je montais toujours, mais pour quelque chose d'autrement sévère...
Qu'est-ce donc qui monte avec moi? Quel est ce phasme impondérable? Je ne crois pas que ce soit mon âme. Mais c'est peut-être avec cela que je serai réincarné. Car ce n'est pas incorporel, je le sens bien...

Le support du monde matériel descendait comme un monte-charge. Les mères idées manquaient sous les pieds, formes préconçues, devenues fondantes, inconscientes comme le langage, et nos constructions, sans le moindre bruit, brasillaient faiblement dans des ronds de systèmes. La matière, syphilis de l'éther, ou, comme parlait plus calmement mon vieux patron, lieu géométrique des bizarreries de l'éther, nouée de tourbillons et de torsions, bossuée de fâcheuses protubérances, s'affaissait comme un faux calcul et se confessait fluide élastique. La mienne, en dissociant ses éléments atomiques, délivrait en tremblant ma pauvre chandelle. Je me sentais tout à la fois lumière, électricité, magnétisme, substance organique fondamentale, et, s'il faut me croire, agent psychique sans rival. Mon esprit, doucement, se déshabillait de sa cosse, à petites secousses encore amoureuses.

J'avais la vue, j'avais le toucher sans me servir du sens musculaire, sans mouvements corrélatifs, sans compensations, sans manigances.

... Le mouvement perpétuel me gagne. Ces tremblements, ces éparsions, vous les connaissez, vous les avez eus, ne fût-ce qu'une fois? Puis-je encore me faire entendre? Que de questions encore humaines avant que je ne sois mangé par les grands nombres!

N'en jette plus! (Cet hommepion grimace encore, ma parole, avec son cuir polymathique...)

Plaît-il? C'est possible. Hier encore, j'étais un homme très naïf et qui n'aimait pas l'ironie. Ce soir, nous sommes entre molécules, et j'ai bien le droit de chercher dans l'infini quelque chose que l'homme ait pu concevoir! N'y a-t-il rien qui lui ressemble à l'origine du mouvement? Quoi que ce soit de métaphysique dans le phénomène initial? Constante essentielle ou constante accidentelle, qui n'ait pas prévu l'homme et soit par l'homme intelligible, quelle loi divine d'accélération nous avait lancés dans cette galère? Y a-t-il un seul déchet de matière, une seule erreur de force? Vais-je remonter jusqu'à mon singe, mon saurien, mon pterichtys, mon protoplasma, ma bulle gazeuse, ma lueur divine?

Tais-toi. Comprends.
Regarde.

Quel spectacle!

Qui a donc parlé de résurrection, de transsubstantiation, de métempsycose? Quelle veste retournée, quelle palinodie, quelle eucharistie à l'envers! Les âmes les plus fortement trempées, volées de leurs dernières précautions, coupées de toutes références, hésitantes entre le physique et le chimique, ne sachant même pas ce qu'on attendait ni ce qu'on allait faire d'elles, bouillonnaient, s'entre-croisaient, gémissaient dans l'ocre et le vin torrides, dans la négation des mathématiques, au milieu des débris cosmiques, des morceaux de maisons vomissant l'architecte, des cadavres encore durs à cuire au rayon postface, des locomotives encore rugissantes, trépignant à vide le ventre en l'air, des cathédrales aux orgues cuites comme de la raie, des paquebots béants de fanfares retournés comme des limules toutes leurs breloques pendantes, des satellites secoués dans leur panier à salade, des sodomies figées sur le fait, des fourchettes encore palmées d'œuf, et du smegma terrestre le plus insensé, le plus formidablement insolent, qui pût gicler dans la couche la plus respectable de l'éther! A mesure que l'époumoné, que l'épongelé se distillaient, l'esprit de la terre au grand cœur s'installait par degrés dans les limbes surpris, mal sériés, mal préparés, sur des sièges mouvants d'un luxe bizarre. Il n'y avait pas de service d'ordre. Ni de vestiaire. On n'avait pas prévu cela. Les bulles des réintégrés, les bancs des désintégrés montaient en pleurant du fond du cataclysme. Les parents morts depuis longtemps se jetaient au-devant de ce courrier terrible. La foule envahissait les jetées lumineuses. Des palpes d'amants, des museaux touchants tombaient dans des trous de néant qui n'avaient ni poil ni bordure. On voyait s'étirer, s'épointer, se retourner, des calmars de cristal, des grappins de filigrane, d'incroyables kiosques rêvant en veilleuse, de vastes méduses aux fraises chantantes. La Chine retroussait ses jupes de pagodes. Une immense pluie muqueuse à l'envers, cardée d'un air diabolique, n'en finissait plus de s'épanouir en ombelles cafardes, étoilées de grâce et de noirceur, perçant les vieux filets de Dieu. Toute l'équation terrestre, toute la création personnelle que le plus misérable fait sur son vieil établi de chair, montait lentement, entre les nuées, car les nuages sont vivants, fonder la race de pensées vitreuses où je perdais mes larmes... De grandes sphères creuses, brillantes et sombres, parfaites boules origéniques, noyeux pensants et miroitants, tournaient au large. Des soleils et des bolides, encore étonnés, déconcertés, cisaillaient sans relâche en cristaux insoutenables et qui s'adoucissaient jusqu'à ne plus darder que ces petits poissons, ces bisaiguës, ces feux biseautés qui travaillent les mers de Chine... Saturne, seul à peu près calme, faisait des ronds de cigarette... De temps à autre, fesse à fesse et sautant sur les dernières occasions de la distance lumineuse, des vesses d'argent noir crevaient!

Nous étions là, dans la granulose et la verroterie du grand rachat, quelques ressuscités, quelques réintégrés, pauvres pendentifs électriques, hippocampes manichéens, pauvres têtards vidés du génie de leur race, aspirant au génie de Dieu, pauvres sosies qui s'étaient cherchés, pauvres milieux organiques effilés dans la grande pâleur, et nous commencions à nous servir, pour nous parler, du moins mal que nous pouvions, de nos premières antennes chantantes, extrêmement ramifiées et sensibles, nous agrégeant l'un après l'autre, en formations madréporiques, au grand chapeau chinois pensif qui commençait à s'accorder...

C'est alors que je vis sous mon ectoplasme et pendant à moins de vingt toises, évaluation terrestre, sauf erreur probable, un chemin quadrillé qui montait et se déroulait. Si distraits que fussent mes souvenirs, je reconnus la rue intacte d'une grande ville...

(Est-ce le démon de Maxwell qui ramène le monde en arrière? Les corps en sont-ils au reconstitué? C'est que je ne tiens pas à être en avance! Je n'en ai pas encore assez vu de mon coin!)

Là-dessus, voilà deux passants. Je distingue sans trop de peine un homme mélancolique et qui tient un enfant par la main. Mais quoi! Ce col rabattu, cette façon de lancer les pieds, la pâleur de la joue contre la barbe et contre le mur!...

Au secours! C'est mon père et c'est son enfant! Je n'ai pas encore oublié! Je n'ai pas assez déblayé! J'entends bien qu'il ne faut chez vous que des âmes saignées de leurs images, que des âmes bouchées de leurs vieilles musiques... La mienne ne l'est pas encore! Ce que j'ai porté, je le porte encore! C'est lui, c'est moi! Et lui et moi nous sommes morts! O mes chéris! Crapules! Voleurs! Ils n'ont pas le droit! Ils n'ont pas le droit de se substituer! Ils n'ont pas le droit de recommencer! C'est moi qui veux recommencer!

— Patience, me dit Pierre Pellegrin, ses yeux pleins de larmes déjà mangés par l'Orient, par l'Occident, par je ne sais quelle couleur tendre. « Il t'a beaucoup aimé. Et tu sais bien que certaines formes de l'énergie ou de l'amour ont les pouvoirs de la matière... Allons, allons, calme-toi. Tu en verras bien d'autres! Vois mon gentil, vois l'étoile qui nous appelle. Oui, oui, j'ai habité... Laisse-moi plutôt te raconter comment tout a fini sur terre. »

D'immenses voies lactées, de vastes systèmes perdus dans l'ignorance lumineuse, des gélatines en formation, des cocons veilleurs où l'esprit tournait déjà dans sa nymphe, autour de ses disques imaginaux, sous le coup d'une idée directrice nouvelle, ne dormaient que d'un œil au-dessus du frère mort dont les éclats crayonnaient en tous sens dans le tain hagard...

RÉCIT DES DEUX RÉINTÉGRÉS

— Les souvenirs, nous dit Pierre Pellegrin, les souvenirs de l'enfance houlaient, se bousculaient pour me regarder, se posaient net et sans bruit comme des insectes, ou passaient par mes yeux, tout faits, d'un seul coup de balancier sur les placards, ou lentement comme une décalcomanie, parfois pathétiques et tachés sourdement, comme l'empreinte sacrée dans le mouchoir, avec des battements de trapèze de ciels mouvants, ou s'infiltraient délicieusement en moi comme une liqueur qui porte aux larmes. Je voyais le visage de mon père et de ma mère, la bonne figure de la mère Jeanne, des chambres et des chemins de fer, des maisons coupées comme des cartes, la marmite à Papin, des revenants de fiacres et des lumières le long de l'eau, des feux de bois couvés de veillées, des maladies et des chaussons aux pommes. Là-dedans miroitait la maison Deyrolle, rue de la Monnaie, berceau de leur famille, avec une pleine vitrine de Morphe Élénor, son artillerie de microscopes et l'odeur de mort préparée.

Je m'aperçus que j'étais seul dans les galeries du Muséum. Ils s'en vont tous, tu vois, les professeurs, les amoureux, les soldats, les nourrices. Et je continuais ma rêverie, seul dans ce grand naufrage d'étrennes. « Ah, pensais-je, quand l'enfant commence à devenir sérieux, quand il aime l'étude et la leçon de choses et commence à flairer, ô poètes de quatorze ans, l'odeur féconde de la science et de la mort, il tomberait malade de joie s'il possédait des jouets pareils ! » Moi je rentrais avec les joues chaudes quand on m'avait mené voir d'aussi belles choses ! Gorilles et lions vidés de leurs orages, baleine dont on repeint tous les mois la ligne de flottaison au coaltar, délices du poète et du célibataire, Vénus qui mène son collège de squelettes, fœtus dans son bocal, avec sa figure à faire pitié d'enfant fessé trop tôt, toutes ces épaves réprouvées et ressemelées, toutes ces créatures du Bon Dieu qui représentent une histoire timide ou tonnante, un soupir, une luxure boudeuse ou tricheuse, une marelle éternelle, soleils ennuyés, cris des oiseaux au crépuscule, baraques des marchandes, gaufres qui sortent de la torture pour prendre le voile, ô Paradis de l'enfant que j'étais resté...

La grande baie qui versait une lumière savante sur le parquet ciré coupa net son rayon qui glissa comme un foulard par terre et se mit à courir! Oh, j'ai bien vu la chose. Un petit bruit, comme d'un dormeur qui s'éveille, me fit tiquer. Je levai la tête : tout près de moi, dans une vitrine, un grand coquillage se retourna, poussant un soupir à fendre l'âme. Un mouvement d'ombres subtiles gagnait de proche en proche. Je ne me trompais pas! L'hipparion avait changé de pied. Le diplodocus, s'arquant et le prenant de plus haut encore, s'était mis à faire à pleines vertèbres les combinaisons de mécano les plus surprenantes, avec une vitesse incontrôlable, dans un silence énorme, attentif et vitreux, colossal comme un Narcisse horrible! Aux balcons des galeries supérieures, les types polychromes des races, genre Bernstamm et Talrich, sortent de leur tour de verre et se penchent sur les rampes, avec le rire de leur couleur, dans l'applaudissement immense des oiseaux! Des têtes et des mains coupées se posent partout à bloc, avec un bruit sourd, comme un coup de tentacule, sur les rambardes. Tope-là! Quels serments! J'entends bientôt frisser le lent tétanos des serpents qui sortent de leurs lainages et de leurs rochers de photographe et s'engagent le long des rampes avec prudeur... Les fœtus sortis de leurs bocaux tracent à cloche-pied une petite ronde, enviés des grenouilles encore fixées sur leur rondelle. Les scarabées desserrent leurs cadenas, les papillons ouvrent leurs albums... Mais fini de rire! Des bêtes géantes se rangent à la file et s'ébranlent lourdement vers la sortie! Je pus me glisser sans être vu entre deux pattes énormes et j'arrivai sur le perron. Je ne reconnus plus le Jardin des Plantes! La mer, la mer secondaire, une mer obèse, animale, grosse de mufles, écorché transparent d'un dieu monstrueux couleur de jade, jouant à la main chaude, crachant ses dents, tapant sur son sexe et sur ses fesses, criait à plein gosier du fond de l'horizon! Toutes les cages ouvertes, grilles battantes! Je vois toute la bande, les lions, quelle coiffure, l'éléphant, portant les bagages sur ses défenses, sonnant du cor et perdant sa culotte, la girafe serrant sa harpe dans sa housse en peau d'omnibus, des pantalons démodés cavalant, les singes calottant les perroquets, la grue jouant de la trompette, le tamanoir traînant ses anglaises, le porc-épic secouant sa perruque de porte-plumes, le tatou claquant du blason, le raton laveur arrachant précipitamment ses gants noirs, les agamis sautant dans leur sac, les chauves-souris des vieux bâtiments toutes retournées sur leurs baleines, une mygale mal réveillée décroisant furieusement ses lunettes, les phasmes et les mantes forçant leurs compas, le petit potamogéton aimé de Gide courant sur toutes ses petites racines; enfin toute la houle moutonnante de rochers de cuir, de cris râpeux, d'aigrettes et de bannières plumeuses, voler vers la hauteur, du côté du cèdre, déjà couverte par l'ombre des vagues! Le jardin se débattait comme un filet crevé dans la mer... Au loin, vacillant dans la lumière livide, un bout de Tour Eiffel, où la foule fuyait d'étage en étage, arrosée d'immenses paquets d'écume, achevait de s'estomper sous un astre polyédrique, menaçant et tricotant comme un miroir aux alouettes!!

— J'ai su moi aussi quelques petites choses, dit Joseph Aussudre. Le phénomène, en effet, promet d'avoir tenu tout ce que des exaltés comme nous pouvaient souhaiter! Mais je crois bien que ça a commencé ailleurs. J'en ai vu de raides. Les trains qui arrivaient dans les gares ne s'arrêtaient plus, défonçaient la lampisterie, crevaient la façade, tuaient la marchande de journaux sur la place, une vieille hors d'âge, s'engluaient de tartines rapides, rabotaient leur boulevard Denain, leur rue de Strasbourg, leur rue de Rennes, leur rue du Havre, leur Königstrasse, bûchaient les passants, raflaient vingt terrasses, morfilaient les apéritifs, emportaient, sur les marchepieds et sur les lanternes, des rendez-vous d'affaires, des voitures du plus fort tonnage, des marges de libraires, des crainquebilles sans courtines, des boutiques de soins de beauté pleines de pieds nus, des chaînes rieuses d'ouvrières renversées comme sur les chevaux de bois, les yeux blancs, la main sur le cœur, un grand candélabre de bronze couché de travers, tout pleurant et puant de l'haleine, et tout ça, passant sous l'Arc de Triomphe, saboulant nos maîtres, éteignant la Flamme, bottant le président Ricouenne et l'ambassadeur de Wynandie, carambolant Foch et Pétain, roulait au-devant de la mer! Puis, les quartiers se mirent en marche, lentement, puis plus vite, pas gymnastique, dans une poussière tonnante : On commençait à voir les rayures s'accélérer dans le même sens pour se reblanchir agent fluide! La terre basculait dans une tempête de rayons! Les hommes glissaient des maisons fendues, déjà fredonnantes de flammes, comme un forficule d'un fruit coupé, comme un concierge qu'on dérange! Ils se retournaient comme une peau de lapin, montrant l'os tout neuf de leur chaise intime, leurs organes frais débâchés, bagages rouges et verts, leurs strapontins, leurs fibromes, leurs bouquins, leur savoir, fleuris de branchies ruisselantes, pavoisés de serpentins de sang noir qui suivaient le fil du vent terrible. Je n'eus que le temps de donner le coup de pied, de prendre en hauteur un bon cent mille et de planer sur cette racaille! C'est alors que j'aperçus dans les Elohim une grosse tête divine, une tête de vieux maître, sorte de grand type de clinique qui regardait la chose avec son monocle servo-radiant. Tâh! Il était en train de contempler des trousseaux de squelettes jouant du xylophone sur eux-mêmes et se rebéquant et glapissant sur les marches de la Bourse! Planant un peu mieux dans la durée, je tirais toujours, je tirais des traits dans mes connaissances... Moi aussi je fais des voyages, mais à condition que ça en vaille la peine!... Le Zara s'engluait dans le miel de Venise! Florence cul par-dessus tête avec ses objets d'art, comme un salon de dentiste foutu par terre! Des petits tas crayeux de grands hommes exhumés, plaqués sur des bords innommables... Napoléon s'embossant dans Notre-Dame du Charbon de Terre! Le crâne d'esturgeon de Barrès bouchant un corneau de poulaine fétide... Et les convois, les trains, les morts, dressés, pressés comme la grotte de Fingal! Enfin, la mer, la mer arriva sur le champ de bataille! Elle tordit un cou de plésiosaure, faisant grésiller toute la ferraille, assommant le Ritz et le Meurice, dont les femmes à gueule de dragée supérieure et les diplomates en coton d'oreilles flottaient et bibaient pêle-mêle avec des poissons crevés, le ventre en l'air! Alors les villes, les villes économes, mirent à l'eau leurs arches, qui flottèrent sagement, comme des plumiers...

    Je ne sais pas pourquoi je prenais ces notes, je n'avais pas de bouteille. Il paraît que c'était un coup d'aspirator un peu fort du soleil. A moins que le système n'ait été traversé raide, à grande vitesse, comme l'aurait prévu notre maître, par un corps de grande masse venu des constellations lointaines. Et je jubilais à l'idée que, dans d'autres étoiles, des astronomes, beaucoup plus calés que nous autres et travaillant dans un système un peu moins gentil de coordonnées, seraient obligés de refaire toute leur mécanique céleste!

Attention. Le ciel crache du diamant noir à plein trombone!
J'entends monter les nègres, les créations antérieures, les races les plus vieilles...
Nous allons savoir autre chose!

... Josaphat, et revoir les miens!

II

DE STADE EN STADE

> *Et ne vous zist*
> *Et ne vous zest*
> *Et ne vous estimez pas tant.*
> Vieille Chanson.

> *Ne sois pas, et tu pourras plus que tout ce qui est.*
> Fr. Juan de Los Angelès.
Dial., III, 8.

> *Ressuscités, enfin?*
> Edgar Poe.
Monos et Una.

... Josaphat, et revoir les miens !

Sur ces paroles, transmises d'harmoniques en harmoniques, il nous sembla que l'infini jetait du lest, avec un barrissement sourd, et qu'une cassure étoilait l'étendue. La kermesse des mondes parut ralentir. On voyait des masses égarées, dont la prise avait raté sous l'influence d'astres mastodontes, se heurter, se flairer, s'enfumer, grandir comme le barbet de Faust. Nous disions hier que Jupiter n'était pas encore complètement solidifié.

Nous crûmes entendre se dérouler, comme une palissade de chair, le bruit mélancolique et redoutable d'une troupe en marche. Comme au premier soir de la guerre, quand les lampes veillaient dans les maisons vides...

— Les-morts-se-ront-ré-in-car-nés! fit une voix rageuse et sanglotante. Nous verrions des babines recouvrir des dents nues!

... Mais à quel état de leur vie terrestre? La bouche relevée ou la bouche tombante? Rossés par l'excès des phénomènes, lacés de lumière, ou battus des pluies?

PIERRE PELLEGRIN, JOSEPH AUSSUDRE ET MOI

— Josaphat! Pourquoi Josaphat? Vieilles habitudes. Tu te crois encore un navigateur qui prête l'oreille au cri de terre! Un explorateur qui tourne une bouche ardente vers l'oasis. Tu te crois encore un vivant de la terre au milieu des fantômes, et tu attends des revenants. Enfant! C'est encore la terre que tu demandes.

— Josaphat? Submergé! Quand nous le verrons sortir de la vapeur? Nous ne sommes pas encore à hauteur. On n'a pas sonné le rassemblement, que je sache?

— Je n'y vois pas. J'y vois trop! Nous avons sauté dans les yeux de l'air sans avoir le temps de fermer le compteur, sans avoir le temps de fermer la porte...

... Sans avoir le temps de souffler notre bulle jusqu'à la couleur...

... Sans avoir le temps de fignoler notre bibelot...

... Sans avoir le temps de rendre parfait l'instant précis, l'instant fini de notre vie.

— Parce que nous n'essayions pas de composer avec l'infini...

— Mais parce que nous n'avions pas le moindre sens de l'infini!

— Nous avons séché la métaphysique.

— Vous préfériez potasser la guerre!

— Au nom du ciel, pas de querelle!

— Pour moi, s'il reste un morceau de terre qui soit viable dans l'espace, s'il y a encore des points de défense, s'il y a encore des îlots qui tournent dans l'écume d'ébène et d'ange, s'il y a des lampes qui brûlent dans les alvéoles intacts, sur les tables, dans les rues, je veux le savoir! Je veux les revoir!

— Lâche donc la terre! Laisse-la rouler comme un sou perdu, on ne sait où, le long des marches de l'orage. Tu ne vas pas plonger? Fini pour elle. Il était temps d'ailleurs. Elle avait bien vieilli. Bonne à faire de l'ombre. Impossible de vivre à une époque comme la nôtre!

— Tout le monde s'y mêlait de tout...
— Mais ici même, nous...
... Nous pénétrons sans nous confondre!
— La terre monte vers une vie plus harmonieuse de sa matière!
— Je me contentais d'un peu de terre. J'ai aimé quelques-uns des vers de cette terre, et je ne demandais qu'à rester sous ma pierre, dans ma vieille maison, dans ma cuisine, avec le souvenir de mon père qui est mort. Crois-tu que je le retrouverai dans cette pagaïe?
— Attends que nous recevions les ondes!
— Nous avons sauté comme si l'idée de temps ne dépendait plus de celle d'espace!
— Il n'y a plus de temps, il n'y a plus d'espace.
— Fini du travail au petit point. Fini du fil tiré des minutes...
... Nous entrons dans l'Éternel sans durée.
— Peut-être faut-il du temps aux morts pour se rhabiller. Tu vois d'ici les mortes qui s'attardent à leur toilette? Peut-être que la femme dit à l'Infini qui l'embrasse : « Laisse-moi mettre ma robe?... »
— En sera-t-il ainsi des nôtres? Quelle balançoire! Les morts télescopent les siècles. Que les nouveau-nés sortent des ténèbres pour y rentrer nouveau-morts, et pour en sortir à toute réquisition? Ça n'en finira donc jamais? Les reconnaîtrons-nous? Que ce soit à l'appel de l'ange, d'un tremblement de terre, d'un raz de marée, les morts monteront toujours d'une grimace orthopédique, de leur polyèdre de bois blanc, de la vase, de la colle, de la gomme divine aux vitrines profondes... Quel contrôle, je vous le demande, dans le silence dévorant qui se ravale?
— Au secours! Je veux retourner...
— Ooaah asssez!!
— Comment!
... Nous quittons l'humain, pâle raseur, pour le cosmique...
... Nous allons sortir de nos dimensions...
... Compléter nos sens provisoires...

... Nous n'étions qu'un moment de l'ordre, et maintenant chacun de nous sera tout l'ordre...
... Ton grand cœur va tout embarquer, les tiens compris...
... Tu laisses tes relations partielles pour gagner des lois plus larges...
... Tu vas voir comment tout ce que nous déroulions s'engendrait...
... Tu vas comprendre l'ordonnancement et le principe...
... En te dissociant de ta forme terrestre, tu vas entrer dans la conscience universelle...
... Ta frénésie de l'unité va se satisfaire...
... Tu vas rendre ton globule au cœur qui bat pour les mondes!
— Et tu n'es pas
... Content... ???
— Je veux m'en aller!
— Frottez-le! Cirez-le!
— Rapprochez vos lampes!
— Regarde plutôt ce qui se passe! Mais où vont les nègres? Ils prennent un drôle de chemin! Les voilà qui montent dans la projection rouge d'un phare invisible? Leur bouche leur mange la figure. Était-il vrai qu'ils fussent les restes d'une création antérieure, démons enfin réadaptés, mauvais anges? Un mauvais ange fait homme, ce gros si doux? Pas possible! Voilà qu'ils remontent en oblique, avec leur arc et leur trombone, bushmen chasseurs des astres...
— Tais-toi. Tiens-toi tranquille.
Un rond de silence. Comme un endroit où ne vient plus quelqu'un qu'on aimait pour sa douceur...

— Qui est-ce qui sonne encore dans le madrépore? Un mauvais malade qui appelle tout le temps? Je n'aime pas les vieillards qui ronflent. Je n'aime pas les fœtus qui discutent. Je n'aime pas les nains de quarante-cinq ans. Je n'aime pas les périsprits qui ergotent. Je n'aime pas les gens qui rêvent tout haut dans le train. Je n'aime pas qu'un fantôme à lunettes m'embête à une pareille hauteur, avec ses idées catholiques, atomistiques, dreyfusardes, judéo-mystiques! Qui est-ce qui crie comme ça chez une femme? Voilà les idées qui s'en mêlent, les mots réchauffés qui cloquent comme des tripes, ressuscités par l'immense traction rythmique! Les morceaux en sont bons, malheureusement!

Quelle volière! Est-ce que ça va recommencer? Est-ce qu'il va falloir se rhabiller? La somme! Vivement la Somme! Est-il possible de sonner si fort, à une pareille distance de ses références, aussi loin de la termitière et des canaux creusés par l'homme, possible de sonner si fort à la mystique, à la morale? O homme, saleté d'homme qui ne veut pas finir! Un éclat de cervelle, un bout de testicule qui fournit encore! Les derniers serpents de l'esprit qui mordent dans la lésion divine! Je ne savais pas que ça pouvait durer si haut, si longtemps! Quel quadrille de trompe-la-mort!

Aussudre et Pellegrin sont toujours là. Ils ne changent pas à vue d'œil, ils ont trop de mémoire. On entend des plaintes d'enfants, des râles de femmes, des échos d'orchestres perdus dans l'éther, des voix encore caverneuses d'acteurs, des rébellions de prophètes, les derniers chants, vainement tendres, des poètes. Ils n'ont pas fini d'y croire! Ils baissent leurs antennes, dans un sentiment absurde de la distance, vers le lit de mort de la terre; vers les rues, qu'ils voient jonchées de fagots de cadavres, vers le bureau couvert de papiers qui s'éteignent; vers le théâtre plein d'amygdales tonnantes; vers la femme foudroyée sur sa couche, en plein amour, portant encore son couvercle d'homme qu'ils reconnaissent avec fureur; vers la mer, qui flambe comme un punch; vers la gloire, qu'ils placent toujours un peu plus haut que les chambres de bonnes, même dans l'abîme incommensurable!

Il y avait longtemps que les mirages dans la durée se précipitaient. Nous avions tous vu notre corps terrestre, mort dans toutes les postures, étonné dans sa raideur, crevant sa chambre par échardes, flaqué dans la pierre, à toutes les hauteurs, accroché de toutes les manières, sur les toits et sur les dômes, empalé sur les clochers, faussant la statue de Chappe, éteignant Victor Hugo, boulant dans la sauce anglaise. Comme une prière violente, les hommes, les cités, les forêts, les mers dédiaient aux astres leur âme égorgée.

Nous traversions d'autres existences, dans une vitesse ivre d'ingratitude. Ceux qui s'étaient le moins oubliés se reniaient, se dénonçaient. Nous aimions d'autres mères, d'autres amis, d'autres frères, avec un remords immense, heureux, guéri, tendu vers l'aurore!...

Nos idées innées, peu à peu, s'affaiblissaient, se mangeaient comme la laine, se tordaient comme la fumée, bougeaient comme des voiles, s'éloignaient les unes des autres avec des miaulements légers. Nous montions et elles montaient, parallèlement nous semblait-il, nous séparant par bordées lentes, comme une grappe de ballons qu'un marchand échappe et qui pleure au ciel ses bulles lointaines. Le temps pressait. L'intermède obscur qui nous permettait de nous exprimer dans une musique personnelle avant d'entrer dans la musique des sphères devait être court. Il fallait en profiter. Nous nous en rendions compte. Nous commencions à ressentir la douleur sourde de la synthèse. A mesure que nous prenions de la hauteur, nous nous sentions nous écarter, nous élégir, nous démailler, pour entrer dans quelque chose de monstrueusement égal, de tolérant, d'insipide et d'admirable, et comme dans une immense caserne d'indifférence, sans murailles et sans recours. Nous nous sentions cheminer vers une évidence aride. Nous sentions venir à nous, tournoyante comme un vertige, dans l'ennui pneumatique de la certitude, une science parfaite, au cryptogramme enfantin, que les héros avaient foulée, que les savants avaient pincée, que les phares avaient tâtée, que les siècles des siècles avaient enjambée sans la voir entière; une pensée minérale de Mars, une géométrie caséeuse de Sirius, une fausse-couche de Jupiter, une psychologie de Vénus, les coordonnées d'un futur système, une communication psychique entre les humanités planétaires, une éthique intra-corpusculaire. La conscience terrestre individuelle passait par ses sœurs étrangères avant de se résorber dans la conscience universelle. Pellegrin se rappelait l'opium.

Pourtant, nous étions encore démangés, sur des points de plus en plus suspects, par le canevas des habitudes, la manie des familles, l'esprit de classe, l'exercice religieux, le fondant mystique; la tricherie précise d'une grande ville, le réveil en sursaut, le départ sous un temps couvert, les rendez-vous, les parlotes, le tabac, le téléphone, la migraine, les insectes qui térèbrent; tous les soucis, tous les socs qui retournent le sommeil, qui renversent la sagesse! Un reste infime de douleur humaine nous rendait encore les choses désirables. Nous balancions encore entre une révolte et un renoncement posthumes également absurdes. Nous ne donnions pas encore notre langue aux chats célestes. Chacun de nous représentait la terre. Pellegrin, Aussudre et moi, nous montions en terre française, et, naturellement, nous tirions au flanc. La terre en nous continuait à se tromper. Mais enfin, la terre en nous se survivait, la terre respirait encore! Nous étions une parcelle passionnée des éléments, mais une parcelle de terre encore!

Et nous parlions encore, voulant encore avoir raison l'un contre l'autre, voulant être plus avancés l'un que l'autre, plus adaptés l'un que l'autre, mieux intégrés l'un que l'autre. Mais chaque parole nous rapprochait de la terre. Nous faisions un pas en divin, deux pas en humain. Les images produisaient leurs sons, les sons produisaient leurs images. Nous tendions l'antenne aux voies amies, pour chanter avec elles, comme à l'église. Mais nous ne captions que des voix étranges. Et nous chantions comme des enfants malades.

Cependant, le ressac des vieux morts s'entendait. Nous pouvions déjà voir, dans la poussière cosmique, hors de notre temps, hors de notre espace, comme un reflet d'eau qui défile inlassablement sur une vitre, tourner la rafale électrique humaine, ponctuée de héros, cabots jusqu'au bout, qui roulaient un œil plus brillant. Quelques archipels faisaient bande à part. Lampes en exil des solitaires. Plotin, Charles Henry, Porphyre, Rimbaud Jamblique, Eugène Le Roy, Pascal, Pierre Pilorget, Nietzsche, Siegfried Angoulâtre, rôdaient au-delà de la cohue. Mais tous les courants s'échangeaient.

VOIX DANS LA LENTILLE

— Où suis-je?
— Ah non! Tu ne vas pas flûter comme une femme qui sort d'une crise de nerfs!
— Alors, c'est donc fini, cette vieille histoire humaine, cette maladie pustuleuse que la terre avait depuis quatre jours?
... Notre corps humain dort dans les fossés... Nous avons jeté nos dépouilles...
... Son fils voit arriver la morte...

... Regarde monter la sainte poussière...
— Enfin! Nous échappons à l'attraction. Nous ne supportons plus nos dix-sept mille kilos. Nos fluides n'ont plus besoin de réagir. Nous sommes sortis de nous-mêmes.
— Cette manie de parler encore de vous-mêmes, comme si vous étiez encore vous-mêmes!
— Pardon, pardon! Vous n'êtes pas volontairement sortis de vous-mêmes. Ne ramenez pas!
— Vous êtes morts d'un sens commun gonflé à bloc, hydropique, incompressible, mûr pour conclure en cataclysme.
— Mais enfin, est-ce la terre seule qui monte, ou tout le système?
— Comment passerons-nous parmi les mondes en chasse, au milieu de ces vibrations et de ces ondes qui s'entre-croisent?
— Avec l'hydrogène? En fantôme aqueux, comme une poire folle?
— Mais l'équation personnelle? Où va-t-elle? Avons-nous chacun notre cellule faite à notre mesure, et qui nous attend dans quelque ruche?
— Ou cette création, cette matière morale se transforme-t-elle en matière sidérale?
— Que devient la physique humaine, dans la physique universelle?
— Que devient la bricole humaine, dans la mécanique céleste?
— Une éternité, faite de l'infini des êtres vivants, continuera-t-elle dans les mondes qui subsistent?
— Nous allons entrer dans l'éternité pure, et tout de même, ainsi, l'éternité du fini nous relie par la mort à l'infini...
— L'éternité de l'infini, vérité du fini. La mort, vérité de la vie...
— Du fini à l'unité.
— Holà là stHegel...
— Quoi encore! Vous mordez encore aux lettres mortes?
... Maintenant que vous allez être ignorants comme tout le monde, vous ne voulez pas lâcher le morceau?
... Ne vous suffit-il pas d'avoir été, pour un jour, un instant conscient de la vie du monde, un instant l'esprit de la matière?
— Vous vous êtes suffisamment écouté vivre sur la terre. Oubliez-vous!

... Laissez dormir votre petite pierre dans l'immense chantier de la mort.

— Mais nous n'étions pas si petits... Nous n'étions pas nés pour être maigres... Je me sens m'agrandir indéfiniment dans l'infini...

... Je monte en tous sens, comme un animal silencieux qui flaire les objets de tous côtés...

— Moi, je veux voir des mondes faussés, déviés de leur route par un bolide, tantôt gratinés, tantôt larmoyants et mouchant leur rhume, congestionnés, couverts de ventouses...

— Et savoir s'ils sont habités? Ça m'étonnerait que tu rates celle-là!

— Moi, je voudrais voir ce qui leur reste de la terre!

— Comment! Tu es monté à l'air d'entre les asticots de ton cercueil terrestre, tu es sorti de la caverne à ciel ouvert, et tu veux reprendre la cangue? Est-ce donc un acquis si terrible que les cinquante ans d'une vie d'homme? Ne te dépoteras-tu jamais de la matière?

— Il n'y a pas de matière. La matière est un mirage, une farce du temps et de l'espace, un fantôme idéographique produit sur nous par l'affolement des molécules, qui sont elles-mêmes la matière de l'atome, etc. Pas de matière. Il n'y a que la force!

— Tu crains donc que Dieu n'ait pas de quoi lire, que tu lui montes ses références?

(Rires scolaires.)

... C'est nous qui sommes la matière. Nous sommes ici plus solidaires, et nous nous touchons de plus près que tout ce qui te paraissait dur et solide sur la terre!

— Les molécules ne s'y touchaient pas. Les corps et les cœurs ne s'y touchaient pas... L'univers visible s'y composait de corps invisibles...

— Il a raison! C'est nous qui sommes la matière. Je le vois bien, maintenant. Je sens que Dieu m'aspire comme avec une paille...

— Monter! N'y avait-il donc pas d'autre chemin vers Lui?

— Il nous attend au fond de son four... Il se rapproche et s'arrondit comme le jour au bout d'un tunnel...

— Quand arriverons-nous à Lui? Dans combien de milliards de siècles?

— Enfant! Laisse-toi donc faire! Puisque enfin tu vas tout

savoir sans apprendre, désapprends donc tout ce qui ne t'a rien fait savoir! Tu étais agi, croyant agir. Tu t'es toujours cherché, sans te trouver, et maintenant que tu vas être trouvé, tu te cramponnes encore à la recherche! N'accroche pas dans ton équilibre, ça va y être! Dors, chrysalide, à toute vitesse...

— A toute vitesse! Et ne te sens-tu pas moins seul parmi les atomes et les trains d'ions et d'électrons que parmi les hommes! Ici, tu es mêlé à tout le monde, pas plus petit que l'éléphant, pas plus gros que les microlépidoptères, pas plus secret que le minéral. Hommes et animaux, que tu as tant aimés, nous sommes tous pareils Tissés ensemble.

— Je les aimais tels qu'ils étaient...

... Je ne parlerai plus au chat sur la fenêtre...

... Quand je pense que derrière nous il y a peut-être encore des hommes!

— Chauffe-la-couche! Toutes ces jolies villes étaient peuplées d'hommes qui te vendaient à faux-poids. Les lits étaient garnis de requins d'eau douce. Les femmes et les animaux te trahissaient...

— La vie n'était pas bonne, mais elle était belle. Ta jeunesse. La rue. Ta chambre tout en haut. Les sons d'un piano sous un coin de toit bleu de neige. Ah! les fonctions marchaient bien à ce moment-là! Souviens-toi des amis, des longues promenades. Souviens-toi des boulevards, souviens-toi des putains. Souviens-toi des fumées des trains éclairées en dessous par la locomotive...

... Il était un ménage. Sa vie, ses gaietés. Son enfant. L'odeur de son intimité. La fenêtre ouverte au soleil. Ils ont été dans le vent des rues, flairé la gare et le chantier. Des amis à leur table, heureux à l'heure du café. Leur retour du travail. L'heure de leur toilette avec leur savon aux amandes... Leurs voix dans les chambres, qui s'appellent, leurs pauvres yeux, leurs humbles gestes. Ils longeaient doucement la vie, dans la tristesse et dans la honte et dans la joie, chacun avec ses maladies, la mère affligée, le père déçu, le fils et la fille on ne sait où. Tout ça, mmmort!!

— Il n'y a qu'une chose qui vaille la peine d'être cherchée, d'être gagnée, d'être perdue, d'être oubliée, d'être retrouvée, dans cette ordure précieuse. C'est cette larme que je regrette. Je demande à recommencer. Je demande à Dieu...

— Ne fais pas la mouche du coche. Ne fais pas le chouchou de Dieu! Qui donc a parlé de commencement et de fin? Nous avons peut-être inversé l'idée de temps. Dieu, c'est peut-être quelque chose comme un phénomène de ventriloquie dont la réciproque est possible... Il avait lancé le système comme un enfant lance un cerceau de telle façon qu'il lui revienne. Dieu nous ramène dans sa bobine, comme un mètre à ruban, voilà tout!

— Dieu s'était dissocié, pour voir! Il était descendu, comme un dépôt, tout au fond de l'homme. Il vient d'agiter la bouteille. Il refait son agrégat...

... Le seul corps simple qui se soit décomposé...

... Décomposé par notre prisme en spectre solaire, il se recompose...

... Le vieux berger fait rentrer ses ouailles!...

... Orphée de grande classe, il rappelle ses ondes et nous ramène dans le tremblement de son pouce.

... Il ramène en majeur sa musique mineure...

— Debussy rentre au bercail... Bach absorbe Stravinsky...

— (Moi, je veux rester subtil et mineur...)

— Tu étais sa conscience. Il a un remords de conscience.

— Je me sens mangé par sa conscience. Je sens que j'ai toujours été sa conscience!

— N'est-ce pas plutôt nous qui, nous dilatant, deviendrons Dieu?

— Dieu. L'unité que tu demandais tant!

— Regarde tourner la cosmogonie. Regarde grelotter l'espace. Hein! C'est autre chose que ces magies de l'Orient que tu réclamais sur la vieille terre?

— Enfin, nous sommes venus à une bonne époque, et nous étions tout indiqués pour nous trouver à la sortie. Mais quelle rafle! Je crois que nous y sommes, dans la transformation des éléments, les passages de tons les uns dans les autres, l'abstrait et le concret qui se touillent et se mangent, les métamorphoses!

JOSEPH AUSSUDRE

L'homme qui plonge dans l'Éternel ramène sa vie d'un coup de nasse. Du milieu de ce charbonnage, son enfance monte comme un campanile. Il se souvient d'un village plein d'hirondelles et de pioches bleues, de grands vantaux de granges, de chasseurs solides, de figures savantes de vieilles, de filles dures et tournantes comme des fuseaux. Des chiens toujours dans vos jambes et des oies battues par les enfants. La boulangerie qui sent la levure et la suie. La bouche édentée du four de campagne...

Tout en haut, sur son banc, l'aveugle barbu couvert de taches bleues trônait contre un mur de crasse et d'or gribouillé d'insectes étranges.

Notre maison. La cheminée crépie de corbeaux. C'était la veillée. Les voix basses qui font la chaîne, le pétillement d'insecte bleu de la résine dans sa pince, la lucarne adorable ouverte sur le verger, l'odeur de roussi de la feuille amère, les couronnes du pain chaud, l'arche pleine de farine, et ce plafond de grosses poutres, gibet d'outils, de jambons et d'armes, menaçant l'escalier tortu, mangé de trous, d'où pointaient parfois les museaux fortement barbus de rats obèses, soufflant leurs poils comme l'eau d'un conduit crevé, dans le vent obscur...

A gauche de notre vieille porte, il y avait un petit chemin, clos d'un échalier, qui descendait presque à pic dans un pré bouché de hautes herbes où s'encadrait tristement le blanc d'œil d'un lavoir. Les alentours étaient pleins d'enfants et de jardinets et d'ombelles et de timbales toutes vibrantes de machines volantes, de petites fées tournantes à parapluie vert, d'insectes crépus, de chiquenaudes de sauterelles, de trépieds à ressort sautant jusqu'aux orphelins du ciel et de grenouilles en cuir d'argent!

Les jardins crevaient de feuilles et de fleurs où les scarabées et les mouches s'alignaient dans leurs composteurs, ou se risquaient à pas comptés sur des rosaces de dentelle. Des plantes poilues recouvraient de grands chaudrons aérolithiques, de grands oursins précipités par les dieux pour avoir voulu singer les astres! Dans les chemins creux, des vieilles solitaires sortaient de leur fumière pour aller contempler les bouddhas brûlants posés par les vaches comme un cachet de cire, et timbrés par les grands-pères!

A gauche encore, la route sortait du village en déversant, avant d'entrer dans la campagne toute chagrinée de campanules, une petite place luisante de traînées d'escargots, de pierres du tonnerre, de lenticules de lézards et de dessins maladroits du désert...

Cette place était appelée le traceau. On apercevait de là les volutes doucement engageantes de la forêt, la lisière, et le chemin qui descend, de plus en plus étroit, de plus en plus herbu, vers les villages d'opaline et de corozo des champignons, gnomes sulfureux, caprices de la foudre. C'est là que j'ai vu, sous un midi lourd, une espèce de têtard énorme et noir qui me regardait du fond du fossé d'un air suppliant. Si on tournait, à droite du traceau, par un chemin qui revenait au village, on retrouvait toute la denrée! Pépiements nourris, richesses coloriées toujours ramenées au fond de la cuvette! O ceinture immense de la musique et de la brume fumeterre, doucement refoulée par la mer du soleil!

Rentrée. Toutes les fenêtres du lycée sont allumées dans le halo roux de l'automne. La forme trapue, rassurante, des lampes dans la brume des vitres. Et toutes ces maisons habitées! La rue du Colisée avec les jeux du Cirque et les tas de sable et ces Maurice Cottin et ces Anatole, et les écritoires bourdonnantes de mouches de l'institution Payan! La rue de Dunkerque avec ses mouches tuées sur le mur à coups de casquette, ses fumées de gare à gauche, ses papeteries mère Cavalaire et son collège à droite, la mère Château qui vend des timbres-poste, ces gaillards dégourdis, ces Juifs, ces combats de boules de neige avec l'École commerciale, les crimes de Hutz au square d'Anvers, le naturaliste Washner aux vieilles vitres bigles hantées de huppes... La nuit, l'éventail de Montmartre au Nord... Passy, la rue Gustave-Courbet, les cris de la rue, les matins tout mouillés de hareng qui glace, le côté de l'ombre si triste et le voisinage du piano Montardon, directeur de l'École française. Ah les réveils le matin dans le bleu voltigeur, les angelots sortant des cheminées pot-aux-roses, les liserons étirés à bloc sur leurs baleines, et les premières billevesées d'insectes ronflant chaudement sur les fleurs du balcon! Sitôt, la marée des pianos dans les maisons, cette écume... Avant d'habiter le quartier, la première fois que j'ai vu cette porte immense rue de Longchamp, cette espèce de porte de grange avec des vues sur le fond des cours, des cours pleines de boutiques intérieures ouvertes, d'entrepôts, d'objets insolites, je présageais tout un avenir de mystères, de secrets dépistés, de coins bizarres, de couloirs aux détours infinis... Non. Les couloirs n'allaient pas loin. Plutôt les périodes ternes où l'appartement s'assombrissait, les chambres s'étiraient d'ennui, de changements complotés. Le 80 boulevard Magenta, forteresse devenue maison de jeu, le concierge gueule Daumier avec ses deux brunes piquantes, la voisine aux chats qui jouait du Chopin, les toits croisés dans les arrière-cours, des bans de bravos dans le dos des cafés! L'odeur de la Villette arrivait par échelons. De grands bâillements frais et des grelots de voitures. La chaleur rousse autour des gares avec leur souffle de gros temps. Rue de Saint-Quentin. La maison où il y avait une brasserie de femmes avec un réflecteur tournant. Le balcon de la gare du Nord qui dépassait. La grille de la porte cochère était blanche de poussière, la fille de la concierge jetait son peigne contre les murs et les glaces, les ouvrières pouffaient à l'entresol, le poète-chansonnier déchu chantait dans la cour! Ah mon père Hulin! Ta cordonnerie, ton malt de bière et ton carrelage! Vision rapide du 118, la maison triste entre l'horloge et le marchand de vins, un appartement sérieux de garçon, sans un rayon, sans une fleur. On voit quelquefois des fantômes, son fantôme, à lui, le mien, marcher sur la crête de la rue Chantilly. — Des soldats. L'Exposition morte, l'installation au 156, le radiateur dans le bureau, le va-et-vient des céramistes, les fours qui crachaient leurs dents d'escarbilles, des jours entiers de canettes de bière et de promenades torrides avec de rares camarades, et ces années si bonnes, et ces années si tristes...

DÉBAT DANS L'AZUR

Hachure!
Est-ce que tu n'en as pas assez d'être une hachure entre les hachures?
Homme!
Tu n'en as donc pas ton soûl d'être un homme parmi les hommes?
Grouillis des poux de mer sur la plage des rues.
Bâtonnets sautant à cloche-pied, vers de pierre, jeux de jonchet en délire, aïe donc, les dragons chargent sur la chair en filoselle, les chapeaux, les gants, les cannes, les sacs endormis

dans le blanc d'œil, goitres assommés, crapauds en deuil, accordéons éculés face au ciel!
    Monte un peu. Suis-moi. Colle donc, nom de Dieu! Là, te voilà bien avancé, maintenant. Crois-tu que c'est beau à voir de là-haut? Crois-tu que c'est grand'chose?
    Ah! vous n'alliez pas loin, les hommes.
    Vois-tu de là-haut comment ça rampe?
    Comprends-tu, maintenant, comment ça foisonne?
    Alors, pourquoi tant d'histoires?

    Penche-toi un peu sur la droite.
    Bien, c'est le rapide. Il sort du tunnel de Gonesse. Quoi? Qu'est-ce qu'il y a? Tu trouves qu'il va lentement? Cent pauvres petits kilomètres à l'heure. Et cette machine type mikado, vois-moi cet amour de cuisinière, quelle sauterelle, quelle traînée!
    Là, oui, presque sous tes pieds, c'est bien lui. Le sport. Un terrain de course. Caviar pressé dans les palissades, là, sous le nuage, laitances de fressures. Et cette petite écume de cris! C'est le champion du monde qui débuche, avec ses quatre manches de couteau pauvrement secoués sur de l'épinard! Monsieur trouve encore qu'il ne va pas vite? Hein, les trains, les champions, les héros, les hommes qui se dépassent, pas cher?
    Attention! La petite mite qui tourne un peu en dedans de nous, c'est un avion. Prends garde, il va te gratter l'oreille. Souffle dessus, qu'il se brûle à notre lampe surnaturelle!
    Il y avait des gens sur la boule qui étaient fiers de faire des voyages. Je crois que tu vas en faire un pommé!
    Stop! Une ville en état de siège. Toute cette plate-bande, à vol d'oiseau, de chéchias qui se bousculent à la porte d'une boucherie, fortement croisées par la coloniale! Non mais, regarde!
    Regarde défiler les rats bleus de l'armée!
    Cinq boas d'usine cheminent!
    Attrape cet obus qui sort des goulatrombas de la fumée!

    Les voyageurs ne vont pas loin, dans leur petite navette asthmatique. Vois donc. Les voilà déjà qui reviennent!

    Quelques pointes de clochers pansés de nuages, quelques travées, quelques lumières dans le plein jour...

C'est là, c'est bien là, dans cette petite rue qui blanchit, que ton imbécile de frère s'est tué par amour.

Crois-moi, va, ne regrette rien. Ce n'était rien, tout ça! Leurs yeux, pauvres hublots où le mal colle son nez, tous ces charmes, toutes ces voix, travaillées, calligraphiées, ces écritures tremblantes, toutes ces tendresses de latrines. Rien. Crois-moi. Ne regrette rien.

Là. Maintenant tu ne vois plus qu'une taie malsaine. Terre plate. Comme tout est plat.

Coup de pied de l'âme.

Plongeon dans l'infini.

Sois tranquille.

Hachure.

— Renégat!
— Renégat?
— Oui vraiment! Faiseur de manières mal dégrossi! Toi aussi, tu aimais la vie que tu recraches!
— Oui bien, je l'aimais! Moi aussi, j'ai été sur terre, et j'y ai été crucifié! Quand j'étais enfant, je croyais à l'unique, au concret individuel, à l'absolu de chaque personnage, à la nécessité d'un geste, à la rigueur d'un œil, à l'écrit du moindre événement, à la loi du bleu dans le ciel, de l'avenir et du bonheur. Maintenant que j'ai tant pâti, mon bonhomme, tant bu le coquemar de plomb fondu qu'on vous entonne de force; que la vie m'a tant giflé que la tête m'en tournait comme la vis d'un tabouret de piano; que les gargouilles les plus grotesques me dégoulinaient sur la figure; que j'étais comme ce rat hagard que les gens s'amusaient à martyriser, à scalper, à brûler, à noyer, un jour, au marché de Passy, vers midi; que le malheur me faisait basculer comme un mannequin hors d'usage; que les démons me jouaient à la belle, les pieds en l'air, la tête et le cœur dans la mouterde, sous le rire du Walpurgis; que je coulais à pic et me barbouillais sans exemption dans des mælstroms de coaltar; que je faisais des naufrages comiques dans des forteresses de boîtes à ordures; que de temps à autre, le silence se faisant subitement, sur un geste austère de la lumière, je voyais quelqu'un des miens se renverser en me maudissant, juste au moment que nous allions nous comprendre, et retomber pour toujours sur son vieux lit de famille; que je

courais vomir de désespoir dans les cabinets, sans avoir le temps d'y arriver, et que j'éclaboussais les murs, je sais ce que vaut la hauteur!! J'ai toujours cherché la hauteur! Mais je n'arrivais pas encore! Et je m'échappais en zigzag, changeant de trottoir, chassé par les sirènes dans les rues de l'été bourdonnantes comme un tambour, dans l'encrier des rues nocturnes, et je courais comme un crocodile, et je n'étais pas pris encore! Mais un jour que j'étais traqué, dans l'encoignure poisseuse où toute dignité est par terre, comme une toile à laver, où il n'y a pas d'issue, où il n'y a plus une allumette à craquer, où l'homme demande grâce avec sa voix de chèvre instruite, j'ai trouvé le coup de hauteur! Et maintenant que tu es mort, crois-tu que la montée vaut mieux? Le coup de pied d'une certaine façon, pour atteindre le point où l'on se retrouve pur, et qui me faisait grelotter d'espoir, hein, tu y viens, tu y viens trop tard, tu commences à comprendre ce que je voulais dire, un peu de travers, pour déjouer encore l'Éternel. Ah! si nous n'avions pas sauté, je t'affranchissais, je te choisissais pour trouver du pied dans la terre, malgré le crépi de l'homme, le tardigrade plein de bondissements, la gutta vivante, la mygale endormie, le faux minéral, le cerveau sournois qu'il faut taper pour monter purement dans l'air spirituel! Mon frère, ma lampe nouvelle, et qui voulais rester carcel, si dans le monde où nous allons la vie s'avance encore sur toi, comme un tonneau lâché qui roule aveuglément vers un petit chat qui dort dans une cave; comme le pied carré de l'homme au-dessus d'une fourmilière; insulté, bafoué, trahi, molesté dans la douceur, applaudi pour une maladresse qu'on a supposée cruelle, volé de ton public au profit d'un rival indigne, bouffi d'insomnie, compissé par un adjudant d'infanterie, renié par ton plus vieil ami; méconnu du regard adoré, clignotant, d'une femme; épris jusqu'à la mort d'un beau corps qui t'interdit ses approches, allons monte!!!

Tu monteras, sans larmes, ou le diable dira pourquoi!

CHANSON DU PLUS LÉGER QUE LA MORT

A toute vitesse par assises chaudes
Qui se cristallisent dans la hauteur

Nous coupons la fête! Ce n'est pas Montmartre!
Ce n'est pas en bas
Quand le canon tonne!
Ce n'est pas la guerre
Aux parcs mugissants!
Nous sommes les hommes sans murailles!
Nous montons en chœur dans la musique!

Chacun à sa baraque
Les dieux font la parade
Petits dieux qui racolent
Le feu qui dans l'espace
Mêle les vérités!
Par ici la mystique
Ici la vraie la seule
Le sanhédrin spirite
Le polypier des schismes
La scissiparité
Du concile de Trente
Le pet des manitous
Le pas des cannibales
Les massacres d'idoles
Le sang de Coligny!
Par ici les beaux-arts
Le basalte de Bach
Le bûcher de Wagner
Rembrandt et Michel-Ange
La foudre faite chair!
Par ici les penseurs
Les bouteilles des doctrines
Les aludels des systèmes
Les flacons des hypothèses
Les spirochètes d'idées
Qui vont à toute vitesse
Sur l'ardente glace, assez!

DANS L'ESTUAIRE

— Ne nous quittons pas! disaient Aussudre et Pellegrin. — Ne me quittez pas! disais-je.
Oh, pour monter, ça monte!
Les jetées, les môles cosmiques s'étirent en tous sens, comme un grand bâillement heureux dans la lumière. Partout l'immense bruit frais de la mer. Une sonnerie douce, aiguë, comme un élancement d'insecte. Un treuil qui se dévide nettement dans un ciel de perle...
C'est le grand accueil indolent, les yeux mi-clos, du port éternel, semblable à la femme qu'on va prendre et qui fait semblant de dormir. Les millénaires sont encore couchés. Tout ce qui s'est passé dans les jours et les nuits, les longues et les brèves, est encore enfoui dans son bain nocturne.
— Entends frémir les mondes en puissance.
— Nous affrontons le prisme vierge.

> ... *Mes amis, mes chers amis,*
> *Rentrez tous dans vos logis...*

— Pourquoi, pauvre ami, te souviens-tu des *Noces de Jeannette* ?...

— A pic! A pic! On va nous déshabibille!
— Ne nous quittons pas! Ne nous quittons pas!
— Lui! Lui Les Forces! Le Voilà!!!

VOIX DU HAUT PARLEUR

Je suis souvent descendu parmi vous. J'ai baigné vos pointes et mes montagnes, comme un nuage. Vous ne m'avez jamais deviné dans les grandes ombres qui passaient. Je trempais la race toute petite, dont la rumeur se rapprochait! J'atterrissais sur toutes ces têtes-grandeur-naturelle, qui me regardaient sans me voir avec un sourire de raffinement qui m'a parfois désorienté. Je ne me reconnaissais plus. Je suis sorti de vous. Je suis rentré en vous. Mais vous couriez! Et vous tapiez! Et ces squelettes gantés de chair qui faisaient vibrer leurs instruments à cordes, à touches et à mort! Tous ces engins, tous ces cerveaux, tous ces tragins, toutes ces pistoles! Tout ce mat et ce larmoyant! J'étais vos mains, votre métier, vos yeux sanglants, votre endoscope, votre niche rouge! Ah j'ai tout vu! J'ai senti l'odeur de vos souliers, de vos maladies, de vos primeurs, de votre guerre, de votre amour...

Il vous me fallait, plus près de moi. J'ai levé l'ancre.
Qui aime bien châtie bien.
C'était assez. Votre intelligence. Contraire à mon rythme. Massacre de mon harmonie, rupture de mon identité qui est aveugle, sourde, une et indivisible.
C'est par elle que l'homme se limitait à l'homme.
Incapables d'un clin d'œil sûr, et de se plaquer sur mon objet sans bavardage de l'esprit, vos penseurs faisaient des prix de revient qu'ils rataient toujours.
Vos idées, vos mots n'avaient ni noyau ni sauce ni qualité ni substance. De petits échos, déchets sonores de la force. Des rapports épileptiques, une mathématique inconsciente. Pas autre chose.
Ils divisaient mon principe actif. Ils bassinaient mon unité métaphysique.
Au lieu de chercher de quoi et pour quoi les choses étaient faites, il fallait aimer les choses pour elles-mêmes.
Vous n'arriviez pas à l'état animal de l'intelligence.
Vous ne saviez pas communier.
Vos sentiments? Vous aviez mal au ventre.
Assez!
De l'expérience à l'hypothèse, de l'idée à la pensée, de la pensée à la parole, de la parole à la mystique, de la mystique au cri de désir,
  petits garçons, parlez encore un peu sous moi, dans l'infini rouleur aux bruits d'éclats de verre étrangement sonores...

Et puis, ne nommez plus ce qui ne se nomme pas.
Rien... Tout! Rien. Tranquilles. Rentrez dans l'ignorance lumineuse.

DERNIER EFFORT

— Mensonge!
— Ennuyeux.
— Trahison!
— Méchant!
— Sauve qui peut!
— Que dit-il?

— Alors, c'est pour cela que vous nous avez fait souffrir?
— Alors, c'est pour cela que nous avons eu tant de peine?
— Pour cela que nous avons marché dans le sang, dans la pâture et dans les larmes?
— Pour cela que vous m'avez pris, dans la même année, mon père, Charles-Louis Philippe et ma maîtresse?
— Quand le moribond sur son grabat cherche encore au plafond la vérité terrestre, pendant que son cœur se déroule de lui comme une balle de laine, c'est tout ce qu'il y peut trouver?
— Quand vous lanciez cette bouée de la terre, vous décidiez, vous acceptiez tout ce qu'accrocherait la chaîne des hommes?
— Vous aviez besoin de tout notre courage?
— Et maintenant, vous maniez le silence?
— Voilà donc la sphère, la forme parfaite?
— Vous êtes donc une femme, une ogresse une vieille vierge?
— S'apercevoir de la virginité de sa mère!
— Pfff!

— A moi, mes amis! On déserte Dieu!
— A privatif! Adieu!
— Vite! Il y a encore un passage!
— Pii-ouitt!
— Eh bien, eh bien, maître fou?

— Ferme ta chasse!
— Assez de licences poétiques!
— Assez d'injures qui sont de l'amour!
— La paix!
— Ne nous quittons pas!
— Ne nous quittons pas!

RÉVEIL

— Ne nous quittons pas! criait-il. Il se débattait sur la banquette. Il avait les yeux pleins de larmes.
J'avais envie de le réveiller. Je ne pouvais pas.

Je sentais rentrer en moi mon double.

Un coup de sifflet troua d'un immense pas de vis la campagne obscure.
Un éventail bleu tourna sur la vitre du fond des terres.
Une gare ouvrit ses écluses.
Vulturne!
Quelques enclumes répondirent. La locomotive rêva pour le compte.
L'homme se dressa d'un seul coup, tout rouge. Il souffla, respira comme on boit d'un trait, tourna vers moi ses chandelles trempées, se rassembla, regarda par la portière avec inquiétude, se précipita sur ses bagages, sauta sur le quai nocturne où il se reçut pesamment, fit : « Voilà donc... » d'une voix sourde, fit d'une main lasse un geste vague, et je ne pus le quitter des yeux qu'il ne se fût engagé, la tête basse, les épaules lourdes, comme une cariatide qui eût regagné sa corniche, dans l'avenue sans lumière où gémissaient les maisons des hommes.

Sous la lampe

SUITE FAMILIÈRE

Les vagues toussent dans leurs cornes.
François Valéry.

C'est le résidu vrai qui est divin.
Maistre.

IL Y A

trop de monde à la guerre, trop de monde dans les rues, trop de vermine sur le monde, trop de livres dans les boutiques, trop de pages dans les livres, trop de phrases dans les pages, trop de lignes dans les phrases, trop de mots dans les lignes, trop de lettres dans les mots, à l'exception d'un seul si je m'adresse à un cuistre; il y a trop à lire dans les lignes et pas assez entre les lignes, trop de lecteurs, et qui bâfrent, et trop peu qui, sachant manger, prétendent boire, trop de bourgeois dans le lecteur et trop de lecteur dans le bourgeois. N'éludons pas le mot bourgeois. Nous vivons dans une ville.

J'appelle bourgeois quiconque renonce à soi-même, au combat et à l'amour, pour sa sécurité.

J'appelle bourgeois quiconque met quelque chose au-dessus du sentiment. J'expliquerai cette mécanique.

Celui-là fait cloporte avec les pieds des autres.

Il ne peut respirer que l'haleine des autres.

Il n'existe que dans les autres, et par les autres.

Il souffle sa lampe, et s'éclaire au réverbère d'en face.

Il incorpore la moyenne universelle dans la substance personnelle, et réciproquement. Mais l'irradiation se fait mal, et il s'enkyste.

Ses vêtements le portent. Il ne les porte pas.

Si tu sautes en hauteur devant lui, tu le rends cardiaque.

Il n'est pas d'une méchanceté cérastoïde. Il ne ferait pas de mal à un lion.

C'est un requin sans les dents. C'est un oursin sans les épines.

Il ne s'approche d'une langue, ou d'une idée, que s'il la croit bien morte, et qu'il la voit momifiée dans une vitrine, et que ça ne peut plus mordre, et il s'en approche sur la pointe des pieds.

Il aime la nature en boîtes de conserves, avec une clef pour les ouvrir, et il les rate.

Il a fait fi du patois de son cœur pour apprendre la grammaire de la caste.

Il a le sens de la caste comme un animal a le sens du danger.

C'est un aliéné du sentiment.

Ces gens-là nous traînent sans relâche à la lèche. On comble d'honneurs les pieds plats, les pieds bots, les continuateurs de Keckschaus, les continuateurs de Ronsard, les continuateurs de Conrart, les continuateurs de Law, les continuateurs de Gobseck, les continuateurs d'Onan, de Volterre, de Banville, de Javert, de Dreyfus. Fléchier, avait fondé une académie de plagiat. Si nous faisions une académie de pourliche? Des messieurs vendeurs aux chicots soignés, le maintien sévère et la bouche mielleuse, transparent au gilet, condylome à la boutonnière, nous engagent à chausser les vieilles pantoufles de Louis XIV. Nous préférons marcher pieds nus. Nous avons les pieds préhensiles.

En art pas de hiérarchie, pas de sujets, pas de genres. L'art n'a pas besoin de luxe, de bijoux, de cabochons, de pastilles du sérail fumant dans le sang de Jean-Baptiste, comme un mégot dans un vieux pot de confitures, de promenades le long d'un fleuve avec de grands lévriers et des idées de suicide, d'héroïnes intoxiquées, de madones pharmaceutiques, de penseurs à tête de gendarme anémique, d'esthètes aux postures de lion fatigué, de villes d'art, de feublime, comme parlait Barrès, de grands particuliers comme Chateaubriand, pédicure pour reines barrées, tueur de rats musqués dans sa chambre; Byron, coiffeur d'orages; Vigny, précurseur du vicomte de Borelli, barre de nouille peinte en acier; Lamartine, fantôme de redingote aux pellicules d'étoiles; d'Annunzio, conserve d'art, sorcier de Musée Tussaud, cierge vénéneux pour messe noire. Ces messieurs se prévalent de mots qui ont de la grandeur par eux-mêmes. Ils se surclassent du pedigree universel. Ils déclament au centre d'un panorama de saints lieux communs couronnés de feux de Bengale, d'illustres dômes chauves à perruque d'or et de bocaux pataclassiques :

« Accourez, flammes de l'Esprit ! » Les grands raseurs travaillent dans l'in-folio, comme il est convenu que les architectes prix de Rome ne construisent que des bâtiments officiels et des palais nationaux.

Ne mets jamais d'eau dans ton vin.

Je ne vois dans l'art que le pur « cristau », le grain d'aniline qui peut colorer un verre à liqueur, un verre à dessert, une flûte à Champagne, un verre à Bordeaux, un magnum, un jéroboam, une dame-jeanne, une jarre, une barrique, un cuvier.

Le verre à liqueur ne m'intéressait déjà plus.

Dans l'art, le ver de radium qui sourd, unique, avec une terrible douceur, comme une idée fixe dans le sommeil, comme le bond commence à cligner dans la gangrène en veilleuse des serpents, comme la mort ouvre l'œil dans le spermatozoïde, dans les villes aveuglées, sous les sommiers des terrains cerclés de douves crayeuses, plus bas que les vieux trônes et les carcasses, sous les marteaux feutrés de la nuit...

L'art dans le cristal de bismuth qui descend en lui-même et s'étage à l'intérieur. Il s'irise et n'est pas d'un goût très pur, mais quel escalier pour un pou mégalomane !

Il n'y a pas assez de circonvolutions dans les cerveaux pour qu'ils simplifient. (Voir le schéma du cerveau du mathématicien Gauss.)

Il n'y a pas de simplicité véritable. Il n'y a que des simplifications. Le naturel en littérature suppose le comble du travail, ou de la manière.

Il faut qu'il y ait des colonnes. Le moment vient où l'édifice tient tout seul, et où tu peux les retirer, doucement. Mais il faut que leur fantôme se fasse toujours sentir.

Ne laisse tomber sur la page que ce qui stille. Ne tire pas sur la stalactite. Ce n'est pas une tétine.

Il faut que chaque mot qui tombe soit le fruit bien mûr de la succulence intérieure, la goutte qui glisse du bec de la bécasse à point.

Ne nous sers que du café filtre.

Chabrier s'impatientait des longueurs de je ne sais plus quelle symphonie. « Tu as tort, lui dit un ami. C'est tout de même une machine construite. Attends que le plan se dégage.

— Et si je veux que ce soit bien tout le temps, moi ? » répond en bâillant Chabrier.

Trop de mots. Ne laisse se lever de leur place que les chefs de file.

Ne laisse sortir qu'un mot d'élite, un débrouillard bien nourri, bien équipé. Tu l'arrêtes longtemps à la grille, et s'il est fin prêt, tu l'envoies faire les commissions pour tout le monde.

Ferme tes carrés de murs sans lézardes. Surveille tes ouvriers. Garde-toi des fuites.

Surveille le mot qui se trouve à la pointe, prêt à sortir. Le sergent Rabot, d'Erckmann-Chatrian, qui se trouvait un peu en l'air à l'angle des divisions Donzelot-Marcognet, fut longuement frotté de biais par un demi-tour de cavalerie anglaise. Il se défendait de toutes ses forces en pensant à sa vieille maman, mais, au bout d'une minute, il avait l'air en caroubier. Soutiens la charge du lecteur. Ménage tes mots pour leur travail.

Quand tu commences la musique, ou la boxe, ou le poème, tu raffines sur des casse-tête harmoniques, tu fais trop de feintes, tu penses en triplets. Ce n'est que plus tard que tu te résumes dans un petit groupe infaillible, dans une touche heureuse. As-tu jamais vu tirer Rue ? Il restait en ligne, immobile et comme pétrifié. Tout à coup, il touchait droit, l'air étonné, comme par hasard. « Ad augusta per angusta. » La réciproque est vraie, si ça te fait le moindre plaisir.

Ne fais donc jamais de citations classiques : tu exhumes ta grand'mère en présence de ta maîtresse.

Nous ferons renifler aux cuistres, s'ils nous embêtent, tes compositions et tes thèmes annotés par notre maître Édet. Nous y trouverons l'occasion de reparler de cet homme excellent et juste.

Il faudrait bien, une fois pour toutes, en finir avec ces machines-là. Nous en sommes faits, c'est entendu, mais que ça ne sente pas, c'est de la politesse la plus élémentaire. Et puis nous avons autre chose.

Vous n'allez pas, toute la vie, ressasser les souvenirs que vous prétendez avoir du ventre de madame votre mère.

Saint Amant, qui est tout imprégné de latin, n'en savait pas un mot.

Pas trop de lectures. Tu décales ton équation. Tu engraisses ta cellule noble.

Pas trop de voyages. C'est aussi d'un aliéné sentimental, ou d'un parvenu.

Tu émousses ton goût dans ces pickles. Tu perds ton aiguille dans cette botte de lianes. Tu t'édulcores dans ces sabirs. Tu te mithridatises.

Tu te crois libre parce que tu pars, et tu emportes tes pantoufles.

N'en parle pas trop. C'est d'une débutante qui n'en revient pas d'échanger sa malle de bonne, poilue comme un déménageur, contre une malle de chez Vuitton.

Pas trop de citations d'anglais, d'italien, d'espagnol. Tu as l'air d'un larbin d'hôtel qui colle des étiquettes sur des bagages.

Enfin, que ton anglais ne te sorte pas par le nez.

J'aime *le Tour du Monde* et *le Journal des Voyages*. J'aime trouver l'image des villes célèbres sur les vieux paquets de chicorée de Bressuire.

Qu'est-ce que tu vas voir ailleurs? Des Français que ce n'est pas vrai, qui parlent l'argot parisien mieux que moi-même, et qui ont une chéchia sur la tête?

Les Ritz et les Majestic sont devenus des bouillons de littérature diplomatique. Les cousines férues d'art y vont en voyage de noces. Il faudra trouver autre chose.

Si le port de la Villette et le canal de Saint-Martin, pleins de crinières d'écluses et de lumières marines, se passaient à Venise ou à Amsterdam, tu les trouverais admirables, et tu ne les connais même pas.

Quand il écrivait *le Bateau ivre*, Rimbaud n'avait jamais vu la mer.

Ce que tu écris, si c'est fort, a les dehors d'une fausse modestie.

Descartes fait des mariages de raison. Rimbaud des mariages d'amour.

Les poètes font les derniers. D'un coup de trompe, une trompe de la vallée de Thévalle, ils font venir des quatre coins de l'univers les personnes et les images les moins assorties, les plus étranges en apparence, et ils les marient, et ils les serrent comme les hémisphères de Magdebourg, et au bout de cent ans, on s'aperçoit que ça fait de bons ménages, tout aussi bien que les grands mariages de Descartes, et que ça marche — pour l'éternité.

La meilleure façon de gagner Dieu, c'est de bien faire ce que tu fais. Les gens qui s'occupent tout le temps de Lui me font penser à ces ouvriers qui demandent sans cesse audience au patron. Pendant ce temps-là, l'ouvrage ne se fait pas.

Laisse donc les dieux tranquilles. Si tu les sursatures, ils te foutront qq. jour un coup de pied qq. part dont tu ne te relèveras pas.

L'ouvrage ne doit pas être trop vaste. Il faut qu'il soit circonscrit dans le champ d'une vision nette et que l'esprit s'y puisse rassembler. Mieux tu diaphragmes, meilleure est l'image.

Coupe les cheveux à ton lyrisme. Coupe lui même un peu les ailes. Laisse voir tes yeux entre tes doigts. Scalpe l'emphase. Une grande phrase est un cri de mondaine. Un mot, rien qu'un petit mot bien placé, je t'en supplie.

La petite terre frileuse de Tanagre ou de Cyrénaïque, déroulée comme une oreille pure, me touche autrement que tout le théâtre de Rodin, avec son tonnerre de coups de pouces.

La qualité, c'est de la quantité assimilée.

Le génie est une question de muqueuses.
L'art est une question de virgules.

Les mauvais poètes sont des poètes inspirés.

Le mot lampe est commun au poète et au lampiste.
Le lecteur croit que les mots ont un sens.

Ouvre ta porte au lecteur. C'est à lui de trouver les cachettes.

Tous les matins, avec une brosse demi-dure, nettoie ton cerveau de ce qu'il a mangé la veille.

Il tombe une pluie d'une finesse et d'une lenteur insolites, qui passe devant les lumières comme une petite chevelure rousse et vient se poser presque sans couler sur les tortues vernissées de la ville embouteillée.

Pendant ce temps, dans leur créneau, sur leur pied-selle et jusque dans leur lit, les pisse-bouquins, d'une dent de crotale inoffensive, distillent un venin délébile, grâce à ce bon papier de bois.

Ne te laisse pas te spécialiser. Garde-toi de l'orthopédie. Reste un amateur distingué.

J'ai fait mon choix depuis longtemps. Je préfère les hommes aux œuvres.

J'ai des amis qui n'ont que des qualités d'hommes et je les aime.

J'en ai qui sont de fameux artistes et dont l'approche m'interdit, comme à la vue d'un prisonnier qui s'avance derrière sa grille.

L'art m'a fané mes meilleurs amis.

Ce n'est pas ce qui se passe dans votre tête qui m'intéresse. C'est que vous ayez une tête.

Comme vous êtes drôles à regarder, mes chers Coludions. Je n'en reviens pas.

Vous attrapez une théorie qui sera virulente un quart de siècle, vous bricolez une invention qui tournera bien sur un demi-siècle, vous écaillez une découverte qui ne sera pas recouverte avant un siècle, c'est-à-dire une petite journée de ces temps quaternaires où nous sommes encore. Là-dessus vous direz que la terre est constante dans tout le système et que la pluralité n'est qu'un mirage, ou que la terre est bien immobile, avec trois étages comme dans les mystères, sans parler de ceux des chemins de fer souterrains, des hydrobus aux yeux boulus d'or bousculant les squales dans la mer, des grill-rooms populaires établis depuis peu de siècles aux abords du feu central, et de ceux des avions montant les bras en croix dans l'éther, aspirés vers d'autres cantaloups par des bancs de larves encore mal connues, périsprit de la terre à l'état colloïdal.

Qu'importe que tu penses le monde ou qu'il te pense, que nous soyons les crayons électriques, les vespertilions, les étincelles d'une association foudroyante, d'une catalyse divine, d'une poussée de granulie cosmique, de l'erreur d'un vortex lanceur d'un lasso de rides géniales, et que je me dévide vertigineusement avec ma chaise. Tout ce que nous pouvons dire, faire et trouver, va, c'est de l'homme, et l'Inconnue joue avec nous comme le chat avec la souris.

J'ai vu, tout au bout d'une vaste machine et dans un endroit quasi sexuel, un petit rouage endormi qu'un long bras d'acier venu de loin réveillait parfois d'un air pimbêche. Il sortait alors de son boîtier, s'allumait d'un anneau rose, s'ouvrait comme une bête qui va prendre son vol, déployait une sorte de trousse, et se mettait à faire une besogne locale en tournant dans son petit cercle avec un bruit de macroglosse. D'instant en instant, il avait l'air de profiter d'une certaine tolérance pour s'écarter à droite et à gauche, en tournant son œil de caméléon à l'hélium, comme s'il avait voulu courir en liberté sur les grands plans que la courbe perd, tourner sa planète et voir ses dieux. Mais à peine avait-il cligné sur le moyeu de la deuxième bielle, il ralentissait, comme à regret, soufflait petitement, faisait entendre une plainte décroissante, son œil pâlissait par degrés, lâchant une larme de graisse, il bouclait sa petite voirie, rentrait dans sa gorge et se rendormait. C'est ce qu'il avait de mieux à faire. Et ainsi de suite.

Je ne m'intéresse plus qu'à votre caractère, que vous n'avez pas cultivé. Le caractère est un métier, que vous ne voulez pas apprendre. Quand nous y mettons-nous?

Je ne m'intéresse plus qu'aux moindres lapsus de votre mystère.

Non, ce n'est pas votre savoir que j'aime en vous, c'est ce patois de l'âme, et cette vocation pour le bonheur, que vous parlez si bien quand vous n'y pensez pas.

Quand nous sommes arrivés à Argenton-sur-Creuse, où je t'amenais pour la première fois, nous étions un peu saouls des conversations de ce long voyage en voiture, la glace baissée sur le crépuscule, et des tableaux et des bruits de la route; les rayures et les rumeurs; les villages en tricot roux, l'odeur de pain chaud de midi; les longs fils de miel des insectes... le tournoi des cires chantantes... le sucre violet du soir... l'iris qui sort des cheminées. **Tu te souviens?** Nous sommes descendus à l'hôtel de la Promenade, et nous avons demandé un tire-boutons à un garçon triste. Et il nous a dit, en nous l'apportant : « Tenez donc, Messieurs », avec une inflexion si douce, un regard si fidèle à sa vie de province, enclose et docile, un geste si content du soin de bien servir, que nous nous sommes regardés, et que j'ai senti monter une absurde envie de pleurer. Et puis, c'était dans mon pays, plein du souvenir de mon père et des vacances.

La nuit venait. La Vierge d'or se voilait là-haut, sur sa colline. Les persiennes se fermaient sur les pots de fleurs, bientôt réglées d'une portée de lampe, enfumées de formes qui nous épiaient. Des pas lourds tournaient la rue, bronchaient sur les pavés pointus. Des jeunes gens entraient d'importance au café. Le pharmacien prenait le frais dans les yeux de son omnibus. L'épicière amoureuse pressentait l'automne. Un train bâillait longuement dans la gare voisine. Le bruit de la Creuse commençait à fraîchir le long des jardins bordés de vapeur et des maisons éteintes où dorment les vieux grommeleurs et les fillettes qui grattent le mur.

C'était l'heure où le chagrin s'ouvre quelque part, comme un pétunia, pour l'insomnie.

D'une fenêtre qui veillait, dans le haut des toits, grande ouverte et vide, un chant de femme partit comme une étoile filante. Resté seul entre ses deux cierges, un piano se mit à compter ses larmes.

Je voudrais retrouver le calme de ces jours, et répondre d'un cœur tranquille au doux cri d'Argenton qui traversait la nuit...

BRUITS DE CAFÉ

> *Un peu de café après le repas fait qu'on s'estime. Madame, c'est de Villiers de l'Isle-Adam.*
>
> Conversations de la Nouvelle Athènes, avant 1900.
>
> *... Impetu magis quodam animi...*
>
> Cic.

— De l'humeur dont je suis, ne venez pas me parler raison.

Dans nos livres, il y a trop d'appelé et trop d'élu.

Le bon écrivain est celui qui enterre un mot chaque jour.

L'écrivain est horizontal, ou vertical.
 Celui-là écrit à la course et pour arriver le premier. Le voyage ne l'intéresse pas.
 Celui-ci s'arrête dans les patelins, jubile, flaire, écoute, fouille et fait parfois sortir une source.
 Pour lui, les mots sont artésiens.

Le style appelé généralement clair est un style qui n'a qu'une tranchée de première ligne. Il n'y a rien là-derrière. Ça ne tiendra pas.

Une phrase claire à la première lecture vous contente comme une femme facile. A la deuxième, elle se vide.

Une phrase obscure... etc.

Pauvre phrase claire! Ça coule, ça se démaille, ça file comme du cousu machine.

Vous ne paîrez jamais assez le cousu main.

Le bon marché est toujours cher.

— Du temps de votre jeunesse, on se moquait des penseurs. Ayons égard aux penseurs.

— Du temps de notre jeunesse, nous n'aimions pas les enherbeurs. Et si j'étais Cambronne, vous m'entendriez mieux.

— Soit. Respectons les penseurs.

Respect au maître. Honneur aux dames. Défense de cracher par terre.

Comme on le lisait sur un écriteau, dans les vieilles salles d'armes.

— Je respecte les penseurs. Pas ceux qui cultivent le genre penseur.

La pensée, oui, dans une belle chair. Une belle voix, dans un beau corps.

Aimez-vous mieux une belle garce qu'une sainte femme mal bâtie?

— Mais pas la pensée qui tourne à vide et qui repart, et qui fait toutes les maisons sans trouver la bonne, pagure de toutes les coquilles, insecte agile et désorienté, qui s'empêtre dans la vitesse et brouille longuement ses outils dans l'espace avant de se garer dans un fruit de la terre.

Pas le songe-creux. Pas le jargon.

— Qui dit cérébral ne dit pas nécessairement intelligent. Repassez ça de temps en temps.

— Il y a une maladie chronique, une sorte d'impaludisme de l'intelligence. Maladie critique, qui pousse des furoncles d'idées. Prurit des idées. Bourse aux timbres des idées. — Maladie scolaire. Infatuation universitaire. Retour offensif du pion. Sorbonne de persévérance.
— Maladie bourgeoise. Pesante et sournoise comme la Grande Muette. « Manœuvre de la tortue » qui se pousse contre l'amour.
Œuvre de chair ne désireras qu'en mariage seulement. Et seulement pour faire des enfants. Et des idées.

Combinaisons d'idées, combinaisons de mots, combinaisons de lettres, combinaisons de signes.
Pièces interchangeables de « meccano ».
Ça sonne creux, sec, dormitif comme le trictrac.

Ces gens qui remuent des idées, toute la vie, comme des osselets, comme des boutons dans une boîte, avec un bruit de cailloux roulés sur la grève...

— En poésie, l'intelligence fait les commissions, porte les paquets, se renseigne et vient au rapport, fait les comptes, classe les petits papiers, choisit dans les lettres d'amour, téléphone et prépare le bain. Comme une servante jaune et noire auprès d'une belle maîtresse.

— La poésie prend la raison pour confidente. Elle fait confiance à cette fille, sèche, entendue et qui sent la fourmi, qu'elle a sauvée de l'anémie pernicieuse, et qui la sert fidèlement.

— On dit avec tristesse : Il est intelligent. Du même ton qu'on dit d'une femme laide : Elle a de beaux cheveux.

— L'intelligence dépersonnalise.

— Dans l'homme du second degré, le penseur, c'est le bourgeois.

— Présomption de l'intelligence. Empiétements épileptiformes. Délires intervallaires. Avances d'hoirie précipitées. Chien qui tourne en rond pour se mordre la queue. Gosse qui monte sur une chaise pour se mordre le front.
Bavardage de l'esprit : Bégaiement organisé. Niveau d'eau qui cloque. Boussole affolée. Joueur pressé de gagner qui a un train à prendre et secoue rageusement les dés dans leur cornet. Chorée de la tête.

L'intelligence envisagée comme une aptitude spéciale, à compétence un peu plus étendue que toute autre, parasite de toutes les autres, mais aptitude spéciale quand même et qui ne saurait, pas plus que toute autre, prétendre à la dictature.

... Guetter le point où son activité n'est plus qu'illusoire et ne marche plus que par vitesse acquise, jusqu'à devenir convulsionnaire, ou somnambule.
... Une glissoire sinueuse où la vitesse vous entraîne, ricoche, fait malgré vous ses figures, décroche vos voitures l'une après l'autre, et part toute seule.

— Il faut d'abord se laisser faire, accueillir, laisser porter, donner table ouverte. Ensuite, organiser, manœuvrer, trier.

— Je n'aime pas l'intelligence pure, pepsine qui se digère elle-même.
J'aime l'intelligence qui colle au substantiel, aux contours du travail, aux secrets de l'amour.
J'aime l'intelligence qui fait effervescence avec les choses.
J'aime l'intelligence qui mange de la viande.

— L'intelligence qui vit d'elle-même thésaurise. Elle dessèche comme l'avarice.

— L'intelligence, régulateur dans un moteur à gaz pauvre.

— L'intelligence, comme le radium, combat des cancers ou les produit.

... Mais vous fouillez dans la cellule, et vous ne trouvez jamais dans le noyau qu'un certain M. Durand, qui vous dit n'avoir pas qualité pour traiter.

— Vous faites le ménage de l'univers avec les ustensiles du raisonnement. Bon. Vous arrivez à une saleté bien rangée.

— L'intelligence tend au complet. Si elle commence, il faut qu'elle ne s'arrête qu'elle n'ait bouclé la sphère. Je ne veux pas qu'elle aille en zigzag.
Faire le complet de quelque chose, la grande culture n'y suffit pas, qui n'a pas le temps de tout embarquer. Il y a bien le vieux système de ramener tout à quelques questions. Mais, honnêtement, je devrais connaître le matériau, le particulier, l'incident, le groupe secondaire, et de proche en proche, et de cercle en cercle, connaître tout.
Pour parler décemment de Dieu, pour hasarder la moindre explication du monde, peut-être faudrait-il savoir tous les métiers, la verrerie, la céramique, les procédés de la teinturerie, le bon assemblage à queue d'aronde, la gravure au sucre, le manuel Roret, tous les commettants, toutes les pratiques.

— Hegel : La nature est un système de moments qui procèdent nécessairement les uns des autres, et dont chacun est la vérité de celui dont il résulte.
— Spinoza : Un corps qui est en mouvement ou au repos a dû être déterminé au mouvement ou au repos par un autre corps, lequel a été déterminé au mouvement ou au repos par un troisième corps, et ainsi à l'infini.

— Je crois que te voilà rivé?

— Alors, mieux vaut être poète, c'est-à-dire agir.

La poésie travaille en fait. Justice naturelle. L'intelligence, en droit. Justice légale.

— En art, il faut croire avant d'y aller voir.

— En art, il faut que la mathématique se mette aux ordres des fantômes.

— Il y faut faire sa matière soi-même. Comme un pianiste fait sa sonorité.

— Littérateurs, on nous dénie le droit aux recherches de pure matière, qu'on accepte, l'esprit fermé, de la peinture et de la musique.

— Quand tu lis un livre, pèse les mots, regarde les objets qu'ils veulent représenter, joue au furet derrière l'auteur, en gardant toujours tes distances, fixe rapidement ses rapports, et tu auras bientôt ses mesures, — en tenant compte des tolérances.

— On me reproche mes variations. Mais on n'écrit pas un poème comme des mémoires, et des maximes comme des cauchemars.

— J'écris pour mettre de l'ordre dans ma sensualité.

— L'homme qui aime d'écrire (et qu'on écrive), s'il est concis dans la richesse, c'est qu'il connaît la vie mieux que les autres hommes.

— Une phrase parfaite est au point culminant de la plus grande expérience vitale.

— L'art est à la vie ce que le sperme est au sang.

— « Au commencement fut le verbe. » Les idées sont les parasites du verbe.
Les idées sont une maladie de la parole. Une noix de galle sur une épissure.
Il faut faire des mots les phagocytes de toutes ces idées inorganiques.

— Les lourds faits providentiels font venir, comme un aimant, les idées que vous croyez mouvoir. Ils jouent le rôle d'agents provocateurs.

— Toute idée est une belle occasion de se taire.
Elle est perdue...

— Règle-toi, pour être délicat et fort, comme un marteau-pilon qui bouche une bouteille au ras du goulot sans le toucher.

— Les idées sont des vêtements sur mesures qu'on a fait passer dans la « confection ».
Des laissés pour compte. Des lieux communs, que vous retouchez.

— Vos idées, dans leurs rapports, sont des affiches mal repérées.

— L'intelligence est un capitaine qui est toujours en retard d'une bataille.
Et qui discute après la bataille.

— Abuser de l'intelligence, en art, équivaut à recourir, pour plaire en amour, aux artifices de l'esprit.

— L'intelligence qui vit sur elle-même pousse les pâles fruits des unions incestueuses.

— L'intelligence appliquée à elle-même me fait penser à M. de Crac, qui essayait de se tirer d'un marécage en se soulevant par sa perruque.

— Ne vous obstinez pas à croire qu'expliquer tend à définir.

— Être intelligent, c'est percer le fût, aveuglément, comme un gabelou. Non pas tourner autour et tâcher de savoir.
— Nullement. C'est planer, entourer repérer dans l'ensemble, envelopper de passes, circonvenir : Orphée à rebours.

— Le centre de gravité de la tradition se déplacera sans cesse, comme le centre des villes et celui des plaisirs. Impossible d'en fausser l'axe en l'endormant au XVIIe siècle.

— Il faut que les mots soient nourris par en dessous. N'espère pas de hâter leur pousse en tirant leurs feuilles.

— En art, c'est-à-dire en amour, il faut que l'intelligence suive, comme un suiveur suit une femme avec l'idée de l'entretenir.

— L'intelligence, en poésie, joue le rôle de l'institutrice d'une grande courtisane.

— Vous ne parviendrez au sens intime des choses, et vous n'y ferez parvenir les autres, qu'à la condition d'en posséder le corps, et d'être là-dessus d'une indiscrétion savante et dosée.

— L'art ne sera que là où vous saurez percevoir, et faire apercevoir, la solidarité haineuse qui lie l'être et le vivre.

— Nos professeurs nous parlaient du soleil de la Grèce avec l'accent de la nuit, de la cave, et l'odeur d'un vieux pigeonnier.

— La mode est une fille à qui sa mère veut survivre.

Si le nouveau vient avant le terme, il faut le mettre dans une couveuse. Alors, à quoi bon?

— Le nouveau n'est viable qu'à l'âge de raison. Mais alors, il n'est plus nouveau.

— Certains voyageurs me font penser à ces noceurs qui changent constamment d'établissement pour fuir un ennui qui les travaille comme une puce : l'autre ne les lâche pas comme ça!
— Le voyage, et l'ennui, sont à l'intérieur.

— La poésie affine l'intelligence comme une jolie femme affine l'homme de son mariage de raison. Elle lui apprend la peinture et la musique...

— Travail poétique :
— Des corps simples reconstitués.
— Des précipités.
— La plus grande collection de faits digérés dans la plus étroite synthèse.
— Le plus grand nombre de faits ramenés au plus petit nombre de lois.
— Quelques réciproques sont vraies.

— La poésie, cette vie de secours où l'on apprend à s'évader des conditions du réel, pour y revenir en force et le faire prisonnier.

— La seule prestidigitation qui ne soit pas truquée.
— Le seul rêve où il ne faille pas rêver.
— Le point où la prose décolle.
— Le moment où la prose marmotte, se lève de table, et pousse sa romance.
— Une leçon de choses chantée.

— Une forme jésuitique de l'intelligence.
— Un pieux mensonge.
— Une oplitesse rendue à Dieu, avec un mot du cœur en plus.

— La poésie bat la logique comme Polichinelle bat le commissaire.

— Ce qui m'irrite dans Annunzio, dans Barrès, et dans quelques autres bellâtres de lettres, qui peuvent avoir des mérites, c'est qu'ils ne peuvent pas se passer du luxe, du luxe tout fait, du luxe d'argent, du luxe des gestes, du luxe de l'âme, du luxe lyrique. Ils ne font rien avec peu de chose, ils ne peuvent rien faire tout seuls. Ils sont incapables de construire sur un fonds modeste. Il leur faut vraiment ce qu'il y a de plus cher, et que ce soit prêt à porter. Ils croient encore à la hiérarchie des sujets, des classes, des noms propres, des légendes. Ils ne voyagent qu'en première classe. Ils ne parlent qu'aux officiers. Ils font de l'œuvre une sorte de Cour. Ils ne conçoivent pas que le seul sujet soit l'écrivain même, s'il est un homme. Il leur faut des héros, des sites, des villes d'art, des chefs-d'œuvre, de vieilles renommées, des partis célèbres, de riches mariages d'art. Il faut que la besogne, il faut que l'art aient été fondés par les autres, comme les belles fortunes et les bonnes maisons l'ont été par les ancêtres. Ils sont les fils des œuvres des autres. Ils sont les fils à papa de l'art.

Ils n'aperçoivent pas qu'on peut faire des miracles avec de toutes petites choses, avec le médiocre, avec l'anonyme. Ils ont bien l'air de ne pas savoir que les enfants font de grands voyages dans une petite caisse, jouent au chemin de fer avec une bobine, construisent un moulin avec une noix vide, et rêvent là-dessus les plus beaux poèmes. Comment donc ont-ils joué, s'ils ont jamais joué, quand ils étaient petits?

Je les trouve pareils à ces entripaillés qui n'ont de regards que pour les femmes en vue, les filles cotées, les pralines officielles, sans jamais voir la beauté qui passe, inclassable et mystérieuse.

— Ils me dégoûtent tous. Les uns veulent nous faire prendre pour de l'énergie, pour de l'enthousiasme ou de la probité, leurs cris, leurs gesticulations, leur bave de gens qui ne vivent que l'écume à la bouche. Si on pouvait chercher dans leur circulation, on y trouverait trois faux haricots rouges.

Les autres nous donnent leur petite nature, leur indigence, leur sang de navet, pour l'œuvre du goût le plus dépouillé. Parce qu'ils sont privés, ils veulent nous faire croire qu'ils se privent. Parce qu'ils n'ont pas de quoi se nourrir, ils mettent l'art à la diète. C'est « Le Renard ayant la queue coupée ».

Le psychologue : Une crème de menthe qui voudrait passer pour une absinthe.

— Impossible d'écrire comme tout le monde.
C'est-à-dire comme ces gens-là :
Les puristes : La tendreté de cette femme l'inclinait à la donaison.
Les archaïsants et les basochiens : Encore bien même que, de la façon, je n'appréhende point d'inférer de ces prémisses qu'il faille controuver ce que de droit, je ne veuille point y croire.
Les académistes : Assez ironique pour être timide, assez timide pour être ironique, c'était un homme brave et un brave homme, etc.
Les philosophailleurs primaires : Cette splanchnologie de la conceptibilité s'avère d'une armoirie personnelle introspectrice.
Les critiques d'art : La peinture sera constructive, spatiale et mammiphobe.
Les scientistes : La matière est-elle granulée, ou granuleuse?

Ah! nn... nnon, par exemple!
Deux fois, une petite!

— L'intelligence fixe le fait. Puis elle l'abrutit pour le faire entrer dans son système, comme la Chinoise abîme ses pieds dans ses brodequins.

— La raison, quand elle pique une crise, flanque à la poésie toutes sortes de maladies pour l'empêcher d'être belle à trop bon compte.

— Le meilleur poème en vers réguliers sera le moins farci de remplissage. Mais il y en aura toujours.

— Vous êtes des badauds qui avez besoin d'emboîter le pas à un régiment, que vous prenez de bonne foi pour un poète. Moi, j'aime mieux les passants.

— Le vers régulier vous inspire confiance.
On tombe plus facilement d'accord, et on se sent plus solide sur des pieds que dans une transe, toujours suspecte.
En outre, il vous promet vaguement un calembour.
Alors, il est de tout repos.

— Le vers régulier n'est qu'un cadre, où vous ne vous faites pas faute d'encadrer des navets.
Mais ne vous dites pas que le cadre vous protège.

— Si le vers régulier vous abîme les pieds, faites-vous un vers à votre mesure.
Écrivez en prose, mais ne faites pas de la bromhydrose.

— Je me suis fait un vers libre régi par l'alexandrin. Je ne rime pas quand je ne veux pas rimer.
— Représentez-vous le poète consultant soucieusement son dictionnaire de rimes. Et je vous défie de dire que les plus grands poètes n'ont pas marqué ce pas ridicule. Amour, tambour, virole, variole, mélange-t-on, Mélanchton, vieillard en sort, hareng saur, etc.
Sur ce pénible temps d'arrêt, le front du poète apparaît sur l'écran comme le fessier du vers régulier.

— Victor Hugo est un immense poète, quand il ne fait pas d'effets avec son métier. Quand il ne fait pas rouler ses muscles comme à la parade, chez Marseille. Quand il ne se donne pas de grands coups de poing dans le caisson, comme fait le gorille avant d'attaquer le chasseur.

Baudelaire est un faiseur de miracles, quand il ne met pas à son cœur un suspensoir d'un goût détestable. Quand il ne grimace pas comme un nègre blanc malade de la poitrine.

— Notre maître Mallarmé gante juste. Il met quelquefois deux doigts dans le même.

Claudel : Un phare aussi grand que le doigt de Dieu, qui montre le ciel aux moutons enragés, qu'il repousse à coups de brûlots admirables. Quand il est en humeur de rire, il met le tonnerre en brochette, et fait l'amour avec des mælstroms.

Valéry posait ses marrons, on ne savait où, dans les ténèbres. Un jour, le voilà qui allume sa mèche, et des cordons de feu tirent de toutes parts, dessinant des chemins qu'on ne connaissait pas.

Valéry n'attend pas les points de vue. Il crée les points de vue
Il jette une pincée de rapports, qui se déplient à vue d'œil, comme des fleurs en bois japonaises, prolifèrent, se mettent au point, comme dans le champ d'une jumelle, et se déduisent à l'emporte-pièce, d'un petit coup de silence, comme les cristaux.

Valéry apporte cette chose énorme : Une émotion de pensée d'une vibration sentimentale.

Valéry apporte à la pensée de nouvelles façons de s'y mouvoir, un entraînement personnel, des prises fraîches : le jiu jitsu dans le cartésien.
Le domino qui l'intrigue, il lui tire les vers du nez : C'est lui qui le soûle.
Il ne se laisse pas surprendre. Il se tourne de tous côtés, polyédriquement. Vertigineusement, dit Edgar Poë.
« Père, gardez-vous à droite, gardez-vous à gauche. » Pas de coup du père François possible.
Dans l'idée, cet insecte horriblement prolifique, il a débusqué la larve et la nymphe.
Il retourne le tissu. L'envers, qui se cache, vaut l'endroit. Montrez vos mains.
Proust rumine au ralenti. Valéry spécule à l'accéléré. Le hoplite et le vélite.
Valéry voudrait sortir de l'homme. Que ne donnerait-il pour voir le monde, l'espace d'une minute, avec l'œil d'un loup-cerveau !
Que ne donnerait-il pour se sentir, un matin, à l'heure du lait plat et du pain tendre, une circonvolution tout à fait nouvelle et miraculeuse, qu'il pourrait combler de satisfaction !

Les deux pigeons.
Valéry Larbaud parcourt le monde, avec un merveilleux bagage, à la recherche de son étoile, qui brillait ici-même, « au-dessus de sa tête », et se tuait à lui faire de l'œil, sans attirer son attention.

Apollinaire a joué le hasard, le plus souvent avec bonheur, parfois avec une veine insolente. Il fait un pâté sur sa page, la plie, la raye avec l'ongle dans tous les sens, l'ouvre, et ça a donné de jolies figures, qu'il n'a pas grand'peine à arranger.

L'artiste contient l'intellectuel. La réciproque est rarement vraie.

L'intelligence, c'est parfois de l'art qui fait sa cour, et plaide l'innocence, ou la bonne foi.

L'intelligence, c'est parfois de l'art qui n'a pas de bagou, pas d'usage du monde, et fait recevoir par sa femme.

Il y a un abus de l'intelligence, comme il y en a un du sentiment.
L'une, pas plus que l'autre, ne manque d'hypocrisie, de bluff, et de moyens de chantage.

L'intelligence, quand elle abuse, mange son bifteck à travers une loupe.

L'intelligence sera collective. Il y aura des appareils à fabriquer de la pensée. Tout sera moyen. Tout sera métis. La terre sera peuplée de métis...

... Besoins occidentaux. Besoins croissants d'accélération, de jugements rapides et provisoires. Course aux conclusions bâclées. Ressac d'une salle de machines. Jet précipité, granité, d'une fabrique de comprimés, dans les idées et dans les actes. Tout ce qui saute sur la connaissance comme une tique, tout ce qui court au besoin de savoir, de savoir tout de suite, et d'en finir, arrache l'homme, par saccades de plus en plus dures, à l'égalité d'esprit qu'il faut pour produire, au loisir, à la lenteur, à la caresse profonde, et le tire de plus en plus loin de toute sorte de bonne grâce.

KRIEGSPIEL

Pour paradoxal que je passe, je n'étonnerai personne si je dis que Werth n'a pas de talent comme pastelliste. Il ne taquine pas la nuance. Il ne possède pas la tendre boîte où dorment comme des chrysalides, ô futurs papillons qui ferez bien dans l'or, les cérithes aux noms chéris des femmes : une flûte de Pan de lilas, de rose et de mauve. D'abord, Werth casserait ses pastels. Mais pour la musique, il n'en craint pas. Les cuivres surtout sont de premier ordre, bien que peu constants. C'en est presque de la musique militaire. C'est saint Jean Bouche de Cuivre. Quand il est désaccordé, quel couac! Mais quand il est accordé, quel coup de gueule! Amis, vous vous souviendrez toujours des dîners chez Philippe et chez Francis, de Carnetin, de la crèmerie Brunat, de la proue sur la Seine et des soirs d'été dans l'île Saint-Louis, pauvres poètes, quand les bateaux-mouches glissaient comme des silures aux bouches tristes! Marguerite Audoux, Jourdain, Yell, Chanvin, Larbaud, Ray, Gignoux, Werth, nous sommes les derniers tenants du groupe. En dépit de l'inconscient monstrueux qui nous travaille, en dépit des malentendus, des affaires, de la galette, en dépit des concessions, des rancunes, en dépit de nos pauvres nerfs, serrons les rangs, sentons-nous les coudes.

Toutes ces histoires de rogne et de musique se passent dans le caractère de Werth comme dans ses livres, ça ne fait qu'un. Ça m'a agacé, j'en ai souffert, mais je retiens de son grand talent son grand courage. Car il est courageux comme peu de gens au monde, courageux comme l'était Mirbeau, naturellement. Ce n'est pas, comme on l'a dit, un brillant lauréat du Conservatoire de la Révolte, ce n'est pas un prix d'Excellence de Courage, c'est un grand champion. Aucune puissance humaine ou mécanique ne peut l'empêcher de rouspéter, de réagir à l'injustice, d'engueuler les entripaillés, de dire leur fait à quelques pontifes de la fortune ou de la littérature, à ces richards qui s'amusent des souffrances des autres et marchent sur les pieds d'un artiste, à ces mécènes qui se croient les Nérons de l'Art et qui le traitent comme une maquerelle fait de ses pensionnaires, et devant lesquels, par lâcheté, par défaillance nerveuse ou par vice mièvre, beaucoup de monde (et pas du plus bête) se masturbe avec crainte et tristesse. N'essayez pas de faire Werth à la conversation, n'essayez pas de l'avoir avec de bonnes paroles. Il ne sera jamais content. Il ne veut rien savoir. Il est toujours là pour crier, contre l'argent, contre la force, contre la m...

Ne me dites donc pas que ça ne sert à rien. Vous m'obligez à vous répondre par l'influence de la parole et des livres sur les mœurs, et j'ai horreur des lieux communs : Dieu lui-même a besoin de cloches. Le régiment marche à la clique. « Au commencement fut le Verbe. » Etc.

Il y a quelques années, Florent Schmitt repoussa d'un négligent orteil un grade de chef de musique militaire, sous prétexte que ça manquait de cordes, et qu'on ne voulait pas lui accorder de cordes. Puis, pendant quelques temps, on n'entendit plus parler de rien. Mais, comme disent les diplomates, tout est dans rien, et les diplomates surveillaient. Des conversations chuchotées dans les palaces, aux Affaires Étrangères, au rapport de la Place. On tirait, d'un air précieux, d'un étui en maroquin écrasé, des cigarettes à bout d'or. Dans l'espèce, vous êtes indiqué pour cette mission difficile. (*Un peu* de feu, s'il vous plaît.)

Soudain la foudre éclata sous la forme d'une sédition militaire. On décida d'empêcher Florent Schmitt de faire de la musique. Mais le bougre, avec sa petite brosse de colère au-dessus de la bouche et son lorgnon taché d'œuf à la coque, avait la musique chevillée au corps. Les bureaux de recrutement s'encrassèrent à vue d'œil. De vieux capitaines, le képi foulard à viscope de bat d'Af' renversé sur le châgnon de leur col apoplectique, en bras de chemise ou dans un chandail percé aux coudes, leur flottard à la braguette déboutonnée descendant en lampion sur des vernis à bout Carnot, scribouillèrent des Invalides à la rue Saint-Dominique. La tourbe des mouchards, des concierges et des branleurs déferlèrent aux portes. Des ombres vermiformes rampaient dans la nuit de Latour-Maubourg. Florent Schmitt écrivait un psaume.

Le Conseil Inférieur de la Guerre, dans une réunion plénière et dernière, et sur le rapport des généraux Pâlotte de la Fuite et du Fer de l'Artigerie, décida que le seul moyen de réduire Florent Schmitt était apparemment de le tuer. Des raids cernèrent la banlieue. Florent demeurait introuvable. Il était caché sous son psaume. La cavalerie s'épuisait. Les vieux sous-offs cherchèrent des rosses. Hélas, plus de remonte. Les passions s'endormaient. La 1re section de l'E. G. D. L. s'émouvait. Les poètes encombraient les salons et les boxons, couchés sur les pianos mécaniques. On était à la merci d'une dénonciation de pipelet, de crémière ou de père noble. On traquait les hommes sur la vaste terre. On tendait brusquement des chaînes autour des vespasiennes et on en prenait comme ça quatre ou cinq. Si c'était dans les tasses comprises entre la Madeleine et l'Olympia, on en choppait huit ou dix. En désespoir de cause, on dirigea sur Paris l'E. M. du 69e régiment du Génie-Supérieur, en garnison à Limoges. Ces pauvres gens, victimes des plus rouges injustices, menaient une vie de rentiers de province, dans la ville immobile comme un îlot dans un rapide, et peuplaient les cafés, les jardins, les terrasses. Quand un rare soldat de 2e classe traversait la Place d'Armes, seul comme une mouche attardée l'hiver, ils se levaient tous d'un même mouvement et le saluaient militairement. Ces gradés arrivèrent à Paris par des trains semi-directs et dans des conditions déplorables de nourriture et de sommeil. On les mit en subsistance aux Magasins Généraux, comme il était convenable. Quand le temps fut venu d'agir, le Génie mina le périmètre. Une harde de colonels de gendarmerie dut attendre, une nuit, rue Damrémont, devant sa porte, Schmitt qui rentra fort tard. C'est alors qu'un commandant de pharmaciens de l'Active essaya de l'attaquer avec une bouteille d'urine. Il fut rapidement mis hors de cause. Et Schmitt eut le temps de se faire ouvrir la porte et de refermer son psaume avec un bruit de tonnerre! Mais le quartier était cerné, les lendemains étaient peu sûrs, et comment résister au nombre!

Au matin, les cris d'appel de Schmitt, soutenus par son psaume et transmis par les marchandes des quatre saisons, nous parvinrent sans trop d'encombre sur les ailes de la musique et de la lumière. Werth et quelques amis, dont j'étais, nous nous mîmes en campagne. Contre le 69ᵉ Génie, nous mobilisâmes le 1ᵉʳ Talent. Nous fîmes ensemble tous les luthiers, tous les marchands d'instruments de musique de la ville, depuis Caressa jusqu'à Jérôme Thibouville, et nous parvînmes enfin à constituer cet orchestre monstrueux de dix exécutants qui, puissamment armé de triphtongues, de saxotartes, de trimbalets, de tromboches, de pangifles, de fusils et de mitrailleuses à derrière prêtés par ces dames, et jouant sans relâche le psaume, prit assez rapidement le meilleur sur les Pères Nobles, sur Guillaume et sur Marolles, fit taire l'artillerie rhomboédrique du Conseil Inférieur de la Guerre, et rendit les nôtres à l'Art, puisqu'il faut tout dire, à **la** fin des fins!

PORTRAITS DE FAMILLE

JOSUÉ GABORIAUD

Pas d'explications à donner, pas de commentaires, pas de plans sous-jacents à dégager, pas de jargon : c'est écrit dessus. La joie de peindre s'y étale, s'y beurre, y chauffe comme dans une bonne cuisine, avec une évidence ardente et tranquille. Gaboriaud a des sens en excellent état. Il peint comme on se lève de bonne humeur, comme on s'étire, comme on chante en faisant sa toilette. C'est un homme de la campagne. Les amis arrivent par le train de onze heures. On les attend par le chemin de terre, au bout du village qui sent la pierre chauffée et la boulangerie. On les accueille avec un rire écarlate et des injures époustouflantes. On rentre déjeuner. Le soleil donne tous ses cuivres. Le long des haies, les fleurs éclairent la Bourse aux insectes et brûlent leur couleur comme un foyer répand sa chaleur...

> *Lorsqu'au déclin du jour, assis sur la bruyère,*
> *Avec un vieil ami tu bois en liberté...*

Or, sachant manger, nous prétendons boire.

Gaboriaud empoigne la nature à bras-le-corps, il ne la connaît qu'à mains plates. J'ai l'impression d'un passage rapide, d'une prise directe de l'homme à l'objet. Il l'embrasse de toute sa carrure, et ils roulent ensemble dans le pétrin. Mais quelle matière sort de cette étreinte puissante! On pense tout de suite à d'excellentes choses, à de la crème double, au regard innocent et chaud d'une poitrine de femme, à de la pleine peau et à de la pulpe, à des étoffes à plis droits, à des murs gras de vieux villages, à une carrière de marne au crépuscule, au gant de cuir blanc d'une fleur épaisse. Un paysage d'une douceur sévère, étendu le long d'une colline, commence à se froncer sous le soir qui rampe, et rétracte les branches de trois arbres maigres comme les pétales d'une encrine inquiète. — Un pommier fou de chaleur tord et déchire son linge et le lance contre le soleil. — Nous sommes à la fenêtre avec des camarades : La rivière sort lentement de la ville entre des maisons peintes comme un jeu de cartes de Jacquemin Gringonneur, et, là-haut, la cathédrale d'Amiens commence à s'accroupir et à bleuir dans la journée qui s'écoule, et à replier ses fortes pinces pour le soir, sous un ciel fait pour l'ardoise et les martinets.

La peinture de Gaboriaud est une peinture de santé, de raison, de franchise. Pas de mièvrerie, pas le moindre trompe-l'œil, pas même cette adresse licite... Un travail sérieux, de fortes bases, une solide conduite de la pâte, un emploi savoureux et mesuré du couteau. Le peintre connaît parfaitement son affaire. Mais le métier, à force de vigueur honnête et d'attention passionnée, dépasse l'objet et le rendu. Gaboriaud, peut-être sans le chercher, démasque l'aspect loyal et perfide qu'il a devant lui... Il avance, il appuie, et d'une poussée brusque il coltine tout ce qu'il faut. Le voilà qui se rend maître et touche au visage du mystère, qui est souriant et difficile...

CHARLES WINZER

Vous verrez comme moi chez Winzer ce qu'il faut qu'on ait de l'amour des maîtres (il a du goût pour le Tintoret, Greco, le Primatice), un amour étendu, varié, refondu par la vie, une exécution libre et large, une couleur riche et sourde, une sorte de spleen gourmand, de tristesse sensuelle.

> *Qu'en dis-tu, voyageur, des pays et des gares?*
> *Vas-tu cueillir enfin l'ennui, puisqu'il est mûr,*
> *Toi que voilà fumant un maussade cigare*
> *En projetant une ombre absurde sur le mur?...*

Le peintre sort d'une fête (après tant d'autres « en étrange pays »). Un punch d'air le flambe au visage. La rampe donne un peu de lumière bleue. L'aube s'élève, pleine de poules d'eau et de lophophores. Elle a dissipé les danses macabres qui tournaient dans les salles et dans les jardins de la demeure seigneuriale. Le fantôme de Weber ramène la nasse des lustres. Les squelettes ont posé leur chapeau haut de forme, ils ont rassemblé tous ces instruments d'un travail dont nous ne savons pas encore le fin mot, cette tête pour jeu de boules, ces compas, ces couverts, ces trousseaux d'ossements, et ils sont allés ranger tout cela chacun dans son plumier. Silence. Ils sont tous couchés maintenant dans leur boîte, comme un instrument de musique. On n'entend plus que les oiseaux qui s'éveillent, pleins de questions naïves. Le poète, fatigué mais tendu, gagne les quais. Moment délicieux, le collet relevé, première cigarette, tour rapsodique... Hier l'amour... Bousculade polie des rêveries et des songes. Les quais, Saint-Cloud, Versailles, un souvenir qui bat des ailes et glisse entre les doigts. *(En ce moment, où est-elle?)* Hier, le pompier de Médrano avait l'air d'un guerrier de Bouvines... Adrienne Monnier ressemble à une héroïne de la Révolution française... En face, la Seine tourne à pleins bords, sulfureuse. De l'autre côté, c'est le quai de Béthune où habite l'ami Chanvin. Par la grille du Jardin des Plantes, on voit une espèce de zébu, immobile et lourd, comme un meuble débarqué par les dieux, sans compensation, tête basse, et des oiseaux tristes qui font le gros dos près de leur rocher de photographe, et la grue trompette et le paon blanc qui s'étale par terre sont là comme des actrices dans une gare, la nuit, ou comme des mondaines surprises dans une rafle et gardées dans un coin, avec leur manteau de soirée; il n'y a rien à faire qu'à attendre.

Gaboriaud, qui est peintre aussi, est un grand balancier net, un grand marin sans graisse, au teint coloré, au visage bien raclé; les traits longs et fins se meuvent en ordre comme par des courroies. Le visage de Winzer semble immobile. *(Oppose un œil anglais aux sites de colère...)* Mais Winzer est un dandy tendre. Si tu le regardes mieux, tu vois que le moindre trait, le plus petit méplat semble bouger, sur place, imperceptiblement, d'une sen-

sibilité aux lueurs inquiètes, d'un désir, d'une émotion contenus.
Il rougit, elle va sortir; voilà : il a un nouveau chapeau en taupeline chair, rectifiée, et douce au toucher comme un jeune chien, ruban noir, un peu large, une merveille... Clark entre, balancé par sa canne et riant comme un jet d'eau... Grand amateur de musique. On ne joue jamais le *Premier Quatuor* de Borodine, la *Symphonie inachevée* a figuré quatre fois au programme en dix ans, on ne joue plus jamais les quatuors des Vendredis de Glazounow, et la *Rapsodie orientale* n'a pas été jouée à Paris depuis l'Exposition de 89. « J'en mangerais ma tête! »

CAQUETS DE LA TABLE TOURNANTE

(PREMIER RÉCIT DU NAUFRAGEUR)

> A Jacques-Émile Blanche, qui me fait observer que la table tournante en prend à son aise avec les époques. Les tables tournantes, je l'ai dit ailleurs, chevauchent les âges avec une facilité notable. Les tables tournantes sont antiquaires.
> Il me dit aussi que ladite table oublie le bambou, comme la peluche. Il faut faire droit à cette remarque.
>
> L.-P. F.

Le temps me manque pour parler de Proust comme je le voudrais, il y faudrait, n'est-ce pas, des volumes. C'est long, il faut du temps avec Proust. Il vous attire dans son rythme, comme les bègues et les bavards. Et non pas seulement sur son ouvrage, mais sur sa vie et sur la nôtre. C'est toute une atmosphère et c'est toute une époque, dont il a pris tout le génie, comme un coussin de famille richement, tristement imprégné d'odeurs... Et c'est une époque en plusieurs périodes. La première, qui démarre quelques années après Mac-Mahon (Proust est l'homme de communication avec le second Empire; il n'y avait pas si longtemps que le prince Jérôme, enfin Plonplon, coiffé d'un haut-de-forme aux lourdes volutes, beau comme une Compound, n'arpentait plus l'avenue des Champs-Élysées, où il se rendait lentement au-devant de Mme de Canisy. Proust aurait pris part à la dictée de Compiègne. Napoléon l'aurait fait sénateur. Il lui aurait dit : « Mérimée ne vous aime pas, parce que vous êtes bon. ») — Deuxième période, celle qui suit l'Exposition de 1900. — La première, qui se repose des convulsions de 70-71, comprend le dernier état paisible de la société française, et cette belle renaissance naïve, dumafiste et massenétique, avec le grand-père Augier, l'oncle Sarcey, Gounod (quand on lui présentait quelqu'un, il le prenait par la tête et le regardait profondément), jusqu'à Daudet et Maupassant, Bourget et Loti, et qui finit aux automobiles; l'autre, où l'Europe fait mal son ménage, ne sait plus brouter en paix son échaudé, met du vent dans les voiles, rage par Nietzsche, chante par Debussy et par Ravel et voyage par Barnabooth.

Il y a des années, quelque vingt ans peut-être, que j'ai rencontré pour la première fois Marcel Proust, dans un endroit que je ne sais plus préciser. (Il y avait là Marcel Schwob, Jean Lorrain, et aussi, je crois, M. Charles Whibley.) Tout d'abord, il m'agaça beaucoup, pimponné qu'il était, la figure un peu molle, la bouche en cœur, la voix galantine, comme ganté trop juste, tout le maintien d'un qui s'écoute parler, d'un homme heureux, facile et qui n'a pas d'histoire, et tel, à peu près, que le peignit Jacques-Émile Blanche. Son charme n'agissait pas tout de suite, « c'était celui du mancenillier ». Mais il me séduisit peu à peu, sourdement, parce qu'il m'était contraire, comme une femme irritante et qu'on va aimer, et par son air d'extrême civilisation. Et je me rendis rapidement compte qu'il me rapportait le parfum d'un tas de choses mal oubliées, des choses ridicules, que j'avais désirées, que j'avais failli posséder et que je n'osais plus espérer.

J'avais été élevé solitaire, pas de famille, pas de jeunes filles, pas de frères, pas de sœurs, pas d'amis, pas d'argent, pas de timbres-poste. Les parents vous aiment, mais si sérieusement, malheureux eux-mêmes, et dans un esprit d'étrennes utiles. Mais enfin, ça se tenait dans une atmosphère passablement bourgeoise, un petit appartement à Passy, élève au Lycée Janson, le lycée chic de l'époque. Nous avions une voisine qui était Mme Clément-Duvernois, la veuve du ministre de l'Instruction Publique de Napoléon III. Des papiers, des lettres, toute une correspondance de l'Impératrice, de Morny, de Persigny, de Rouher, toutes les photos des hommes politiques, des capitaines aux gardes,

Mlle de La Rochefoucauld, Winterhalter, Nieuwerkerke, Offenbach, les Dames d'Honneur, le général d'Allonville, Cochonnette et Salopette. Et des histoires à n'en plus finir. Si je tombais là-dessus maintenant, quel renfort pour M. Frédéric Loliée!
Mme Duvernois était encore belle, avec un sourire calligraphique. Le dimanche, elle me conduisait au cirque d'été, Concert, elle disposait soigneusement contre moi ses jupes odorantes, et je l'aimais. Je vois encore le père Lamoureux arrêtant net son orchestre et foudroyant du regard les retardataires jusqu'à ce qu'ils se fussent assis. Belles dames, rires étouffés. Pauvre enfant!
Je faisais mon entrée dans le monde, je pressentais les salons, les « dîners priés », l'élégance. Je rêvais d'une voiture de maître, je brûlais d'être admis au vernissage. J'y fus un jour, tout seul. J'attendais longtemps à la porte, espérant je ne sais quel miracle, quand tout à coup vint se ranger, dessinant une gracieuse accolade, le coupé carmélite de Mme de Roosmalen, mère d'un de mes camarades de classe; ils en descendirent et me firent entrer Ils me nommèrent les notabilités parisiennes, on vernissait réellement les tableaux dans ce temps-là, les vieux peintres en veston de velours bordé, juchés sur des échelles roulantes, prenaient des contre avec leur appuie-main. On portait des hauts-de-forme à bords plats : Un ménage d'artistes, lui, Tartarin des Beaux-Arts, elle, sauvagesse débonnaire et mal maquillée : « Eh bien, je crois que tu l'auras cette année ta première médaille! » Je ne dégrisai pas de vingt-quatre heures. Un petit mouvement de fièvre au lit le soir. *(Tu ne dors pas. Es-tu malade?)* Encouragé, j'allai une autre fois, avec un camarade de lycée bien choisi à l'entrée de l'exposition annuelle de l'Épatant. Mon ami, qui avait du monde, me dit : « Tu vois celui-là, c'est M. de Massa. » Et je vis un petit homme, tout carré, coiffé à la Bressant, barbiche et moustache à l'impériale, et qui s'agitait et grondait gentiment tout le monde avec une vivacité de chef de rayon. Nous nous avançâmes. Il était déjà parti. J'abordai au hasard un clubman charmant, à la moustache de chat, au visage à la fois cruel et doux, roué de la cavalerie, véritable démon de roman psychologique, jaquette noire et tube, et lui demandai s'il pouvait nous faire entrer. Il m'accueillit avec la grâce la plus parfaite, quitta un instant le groupe d'amis avec lequel il causait, et me rapporta une carte qu'il me remit avec un gentil sourire. On me dit que c'était M. de Barbacane. S'il vit encore, qu'il soit remercié ici.

Bref, j'étais mordu. Tout ça dura jusqu'à l'âge de seize ou dix-sept ans. A la suite d'un de ces malentendus dont on ne guérit pas, notre famille nous récusa définitivement. Nous quittâmes Passy. Nous allâmes habiter près de la gare du Nord. Je changeai de vie, je connus des quartiers sévères, des réalités grinçantes, des passants plus sombres, des trains qui se plaignent, des canaux, des fumées, des usines, des bruits de travail, des coups de marteau dans des cours. Je sentis mes espérances doucement me quitter. Je devins une jeune brute. Je connus les filles. Depuis, hélas! j'ai connu les dames.

Une voix tendre de berger rassemble les troupeaux le soir; une parole sur le cœur, un coup de gong dans le jardin ramènent et groupent en essaims les souvenirs et leurs abeilles. Tout ce qui m'avait abandonné, tout ce qui m'avait renié, la voix de Proust me le rapportait. Un appartement clair plein de bibelots bien choisis, paisible, des entretiens sans fâcheries, des voix travaillées et luxueuses, mes premières « visites » qui menaçaient d'être les dernières, Passy, l'adolescence heureuse, une vision de la Fête des Fleurs... Les ronds dans l'eau s'élargissaient... Le Palais de l'Industrie, avec sa Gloire décernant des couronnes à droite et à gauche. L'ouverture des Aquarellistes chez Georges Petit. On se pressait devant les fleurs de Madelaine Lemaire, devant les « mythes » de M. Guillaume Dubufe le fils, l'exécution au petit point de M. Friant laissait à dire. Les paysages de neige de Duez « qui était aussi un admirable peintre de fleurs ». Les aquarelles préhistoriques d'Albert Bernard faisaient scandale. On disait que Charles Toché avait décoré tout un château aux environs de Paris, où il s'enivrait de Bénédictine et de vin Mariani en compagnie d'amis drapés de pourpre et qui ressemblaient tous au cardinal Lavigerie (lequel devait être pape, c'était arrangé, c'était entendu), tandis que les portraicturaient leurs amis Vibert et José Frappa. On inaugurait les modes de la saison. On disait Worth, Virot, Doucet. Il y avait encore des monocles carrés à large ganse de moire. Le prince de Sagan, gris comme un bouvreuil. Les salons de Mme Strass, de Mme Stuck, de Mme Staff, de Mme Yoghourt, de la comtesse Brouillard, de la baronne Soffici des Enviandes. La *Revue illustrée* publiait les portraits des maîtres gravés par Guth, en noir avec le point rouge de la Légion d'honneur. Une aquarelle hors-texte de Paul Machin, c'était une femme au chignon blond arrêtant pensivement sa lecture sous une lampe aux dessous champagne. Tout le roman psychologique tel qu'on le sécrétait alors. On faisait l'amour en fiacre, stores baissés. Maupassant venait d'écrire *Fort comme la Mort*. Les amants tombaient amoureux des filles de leurs maîtresses. Les grands hommes d'affaires de l'époque, la serviette bourrée de comptes fantastiques, hélaient un sapin, cent sous de pourboire! et le Collignon cinglait sa rosse : « Hue Cocotte! » Pierre Loti passait vingt déguisements et donnait des fêtes à Rochefort pour le baptême de sa chatte. Boldini peignait des femmes électriques, aux pieds en fer de pioche, aux mains qui avaient trente-six phalanges. Il y avait aussi les grands tableaux de médecins, copiés par les baraques foraines : Pasteur, une leçon de Charcot à la Salpêtrière, le professeur Péan, une opération de Chevallereau. Le prince de Galles passait rue de la Paix, souriant avec une bonne figure d'homme savamment nourri. Réjane était en plein génie. Sarah Bernhardt avait lancé Rollinat et Georges Clairin... C'était l'époque des ateliers de la rue de Rome, parasols, râteliers à pipes, Japonisme et Goncourt, tapis sombres, nids à poussière, chasubles, étoles, étains et rouets. On se réunissait pour voir l'envoi du peintre avant son départ. « Alors tu la trouves bien, vraiment, mon aquarelle? » Les architectes frais émoulus de Viollet-le-Duc et de Paul Sédille construisaient noir et chalet normand avec des cabochons céramiques... L'été, l'impériale de l'omnibus dans les petites rues où les lampes vont dîner... L'Exposition de 89 finissait, les salles de l'Hygiène étaient vides, jonchées de canettes de bière, les gardiens commençaient à avoir froid et battaient la semelle, la Tour Eiffel ouvrait les yeux sur un ciel couleur d'ancolie, les derniers roulements de tambour de la rue du Caire expiraient dans l'air cru du soir...

Je ne revis Proust que longtemps après, une nuit de réveillon, quai Voltaire, chez Mme Sert, dont les fêtes enchantaient nos ennuis. Les salons étaient pleins, les coromandels et les verres filés tournaient et tremblaient sous une bousculade fourrée, toutes les tables étaient prises, il y avait encore au milieu du grand salon quelques personnes inquiètes qui n'avaient pas trouvé de place, immobiles comme des quilles d'ébène, ou qui s'agitaient comme des insectes détraqués, dans le grand jardin touffu, vert et or, des panneaux de Bonnard. Je reconnus Proust presque tout de suite. Mais qu'il était changé, tout pâle, avec des cheveux jusqu'aux sourcils, une barbe bleue à force d'être noire et qui lui mangeait la figure! Il me rappelait, sans que je pusse m'y fixer, des têtes vues dans les musées, je ne sais quel Greco, quel Solario, quels portraits de l'École Florentine ou Lombarde, je ne sais quel Prince Persan. Mais le col de l'habit bâillait un peu. La manche trop longue couvrait une main frileuse. Il avait l'air d'un homme qui ne vit plus à l'air et au jour, l'air d'un ermite qui n'est pas sorti depuis longtemps de son chêne, avec quelque chose d'angoissant sur le visage et comme l'expression d'un chagrin qui commence à s'adoucir. Il dégageait de la bonté amère... Il y avait près de nous le charmant Arnold Bennett. Nous trouvâmes enfin une table et nous causâmes une partie de la nuit. La voix de Proust était couverte, et je n'y retrouvais plus ces harmoniques... Il parlait abondamment, avec une lassitude amusée. Il étendait vaguement les bras... Ruskin, du travail, un grand ouvrage à pied d'œuvre. Il était au bord de la confidence, il y entrait avec douceur, avec une sorte de chaleur triste.

Depuis, je le revis souvent, notamment chez Jacques Porel, qu'il aimait beaucoup. Il sortait peu, il écrivait des lettres de soixante pages, il vous recevait tard, et vous eût fait accompagner par son chauffeur, jusqu'en province, à cinq heures du matin. Tout le monde a passé par là.

J'aimais Proust, mais j'ai été dur à le lire. La première fois que j'y entrai, j'eus l'impression et le souvenir d'un accident qui m'était arrivé quand j'étais enfant. Nous étions au Vésinet dans une villa en nougat, je tombai dans une mare entourée de rochers de photographe, mais c'était fichtre de l'eau, j'en avais jusqu'à la bouche, on me tira de là plein d'animaux aquatiques, de loches, de dytiques et de sangsues, j'en avais partout, dans les yeux, dans le cou, dans les poches, on me changea et on me mit au lit. Mais quelle réaction, quelle pulsation chaude, quel bien-être je ressentis alors! C'est à peu près dans le même état que je sortis de ma première lecture de Proust. Depuis, j'abordai ses travaux avec précaution, je les regardai longuement avant de m'y aventurer. Il y eut là toute une mise au point, j'appris la manière de m'en servir, comme d'une femme qui vous colle, mais qu'on aime, je repris confiance, et je m'aperçus qu'à les regarder, qu'à m'y promener, j'y découvrais tous les jours ces merveilles nouées où maintenant je me démêle, comme dans ces tableaux des vieux maîtres ou dans ces gravures de Bresdin où l'on pénètre peu à peu dans l'intimité du persillé, du feuillage, de la faune et de la flore, et où l'on découvre, semaine par semaine, jour par jour, et chaque fois qu'on y retourne, dans les coins, dans les arbres, sur les pierres, un précieux insecte, un reptile bien ouvré, une grosse fleur avec une goutte de rosée, et parfois d'étranges figures éparses du ciel à la terre, mais dont le mystère, par degrés, sort de la toile et se dénonce.

P. S. — C'est tout de même bien embêtant qu'il ait tant aimé des pantins, des fats et des raseurs.

PIÈCES JOINTES

EXTRAITES D'UN COURRIER MONDAIN

Le marquis *de Gourdincourt*, qui vient de s'éteindre en son hôtel de la rue de Varenne, était le fils aîné du marquis *de Gourdincourt* et de la marquise, née *Cabane la Palette*, le petit-fils du marquis *de Gourdincourt*, sénateur, député de Sambre-et-Meuse, et de la marquise, née de *Mortaurat*, morte il y a quelques années, à l'âge de cent dix ans.

D'une volonté tenace et d'une très grande intelligence, le marquis *de Gourdincourt* laissera dans le monde des sports la réputation d'un homme de grande énergie et d'une adresse incomparable, qui lui valurent d'innombrables grands prix, tant comme tireur au pigeon, tireur de chasse, que comme escrimeur et homme de cheval accompli.

Aimant les animaux par-dessus tout, cet impeccable et parfait cavalier consacra pour ainsi dire sa vie à la cause du cheval français, cherchant, dans ses herbages de Normandie, à améliorer la race par des croisements judicieusement choisis et des méthodes de dressage très personnelles, qui furent immédiatement adoptées, du reste, par beaucoup d'écoles de cavalerie de France et de l'Étranger.

Non moins doué au point de vue littéraire, il occupait ses loisirs à écrire des livres de sport d'un extrême intérêt, tels que *la Battue de perdreaux, le Dressage en liberté des chevaux d'obstacles, la Chasse à courre à l'ornithorynque et au tatou*, dont le second volume reste malheureusement inachevé, *le Paradis des chevaux d'obstacles*, etc.

D'un esprit fin, cultivé et élégant, il laisse de plus quelques romans, dont plusieurs inachevés, et d'exquises poésies, qui dénotent chez lui autant de talent que de présence d'esprit et d'excessive modestie.

Camarade fidèle, loyal et dévoué, celui dont la vie fut d'une incroyable intensité, sut, dans ses derniers mois, être un modèle de patience, de grand courage et de résignation chrétienne. Ce gentilhomme de vieille souche sut souffrir et mourir sans s'être jamais plaint, ne se souvenant que de Dieu, de ses vieux amis et des siens, brave en face de la mort comme il l'avait été toute sa vie.

La comtesse *de la Morancourt*, qui a loué l'appartement du Prince de Galles au Craven Lodge Club, Melton Mowbray, jusqu'au 1er février, avait ses deux jeunes fils auprès d'elle pendant les vacances de Noël, les vicomtes *Guy et Gontran*, âgés de quatorze et neuf ans. Leurs selles étaient bonnes. Le premier reprendra ses cours à Paris cette semaine. Bien que la comtesse soit depuis six semaines seulement en Angleterre, elle s'est déjà fait de nombreux amis et a prouvé sa supériorité à la chasse au renard, même dans les courses les plus rapides.

CIRCULAIRE

Monsieur,

Permettez-moi de vous donner les prix du personnel, presque indispensable, que je fournis pour les fêtes élégantes, comme le sera sans doute la vôtre :

Un chasseur 6 pieds 1 pouce de taille, garni de toutes ses plumes : 25 francs.

Un maître des cérémonies, voix claire, et répétant sans la moindre incorrection les noms les plus russes et les plus allemands : 19 francs.

Le même, avec chaîne d'argent contrôlé : 23 francs.

Un général polonais, en uniforme : 9 francs.

Le même, couvert de crachats et parlant un peu sa langue : 14 francs.

LES POTASSONS

Ces Messieurs les poètes entrèrent dans la ville. L'auto, perçant les derniers réseaux organiques, les derniers vitraux d'insectes, avait son museau collé d'animaux qui vibraient encore. Ça sentait la peinture chaude et le véritable miel de la canne à sucre.

On vit nager en plein ciel, à la pointe du grand mât de la Thébaïde, les deux fanions bleu et blanc et blanc et jaune, hissés fiévreusement par des huissiers à chaîne. L'Empereur se réveilla dans sa boîte. L'officier de service aux cabinets fit sortir le poste, sonner de la trompette, et tout le monde fut fixé.

Les bourgeoises de la ville, claquant du bec, leur retinrent à l'hôtel du Grand-Espoir la chambre de l'archevêque, qu'ils n'occupèrent d'ailleurs point.

Ils avaient aperçu Marolles.

Les eaux tissaient toujours leur voilette chantante. On avait fourbi les cuivres et les courbes des sources inguérissables du modern-style. Dans le parc rôdaient les fantômes des belles étrangères ictériques, plus vertes que jaunes, dures et sottes à souhait, avec un goût pour la dentelle paraguayenne que je ne partage pas. Les Bourbons noceurs descendaient silencieusement d'automobiles aux lanternes allumées et voilées de crêpe, devant la demeure seigneuriale de Mme Marsepoil. On chercha les poètes on ne les trouva pas.

Les lettres les suivirent, couvertes de timbres et de griffes. Les mères s'attristaient. Les plats refroidissaient. Les vieilles servantes retournaient dans leur cuisine en gémissant. Les amis se rencontraient sous leur porte. Julienne, en Assistance de

Complication n° 2, brossait tristement l'envers de leurs bretelles mortes. Marguerite Audoux composait des prières. Excelsior veillait jusqu'à l'aube. Delange épuisait toutes les cinq minutes une cafetière géante. Scarabin raisonnait le commissaire. Maleissye apprenait le banjo, Gilbert-Charles préparait Saint-Cyr. Raymonde Linossier travaillait le Droit Goulifon. Colette Debat changeait d'automobile. Haydée, Louise, Mercédès, Arturova, la Sorcière, téléphonaient heure par heure. Adrienne Monnier commanda cinq plafonniers artistiques, verres et émaux spéciaux brevetés.

Les Gâs du Berry les attendaient sur la place de Chaillac, bistoquette en tête, M. Couci les espérait devant l'église de Gargilesse. Un rassemblement parlait d'eux sur un petit rond-point second Empire, en comptant les poissons rouges qu'ils avaient semés dans le bassin avant de partir. Un intendant militaire, leur ennemi personnel et qui n'avait plus sa partie sans eux, s'étiolait dans une pâtisserie de la préfecture. L'Authors' Club se réunit nuitamment. Des lords vendirent leurs terres pour acheter un exemplaire de *Ulysses* (éd. Sylvia Beach). Demarquette se maria. Le Pape demanda une permission de théâtre.

Les troupes françaises se massèrent le long du Canal Saint-Martin. Pivet passa capitaine. Saint-Victor sonna le tocsin, secouant les ombres du Muséum qui changèrent de pied dans leur vitrine. Marcel Ray s'empara de la Présidence du Conseil, et les renseignements arrivèrent enfin. On sut comment ils couraient les routes. On les avait vus dans un hôtel du Centre, dans une salle toute bossuée de fruits confits, toute jonchée de coupures de soleil, penchés comme deux nuages crépusculaires à forme olympienne au-dessus des falaises du Gros-Bleu, du Saint-Nectaire et du Roblochon. On télégraphia de Toulouse que Tivollier leur préparait une chambre pour la fin de la semaine. On les vit un jour à Wiesbaden, essayant un Eversharp à musique avec Benoist-Méchin, plus tard à Gênes avec la Conférence, à Bruges avec Verbecke, à Bruxelles avec Mme Orban.

Fleuriel, Bourges, Argent, Mandres, Ygrande, Cérilly, Saint Denys l'Aréopagite, Munich, Rangoon, Hecatompylos... Ils prirent à Amsterdam un petit bateau d'acajou qui sentait la cuisine au beurre fin. On sut qu'ils avaient traversé la mer pour aller revoir une jeune institutrice qu'ils avaient rencontrée, l'année précédente, dans le chemin creux d'un petit village. De grands trains de laque rouge et blanche aux lunettes d'or les emportaient, semant des joyaux. Vers le soir, la théière allumait sa flamme bleue sur la tablette, et le reflet des lampes glissait tristement sur les eaux et sur les talus comme un monôme de souvenirs fidèles. Avec des inconnus séduits et spleenétiques, ils parlaient de Iehl et de Philippe, ils parlaient des jeunes filles, ils parlaient des livres, ils parlaient des morts... Ivres de tendresse et d'ingratitude, ils fuyaient ceux qui les aimaient...

Les nouvelles cessèrent.

Un soir, ils descendirent d'un train bizarre, à la locomotive en forme de trombone, puis, quand la musique fut finie, ils prirent un transatlantique, un rapide, un bac, un tortillard, et arrivèrent dans la nuit, sans être reconnus, à Saint-Pourçain-sur-Sioule, où ils virent de la lumière chez Raymond l'Imprimeur, qui avait sorti sa presse à bras sous le bolet vert de la lampe, et travaillait à la main, oui, mon vieux, à la main, pieusement, au premier volume des *Œuvres posthumes* de Valery Larbaud et de

Léon-Paul FARGUE.

BANALITÉ

A Arthur Fontaine.

LA GARE

Gare de la douleur j'ai fait toutes tes routes.
Je ne peux plus aller, je ne peux plus partir.
J'ai traîné sous tes ciels, j'ai crié sous tes voûtes.
Je me tends vers le jour où j'en verrai sortir
Le masque sans regard qui roule à ma rencontre
Sur le crassier livide où je rampe vers lui,
Quand le convoi des jours qui brûle ses décombres
Crachera son repas d'ombres pour d'autres ombres
Dans l'étable de fer où rumine la nuit.
Ville de fiel, orgues brumeuses sous l'abside
Où les jouets divins s'entrouvrent pour nous voir,
Je n'entends plus gronder dans ton gouffre l'espoir
Que me soufflaient tes chœurs, que me traçaient tes signes,
A l'heure où les maisons s'allument pour le soir.

Ruche du miel amer où les hommes essaiment,
Port crevé de strideurs, noir de remorqueurs,
Dont la huée enfonce sa clef dans le cœur
Haïssable et hagard des ludions qui s'aiment,
Torpilleur de la chair contre les vieux mirages
Dont la salve défait et refait les visages,
Sombre école du soir où la classe rapporte
L'erreur de s'embrasser, l'erreur de se quitter,
Il y a bien longtemps que je sais écouter
Ton écluse qui souffre à deux pas de ma porte.

Je suis venu chez toi du temps de ma jeunesse.
Je me souviens du cœur, je me souviens du jour

Où j'ai quitté sans bruit pour surprendre l'amour
Mes parents qui lisaient, la lampe, la tendresse,
Et ce vieux logement que je verrai toujours.
Sur l'atlas enfumé, sur la courbe vitreuse,
J'ai guidé mon fanal au milieu de mes frères.
Les ombres commençaient le halage nocturne.
Le mètre, le ruban filaient dans leur poterne
Les hommes s'enroulaient autour d'un dévidoir.
La boutique, l'enclume à l'oreille cassée,
La forge qui respire une dernière prise,
La terrasse qui sent le sable et la liqueur
Rougissaient par degrés sur le livre d'images
Et gagnaient lentement leur place dans l'église.
Un tramway secouait en frôlant les feuillages
Son harnais de sommeil dans les flaques des rues.
L'hippocampe roulait sa barque et sa lanterne
Sur les pièges du fer et sur les clefs perdues.
Il y avait un mur assommé de traverses
Avec un bec de gaz tout taché de rousseur
Où fusaient tristement les insectes des arbres
Sous le regard absent des éclairs de chaleur.
L'odeur d'un quartier sombre où se fondent les graisses
Envoyait gauchement ses corbeaux sur le ciel.
Une lampe filait dans l'étude du soir.
Une cour bruissait dans son gâteau de miel.
Une vitre battait comme un petit cahier
Contre le tableau noir où la main du vieux maître
Posait et retirait doucement les étoiles.
Les femmes s'élançaient comme des araignées
Quand un passant marchait sur le bord de leur toile.
Les grands fonds soucieux bourbillaient de plongeurs
Que le masque futur cherchait comme il me cherche.
Le présage secret qui chasse sur les hommes
Nageait d'un peu plus près sur ma tête baissée.

Je me suis retrouvé sous ta serre de vitres
Dans les plants ruisselants, les massifs de visages
Scellés du nom, de l'âge et du secret du coffre,
Du nécessaire d'os et du compas de chair,
En face du tunnel où se cache la fée

BANALITÉ

De l'aube, qui demain vendra ses madeleines
Sur un quai somnolent tout mouillé de rosée
Dans le bruit du tambour, dans le bruit de la mer.
J'ai longé tout un soir tes grands trains méditants,
Triangles vigilants, braises, bielles couplées,
Sifflets doux, percement lointain de courtilières,
Cagoules qui clignez bassement par vos fentes,
Avec deux passants noirs penchés sur la rambarde
Au-dessus du fournil du pont de la Chapelle
Où le guerrier déchu qui promène les hommes
Encrasse son panache avec un bruit de chaînes,
Et le grand disque vert de la rue de Jessaint,
Gare de ma jeunesse et de ma solitude
Que l'orage parfois saluait longuement,
J'aurai longtemps connu tes regards et tes rampes,
Tes bâillements trempés, tes cris froids, tes attentes,
J'ai suivi tes passants, j'ai doublé tes départs,
Debout contre un pilier j'en aurai pris ma part
Au moment de buter au heurtoir de l'impasse,
A l'heure qu'il faudra renverser la vapeur
Et que j'embrasserai sur sa bouche carrée
Le masque ardent et dur qui prendra mon empreinte
Dans le long cri d'adieu de tes portes fermées.

A Léon Delamarche.

BANALITÉ

> *L'odeur du sureau me conseille*
> *Le plus parfait oubli...*

Ma mère, je te regardais tourner dans cette chambre, inaltérable et douce, exilée du bonheur, dans la grande lumière qui venait du canal, au milieu des objets familiers dont nous connaissons toutes les petites figures, toutes les manies de petits bonshommes, et tu essayais de chanter.
Moi, je portais mon cœur trop lourd, ce cœur faible et présomptueux, comme un écolier qui court avec un pain plus grand que lui.
Nous foulions tous les trois le champ des souvenirs, avec un vieil ami qui parlait dans sa pipe.
Appuyons-nous encore à ce mur bleuissant que la persienne ennuie.
Buvons encore à la fenêtre où nous avons tant de fois goûté le sel des larmes.

La girouette qui défend ce toit chargé de filets noirs plaignait sa fumée rudement enlevée par le vent du canal. L'atelier murmurait dans l'épure vitreuse. La langue de l'eau mouillait la lumière. Un pigeon soigneux se risquait sur la crête. Des souris, posées comme des pastilles du sérail sur le garde-manger de la cuisine, entouraient une écuelle occupée militairement par des mouches de toutes les armes, trépieds velus, boules de graphite au poil grondant venues des abattoirs de la Villette, ciseaux croupis, gouttes d'encre verte vite parties, timbre sec des trompes sur le zinc; mais sur l'arête, à l'extrême bord,

il en arriva une toute petite, où l'on voyait battre du carmin — singulièrement longue et transparente, comme une seringue empoisonnée, et qui nous parut formidable et tout à fait inattendue.
Le loisir se coiffait dans la lumière blanche.

Des bouffées de musique militaire sautaient le mur du jardin de l'hôpital. Un vapeur demandait l'écluse à son de trompe. O doux tonnerre du soleil, coups de vent roux sur la gare et sur le canal, tambours des trains, vieux mouflons noirs, souffles plaintifs, relais d'oubli, faites lever les souvenirs du Paris champêtre et rêveur qui sentait le gaz et l'étable, et l'importance du passant qui suçait sa colonne d'air sans se douter de son bonheur. Le chemin de fer de ceinture allait plus loin que vos voyages. Le voyage autour de ma chambre allait plus loin que la ceinture. La vieille chaussure des omnibus bottait les arbres et les fontaines. L'orgue de Barbarie commençait à moudre à dix heures, pour émouvoir l'apéritif, et les racleurs posaient leurs collets sur huit mesures : « Rappelle-toi. Rappelle-toi... »

(Mais il n'avait pas l'air pressé de me répondre. On entendait chanter l'oiseau que nous appelions « l'avocat »...)

Ne fourgonne pas dans ma chambre. Nous allons sortir. La lumière est bonne. (Un temps à traquer le mystère. En chasse pour le doute et le signe au-devant des yeux bleus du soir...)

Toute une face de la rue, c'était de la ville, avec ses boutiques, ses bijouteries en veilleuse, un bureau de poste annexe, des protestations de manilleurs et des coups de poing de masse de billard. Mais que penser de l'autre côté ? J'y vis une lisière mystérieuse, une enfilade de jardins incultes, qui sentaient l'absinthe et la punaise, sous une taie de voilettes étranges où grésillaient des entrecroisements *indéfiniment brouillés et recommencés de fils verts, divisés par le glissement haut et lent d'un tramway fantôme, au timbre grave comme une horloge de campagne, et prolongé jusqu'aux nuages comme le spectre du Brocken...*

... Mandres et Brunoy? Si on y allait un de ces dimanches? Mais qu'est-ce que tu as à rougir? — Moi, je regardais par la fenêtre. Le ciel était couleur de l'Yerres... — N'en dis pas plus, c'est fait, je revois Mandres, la rivière pleine d'herbes dormantes, les roses trémières, les petits sentiers gardés de houlettes, les barques trop chargées qui se cognent vertement, tous ces écureuils dans la brume qui tourne au poing de chaque saule, le vieux pêcheur du moulin de Rochopt qui jette l'ancre dans son visage; et les rencontres insolites, et la tendresse studieuse; et toutes les voix sur l'eau, sur l'eau, ces voix qui demandent la mer... Ah! ces découvertes d'insectes dans les taillis, l'énorme chenille rayonnante aux caroncules orangées qui faisait la boucle en accolant ses chaussons verts sur un grillage, les parcs des grandes propriétés que longe un tramway tonnant d'orphéons et de quilles soûles, la terrasse bondée comme une cloche à mouches, la marée du café menacé par l'orage et la sonnerie de cuvette de la petite gare crépusculaire... Et je revois la mère Hélie, qui était si bonne et qui est morte brûlée...

Quand ils y étaient allés seuls et que je rentrais tard dans la nuit, j'allais tout de suite à la cuisine pour voir tremper leur bouquet de roses...

A Marguerite Audoux.

TROUVÉ DANS DES PAPIERS DE FAMILLE EN 1909

(Première partie)

> *Et cette nuit-là quand je fis à Dieu ma prière je pleurai et je lui dis : « Ah, quand à la fin... vous vous souviendrez de quels joujoux nous avons fait nos joies, et combien faiblement nous avons pris votre grand commandement de bonté, alors vous laisserez votre colère et vous direz : « J'ai pitié de ces pauvres enfants. »*
>
> Coventry Patmore.
> (Traduit par Paul Claudel.)

J'ai tant rêvé j'ai tant rêvé que je ne suis
Plus d'ici.
Ne m'interrogez pas, ne me tourmentez pas.
Ne m'accompagnez pas sur mon calvaire.

Il ne m'est pas donné de m'expliquer les ordres.
Pas même le droit d'y songer.
Il est grand temps que je me lève et que je parte.

Il a une permission de la mort, et il arrive.
Au tournant de la rue qui mène à la nuit, je l'attends.
La mer va rentrer ses dernières terrasses.
Une première lampe a soif dans les ténèbres.

Un pas sur le pavé. Son ombre le précède
Et se couche sur moi, la tête sur mon cœur.
Il est là.

Toujours son chapeau rond, toujours son sac à main,
Comme il était, le jour qu'il revint d'Italie.
Je ne vois pas ses yeux. Il ne me parle pas.

Je me roule vers lui comme une pierre obscure.
Je ne peux pas franchir son ombre.

Êtes-vous bien portants? Qu'avez-vous fait depuis?
Pourquoi n'êtes-vous pas montés?
Tous les jours, j'allais voir et vous n'arriviez pas!

Il ne dit rien de tout cela.
Mais tout en lui dit : Souviens-toi.

La nuit sur lui s'est refermée.

Mon souvenir le plus lointain ?
L'Exposition Universelle de 1878. Un bâtiment industriel, Fafner qui s'avance, une glace déformante, un train dans une gare, tout ça vu par un œil d'enfant, tout ramant, tout bruissant et sifflant du siphon des astres.

Au milieu de cet œil de mouche, frais, caressant et menaçant, la figure de mon père, émouvante et pâle, avec son air candide et sa barbe d'ingénieur, monte boire au hublot central avec une grande douceur. Il amusait gauchement les enfants, mais il m'aimait tant, et il repoussait si courageusement, comme un enfant renvoie le ballon, la paroi mouvante de la mort!

Allons, bon! D'autres s'interposent, il faut que je m'en occupe. Attendez. C'est parce que ça se passait dans le même quartier. C'est un ami qui m'avait invité à déjeuner chez ses parents, rue Clément-Marot. Son père était ministre des Postes. C'était la première fois que j'allais déjeuner chez un camarade de lycée. Le contraste avec notre rue triste, couleur fâché, cette rue de Passy où le soleil n'entrait jamais. Chez lui, c'était une belle maison, l'entrée d'une maison bien nourrie, les jolis yeux des objets d'art, l'odeur de cuisine au beurre fin. Cette lumière frisante, cet air particulier quand on entrait chez eux. Mon ami me dit tout de suite : « Enlève tes saletés » Mes saletés, c'était mon pardessus râpé, et mon chapeau rond plus grand que moi... Je ne dis pas grand'chose pendant ce déjeuner. J'avais toujours envie de parler quand on passait les plats. Nous sortîmes de table et passâmes au billard. Il y avait là un grand garçon brun au lorgnon et aux furoncles sérieux, genre élève des classes supérieures qui fait l'homme et fume le cigare avec évidence. Il faisait aussi d'interminables séries dans le coin du billard, enfin il faisait le coin. Il appelait avec affection la mère de mon ami : « Ma cousine. » J'enviais sa familiarité et son aisance.

Elle était rudement jolie, sa cousine. C'était une longue et brune chèvre-femme aux sabots parfaits, serrée dans une robe vermillon. Elle me questionnait avec ardeur, en me regardant les yeux, les cheveux. « Vous êtes nerveux, n'est-ce pas? Votre mère doit être nerveuse. Moi aussi je suis nerveuse... » Etc. Je ne reconnaissais plus le son de ma voix, déjà sourde. Et je sentais sur moi des monômes de boutonnières blanchies, plus : un bouton de manchette cassé que je connaissais bien.

On passa enfin au salon. Nous n'en finissions pas. C'était à qui passerait le dernier. Le lorgnon du savant tomba à terre. Aussitôt, deux jeunes gens de notre lycée massacrèrent avec chaleur une sonate pour piano et violoncelle qui avait l'air d'un hymne au bon déjeuner, et qu'atteignaient parfois de loin les bruits de la cuisine.

J'avais hâte d'en venir à la collection d'insectes que mon camarade m'avait promis de me montrer. Elle n'était pas contenue dans les petites vitrines passe-partout que moi j'achetais chez Deyrolle avec mes économies d'enfant, mais bien dans un superbe meuble à tiroirs. Je vis tout de suite qu'elle n'était pas en très bon état. Des antennes et des pattes cassées, une palatine était rongée, l'acarus faisait des siennes, il y avait des lames de parquet cirées sur les corselets, les insectes étaient souvent préparés de travers, et sûrement pas comme je savais, moi, les préparer. Je vis bien que le beau glacé des Actias était souvent cassé, retourné, éraillé sur les nervures. Et sous le velours des abdomens, il se formait déjà ce petit tas de poussière jaunâtre qui révèle que les insectes sont mangés.

Mon camarade me proposa de sortir. Il appela un fiacre d'un geste imperceptible, négligent, qui me donna beaucoup à penser. Il m'emmena au Quartier Latin. Nous montâmes au premier du Soufflet, du Vachette, où je reconnus dans la fumée plusieurs camarades de notre classe. Je les vis vraiment pour la première fois, mais, à coup sûr, pas comme je les voyais à l'étude, attentifs à ne pas se faire pincer quand ils lisaient leurs leçons écrites sur leurs manchettes, et tristement obséquieux sur le devant du professeur. Là, dans l'ivresse du billard, ils avaient l'air important, dégagé, blasé, massant d'un air boudeur en tirant de grosses bouffées de leur londrès. C'étaient les élégants de la division Faguet. Mon ami leur dit : « Je vous amène F..., que vous connaissez bien. » L'un d'eux, passant sa queue de billard derrière ses reins d'un geste de grande habitude, fit, avec une bouchette spirituelle : « Je le... je ne le connais que trop. » Et il me donna un petit coup d'épaule amical.

La nuit tomba, première nuit blanche... Les salles s'enfumèrent davantage. On servit les apéritifs. Je m'exaltais en buvant, je commençais à parler. J'essayais de donner à mon camarade une idée meilleure de mon expérience. Je me disais aussi, confusément, dans un sentiment que je croyais bon, sans me laisser retarder par l'orgueil qu'il contenait, que j'allais tâcher d'arracher ce jeune homme à ce milieu de billardiers que je sentais bien qui était le sien, que j'allais le sortir de ces gens de courses dont il employait parfois l'argot, non sans m'étonner ni me plaire. Il me dit, d'un air supérieur : « Oui, il n'y a pas à dire, toi, tu as le sens des belles choses ! Et moi, j'ai besoin de quelqu'un qui me sorte de la merde. Tu m'en sortiras, mais plus tard. » Alors, j'eus un frisson d'espoir, pour lui, pour moi, pour tout ce que la vie nous réservait !

Nous nous levâmes. Il était bien l'heure de rentrer.

C'était un grand garçon aux yeux clairs, qu'on ne voyait jamais ciller sur un teint mat, avec des cheveux drus, frisés court, un nez cassé, une bouche ardente, des dents bousculées, mais saines, un menton dur ; toujours habillé d'étoffes anglaises, avec une cravate rouge bien choisie chez Tremlett. On le sentait très soigné par sa mère. Nous étions dans la même classe, même division, depuis plusieurs années. Un jour, en récréation, dans la cour, en chahutant, il m'avait donné un coup de pied sur la main. Je crus que j'allais m'évanouir. Mais cet orgueil qui me faisait me relever seul et sans rien dire, enfant, quand je m'ensanglantais les genoux en jouant, m'empoigna d'une serre impérieuse et m'imposa de ne rien laisser voir. J'avais le pouce luxé.

Peu après, nous changeâmes de classe et nous nous vîmes moins souvent. Son désir de sortir de ses cafés, de ses gens de courses, de ses distractions ordinaires, n'était pas bien sincère.

Quelques années plus tard, son cousin B... vint me voir :

« Albert s'est tué d'un coup de revolver dans la bouche. On l'a trouvé étendu sur le palier. Rien dans ses propos, pas de lettre, nous n'avons rien su! »

Moi, je pensais encore à sa mère : « Comme elle est jeune, comme elle parle d'une voix nette, sans se reprendre. Il faut l'écouter comme un violon. Comme je voudrais avoir une pareille amoureuse. Je me sentais timide et si loin encore. Un jour, demain peut-être... Aujourd'hui je suis gauche, je ne sais rien dire, je n'ose même pas parler de ce que je connais le mieux. Plus tard, je me rattraperai, je travaillerai, j'y mettrai le temps, je veux approcher les femmes les plus belles. »

Il y avait aussi la mère de Bischoffsheim, qui venait souvent le chercher au lycée. Elle était toujours habillée de clair, hiver comme été. On la voyait arriver du fond de la rue de Longchamp, sur ce ciel de Passy qui avait l'air de monter du Bois de Boulogne, la figure chauffée de rose thé par son ombrelle, comme une apparition religieuse et mondaine due au pinceau d'un hors concours des plus distingués. Gounod et Gervex. Elle saluait gracieusement les amis de son fils. Ah! c'était un lycée de jeunes gens heureux. Quelquefois, mon père, devant notre table modeste, sous la lampe qui chantait de sa vieille voix douce, me disait, avec un air de ne pas y croire : « Conserve tes relations, mon ami. Vois-tu, il n'y a que ça. » Père chéri! J'étais encore un bon enfant, alors, et ce que nous avions suffisait à mon cœur.

La vie simple aux travaux ennuyeux et faciles
Est une œuvre de choix qui veut beaucoup d'amour...

Mon plus vieux souvenir? Il est bien plus tranquille. A force de me le raconter, on est arrivé à me le faire voir.

Eh bien, j'étais tout petit, dans les bras de ma nourrice, et je tenais une pomme. Il faisait grand soleil. Ma mère arriva. Quand je l'aperçus, je lançai ma pomme au diable et je criai pour ma mère : « Apoum! Abulcoucou! » disaient-ils.

Une minute pure comme une eau qui filtre dans une grotte et dont je n'oublierai jamais le tintement et la fraîcheur, était celle où, me levant, j'entendais entrer, sous les vêtements de la jeune lumière qui venait s'habiller dans ma chambre, les flûtiaux du chevrier noir et du poseur de robinets. Je devais les retrouver, grandis mais aussi jeunes, et les comprendre mieux, dans le *Prélude à l'Après-Midi d'un Faune*.

Les cris du matin venaient des chantiers, de la campagne et de la mer. Un vieux marchand tenait la chaussée, s'arrêtait, tournait de tous côtés la tête, et disait, d'une voix bourrue :

Voil-là-les-p'tits-fau-teuils-pour-enfanpps!

Un peu avant midi, l'orgue de Barbarie chantait l'élévation des hommes qui passent.
C'était l'heure où ma mère m'amenait à la fenêtre. Alors, après un moment, je voyais mon père arriver du fond de la rue, le pas net, légèrement balancé, levant un visage inquiet sous le haute forme, le pardessus gonflé, les mains pleines de petites choses tournantes. Il y avait là, certainement, des pots de crème d'Isigny : « Le pauvre homme, il t'aimait tant, me dit ma mère. Il t'aurait mis dans sa poche. »

Que de courants entremêlés. Je viens de recevoir une lettre d'un ami. C'est une lettre ardente. Et me voici, sans m'en être aperçu, debout, frémissant encore d'espoir dans la vie. Rien n'est perdu, tout peut se refaire. Une voix chaude; un geste d'or élargit la chambre : Le feu qui s'emballe. Il ne lui manque que la parole.
Je souffle doucement ma lampe.
Le plafond rougit sourdement, comme un ciel bouché de novembre sur la ville illuminée.
Je n'ai su qu'après la mort de mon père comment ma mère et lui s'étaient connus. Un soir, un de ces soirs où j'essayais de lui cacher mon désespoir, notre vie manquée, notre misérable avenir, après un dîner dans un petit restaurant, en remontant lentement ce boulevard de Strasbourg dont il n'est pas un détail qui ne m'allume un souvenir, comme d'une flamme sourde au cœur, elle m'a montré la maison où ils s'étaient rencontrés. Maison lourde, d'un éclat morne, avec ses plaques commerciales jusqu'en haut du cinquième étage. Mon père sortait de l'École Centrale. Il était ingénieur aux Crayons Faber. Il habitait avec son

frère deux petites chambres sur la cour dans cette maison. Cela ne devait pas être bien gai. C'étaient des garçons sérieux, élevés durement par des parents cossus qui ne leur donnaient pas un sou, et ils recevaient plus de coups de pieds que de caresses. Un jour, leur père, qui les avait emmenés aux Champs-Élysées, s'arrêtait au bord du trottoir et leur disait, en leur montrant les équipages qui passaient : « Voilà ce que je pourrais avoir, si je ne vous avais pas. »

Dans le temps qu'ils demeuraient boulevard de Strasbourg, mon père avait un petit laboratoire faubourg Saint-Denis. Ma mère me racontait que c'était plein d'objets amusants, d'instruments de chimie, de petits fours d'essai qu'un diable tisonne, de cornues et de matras que la flamme empale dans un coin sombre, de petits tuyaux en caoutchouc, de bains éclatants de coralline. Il avait un esprit de recherche toujours en éveil; il était très inventif. En ce moment, je rassemble toutes mes forces pour l'atteindre, je tente éperdument le mystère, je force la nuit qui voudrait dormir, j'écarquille la mort, pour m'imaginer ce que pouvaient être sa figure sérieuse, son costume, avec le col, la cravate et le chapeau de l'époque, son œil au travail, et sa parole, que je n'ai presque connue que triste et quand tout espoir était déjà perdu.

Je suis né rue Coquillière. Quand je ne passe pas trop loin de là, je fais un détour pour y aller voir nos fenêtres, et je me dis que si la chambre est à louer, un jour, j'y monterai. Il y a dans la maison un marchand de comestibles, dont la vitrine est puissamment fortifiée de pâtés en croûte, crénelés comme des tours, et de tout un parc de boîtes de conserves. De l'autre côté, c'est un beurrier célèbre, avec ses hourds et ses impériales chargés de mottes, falaises et banquises, glaciers métis du chrome et du cadmium. Tous deux sont armés d'énormes balances et de poids en cuivre, alignés par rang de taille comme la famille de l'artiste-tronc.

On me mit en nourrice à Montrouge. Ma nourrice s'appelait la mère Méric. C'était la femme d'un sergent de ville. Une géante qui avait des accès de colère terribles, au cours desquels elle battait son mari comme plâtre et le coiffait solidement d'un pot de chambre à l'ancienne mode en forme de chapeau carré. Je crois bien que c'est d'elle que je tiens une violence sans bornes. Mais elle aimait les enfants, et elle m'aimait, dit-on,

particulièrement. Ce qui ne l'empêchait pas de faire souffrir mes parents, de raffiner sur le chantage, d'être d'une papelardise et d'une exigence dégoûtantes, et de se faire combler de cadeaux.
    J'ai été élevé rue du Géorama, puis rue Mouton-Duvernet. Comme tous ces noms propres, tous les noms propres de mon enfance ont gardé pour moi leur charme enchanteur! Ils m'ont appris le beau roman de l'univers. Ils se confondent avec les traits chéris, la voix familière de mes parents, leur façon bien connue d'arrondir la bouche pour les prononcer, la première boîte de compas, la première boule du Monde, les cartes en relief, les leçons de choses. Triste Montrouge, que je n'ai bien connu que plus tard, flanqué du biscuit de mer de ton église grise, avec des amis, avec mon pauvre Barbas, quand nous allions déjeuner chez Baudouin, rue Alphonse Daudet.

    A ce moment, je ne sais vraiment plus, il y a un trou. Je me retrouve au 15 de la rue du Colisée, dans une maison Second Empire appartenant à la comtesse de Léotard. C'était une vieille dame en soie noire et en jais, très sale, avec un énorme sourire aimable, et qui me donnait tout le temps des oranges pourries dans l'escalier. Je vois encore ses grandes dents, bien jaunes, bien longues, et qui devaient être coupantes comme ces frites trop sèches qu'on nous servait au Lycée Henri-IV et qui nous faisaient saigner les gencives.
    Nous habitions tout en haut de la maison, là où il n'y a plus de tapis. Il n'y avait au-dessus que l'étage des domestiques. Là demeurait une vieille fille en bonnet tuyauté qu'on appelait la mère Boër. Elle venait faire notre ménage. Il y avait, dans la chambre où je couchais, au-dessus de mon lit, un petit trou dans le plafond que la lampe y fumant parfois dans son halo rendait très significatif, et par où maman me disait, quand je ne voulais pas m'endormir, que la mère Gribiche allait passer son petit doigt crochu pour me jeter du sable. Il m'était donc bien difficile de ne pas penser que c'était la mère Boër. Je la revois avec une netteté surprenante : Clothon, la Falote ou la sorcière de Macbeth. Je lui dis un jour : « Dites donc, mamselle Boër, pourquoi que vous avez un nez qui pend? — Et toi, galopin, il n'est pas encore sec le tien! » C'est pourtant elle qui m'a donné ma première boîte de soldats, qui me fit pleurer de ravissement.
    Quand on disait que je n'étais pas sage, elle me chantait une

chanson grise, en faisant courir sur moi ses mains maigres, de bas en haut, jusqu'à la gorge.

> *La rôde*
> *La rôde*
> *Qui n'a ni pieds ni piaudes*
> *Qui n'a qu'une dent*
> *Et qui mange tous les petits enfants!*

Et il me semblait que mon ange gardien cédait la place à son propre fantôme en me faisant une horrible grimace.

Un jour, j'entendis dans l'escalier des bruits de Guignol, une voix de Polichinelle, des cris! Je sortis. Tout le monde était sur sa porte. C'était Mlle Boër, qui poursuivait un rat énorme, gros comme une miche de seigle, à grands coups d'un balai lancé en tous sens, avec une rage particulière, une figure où sortaient toutes ses vieilles rancunes. Le rat, déjà scalpé, bondissait, menaçait, suppliait, dressé, les pattes levées. Elle parvint enfin à le traquer entre une marche et le coin d'un mur, et le pila. La bête était là, sur le dos, les dents découvertes, éclatée comme une tomate, les doigts écartés, protestant encore. Je fus réveillé quinze jours après dans mon lit par le bruit d'une pelle qui tisonnait doucement la cheminée, sous une longue bride de soleil, avec cent mille oiseaux qui voletaient dans les rideaux, les cris de la rue, le sanglot de l'orgue, et la bonne figure de notre médecin qui me regardait profondément. Pendant longtemps je fis de longs rêves. J'étais soulevé sur mon lit; j'avais envie de me battre avec quelqu'un, de l'insulter, de sauver le rat ou de l'achever.

La première pièce de notre logement était une salle à manger carrelée, avec un grand poêle à colonnes, à chapiteau rond, dans une niche. Le soir, quand je rêvais sur mes devoirs et que le poêle avait sa voix de la nuit, ses piliers intérieurs s'allumaient pour moi d'une lueur étrange, et je me demandais confusément si cet animal n'était pas beaucoup plus profond que l'esprit humain ne le pouvait concevoir, s'il n'y avait pas là quelque chose de mystérieux que la pensée ne pouvait atteindre, et si celui qui saurait y chercher n'y trouverait pas, tout au fond, l'entrée d'une grotte de trésors qui passerait sous les rues, sous les maisons, sous les voitures, sous les crimes, et rejoindrait des mines d'or, là-bas, dans un pays sans hiver et sans pluie...

Ma mère cousait à côté de moi. Elle me chantait parfois des chansons de sa jeunesse, qui me plongeaient déjà, sans que je comprisse pourquoi, dans un état de tristesse infinie.

> *Le bœuf, piqué de l'aiguillon,*
> *Tremble en faisant son sillon.*

J'étais poussé doucement par l'envie de pleurer. Ma sensibilité, très en avance sur ma pensée, je sentais qu'elle prévoyait ce que devait être notre vie, la flamme sans rien à chauffer, l'enthousiasme sans récompense, la lutte sans témoins favorables, toute l'amertume, tout le doute. Cela ne fait rien, je maintiendrai. Je sais bien que tous les enfants sentent vivement, mais je crois bien que j'ai été plus loin, plus profond qu'aucun autre, moi que le seul passage d'une pensée à une autre faisait rougir. J'ai rôdé par là, sans être vu, dans des escaliers sans espoir, sur des gouttières interminables, dans des rêveries pleines de tressaillements, bondées et secrètes comme la mer.

Une deuxième pièce était baptisée la chambre aux joujoux. Il y avait là, en effet, derrière un rideau de toile, quelques jouets, dont le plus beau était un énorme chemin de fer que m'avait donné mon oncle.

Dans le tiroir d'un meuble en bois blanc, il y avait de petites boîtes contenant des tas de bricoles emmêlées, et naturellement des billes, dont quelques-unes en agate et en onyx, grand luxe pour les écoliers d'alors. Il y avait aussi les calots de verre où tournait une trombe précieuse. J'imaginais des yeux d'animaux splendides. Le fils de la concierge, Eugène Lefèvre, joli garçon nerveux, mon aîné de quatre ans et qui apprenait déjà le violon, montait souvent jouer avec moi. J'aimais les chemins de fer avec inquiétude. Je trouvais dans leur forme une excitation bizarre, un résumé déjà satisfaisant des constructions acharnées, des visages passionnés vers lesquels tendaient mes sens. C'était quelque chose de « sérieux » comme une option, un brevet d'attente. A cette époque, on me fit photographier, mais je ne voulus pas l'être sans mon chemin de fer, que je tiens par la cheminée, avec une grosse main, sinon le chemin de fer va glisser de la chaise. Et j'aimais aussi l'odeur et le goût des jouets, le vernis sur le fer, le sucre du bois blanc, le sapin de la ménagerie. Mon père m'apporta un jour un bateau mécanique avec des roues à palettes, la clef pour le remonter, et trois passagers en biscuit colorié, le derrière enfilé sur des pointes, sur le pont. Il avait été légèrement endommagé pendant le transport, une roue un peu voilée, la belle peinture rouge un peu écaillée, mais il sentait bien bon.

Ma mère prit pour servante une excellente femme que nous connaissions et qu'elle avait plus d'une raison d'accueillir. La mère Jeanne était une Auvergnate qui avait un œil à moitié fermé, ce qui m'étonnait un peu, mais je la trouvai bientôt si aimante et si affectueuse! Elle me donna des images qui représentaient les généraux de l'Empire : « Celui-ci, c'est Hoche, celui-là, Marceau, celui-là, Mazana! » Je l'aimais tant que je ne me rappelle plus grand'chose d'elle, sinon son visage attentif à me plaire, et que toutes ses actions se perdent dans sa bonté. Elle vécut doucement près de nous pendant de longs mois. Mais un jour, il lui fallut se rendre auprès de sa sœur malade et dont les enfants étaient sans ressources. Je m'étais caché pour ne pas la voir partir, j'avais trop de chagrin. J'entends encore des gens parler sur le palier, la porte ouverte. Je vois une bougie vaciller dans un courant d'air. Je tressaille au bruit des malles cognant dans l'escalier. L'odeur de la nuit, du rat de cave et des cuisines entrait par la porte. Des voix bourdonnaient, un peu haletantes. Une d'elles dit enfin : « Elle est partie, la pauvre femme. »

Plus tard, beaucoup plus tard, elle vint un jour me voir au square d'Anvers, où j'allais jouer quand j'étais au collège Rollin. Je me souviens que ma mère était triste, parce que, tout courant avec mes camarades, je faisais à peine attention à elle. Tout à coup, je ressens une alerte secrète, quelque chose comme une courte flamme sonore; je fais un écart involontaire, je saute sur la mère Jeanne, et je l'embrasse à deux mains trois cœurs...

J'aimais les chemins de fer; j'y joignis les enclumes. Quand ma mère allait nous promener, nous passions devant une forge, et, l'espace d'un instant, mes yeux coffraient ce cadre d'obscurité de la porte éclairé au fond comme par un danseur... Le feu grimacier faisait les cornes à l'enclume accroupie comme une bête lourde aux oreilles pointues, sorte de loup-garou trapu, sali dans son antre, aux écoutes, hermétiquement assis sur son derrière, et le grand soufflet du fond respirait dans son lit comme un ogre endormi... Un jour, le forgeron me fit entrer et frapper sur l'enclume, et ce fut la révélation du bruit chagrin du fer sur le fer... Un autre jour il m'aplatissait et me façonnait le fer rougi à blanc, comme un sucre d'orge de feu d'où s'élançaient des étincelles très pointues, vite pâlies. Je n'avais pas peur de tout cela. J'y trempais mon cœur avant de connaître la musique. Et cette odeur du fer et de la limaille, importante et simple comme celle de la terre mouillée...

Je me mis à parler si souvent des enclumes, qu'il arriva ceci : Un matin, j'étais encore couché, et le soleil dorait les persiennes à la règle et promenait dans les rideaux des triangles et des timbales qui commençaient à faire danser toutes sortes de petits personnages. On sonne à la porte. Un silence. Et voilà qu'on m'apporte un amour de réduction d'enclume, avec son marteau, des petits morceaux de fer, et une boîte de capsules, qui étaient d'une classe au-dessus des amorces! C'était la marchande de vins, Mme Bassan, florissante matrone, bonne comme le pain et putain comme chausson, et qui, m'entendant toujours parler d'enclumes, m'avait fait tourner ce jouet admirable. Ah! si je pouvais te retrouver, chère madame Bassan. On te disait noceuse, et cela ne fait plus pour moi l'ombre d'un doute, tu l'étais, pour avoir mis ton cœur en vacances, un instant, au milieu de ton commerce, au profit d'un petit garçon rêveur.

J'ai dit que je ressentais vivement les odeurs. Ah, que ne puis-je sentir aussi fraîchement qu'alors l'odeur de l'hiver qui commence; l'odeur de l'écurie qui soufflait au fond de la cour, où trônait un piqueur colossal qui s'appelait M. Sortais; l'odeur d'une boutique d'herboriste qu'on frôle sans la voir; il faut bien qu'on y retourne, pour voir se mettre gauchement debout les pâtons des vers à soie; l'odeur des voitures des marchandes; l'odeur de la rue à onze heures.

Tout ce que vous voudrez, pour une heure de la lumière, des chants et des odeurs de cette époque-là.

Il y a quelque temps que je vais au Cours. « Institution de jeunes gens », tenue par des dames, rue Montaigne. Je vois encore le jour où, pour la première matinée, on me sépara de ma mère, que je n'avais jamais quittée. On m'avait fait me lever un peu plus tôt. J'étais là, devant mon premier déjeuner, et je laissais tomber de grosses larmes dans mon chocolat, entre les pattes d'une araignée d'eau monstrueuse, que je vis surgir et glisser en rond sur le bord de ma tasse! Allons! C'est l'heure. C'est l'heure des camarades. La vie ferme ses fleurs, tend ses chaînes, ouvre ses livres.

L'Institution était tenue par une vieille demoiselle qu'on appelait Mlle Georges, originale excellente et qui ressemblait à Voltaire, à un Voltaire coiffé à la chien. Elle était assistée de deux sous-maîtresses; la plus jeune, très jeune fille; la plus ancienne, grosse et brune, pourvue d'une ombre de moustache, avenante des aisselles, et qui s'appelait Mme Garnier. Les mères acides en disaient qu'elle avait le genre fille à soldats. Elle nous faisait tout le temps faire un « verbe ». Pour y échapper, on demandait à aller faire pipi. Elle vous en refusait la permission. Pour l'embêter, Mlle Georges, vaguement jalouse de sa beauté plantureuse, vous l'accordait! Mme Garnier disait : « J'ai mes raisons, Mademoiselle. — Et moi, Madame, cinglait Mlle Georges, j'ai des raisons majeures! »

Nous dînions quelquefois avec Mlle Georges dans un petit restaurant de la rue de Ponthieu qui sentait le garde-manger, la serviette humide et le moutardier sec. Espérions-nous capter son héritage? Il consistait en une main coupée et momifiée qu'elle légua, pour tout potage, à ses amies les dames Juillerat, deux dames riches qui mangeaient sur du papier gras.

Sur le chemin de l'Institution, nous passions devant cette herboristerie dont je parlais tout à l'heure, et dont l'odeur et la couleur nous attiraient comme un fourré. Je ferme les yeux, je la sens. Un jour, on y installa des vers à soie, dans la vitrine et sur des claies. Quelle histoire! Tous les jours, nous nous y arrêtions, en proie à une sorte de torpeur botanique. Nous nous sentions des voyageurs. Nous admirions, dans le demi-jour du mûrier, les mystères de la forêt, le problème étonnant de ces longs bâtons blancs, d'un blanc tondu, petits chameaux fantômes, qui avaient l'air de faire un travail d'arpenteur, se courbant en boucle pour amener les pattes de leur arrière-train contre leurs pattes de devant, repartant avec celles-ci comme pour mesurer une distance, dressant parfois leur tête ridée de vieille dame, et se balançant si doucement en l'air qu'ils avaient l'air de flotter au gré du vent, vraies girouettes de chair. Et puis, peu à peu, on voyait se tisser et s'épaissir autour d'eux comme un brouillard de rayons! O la joie de mes premiers vers à soie! J'en élevai quelques-uns dans un placard très chaud, près du poêle, du fameux poêle, qui s'enrichit pour moi d'un nouveau mystère.

L'atmosphère de la Pension n'était autre que celle d'un salon louis-philippard, modernisé d'un peu de bambou et de peluche. On y voyait tourner et marmonner en demi-deuil, contre la lumière bourgeoise de la rue Montaigne, la sous-maîtresse et les institutrices. Les yeux des écoliers s'ouvraient et se fermaient dans le faux jour comme les yeux des chats. Il y avait là un Irlandais aux yeux bleus, Edwin Angarika, je crois, qui disait, d'une voix follement limpide : « Mselle! Mselle! Je ne peux pas trouver Liverpool sur la carte. » Il disait ça pour faire le malin à cause de Liverpool. Il y avait Caronesi, un petit brun rond et dur, en buis, qui collectionnait les morceaux de mosaïque. Hubert de Frédy était étroit, distingué, de manières charmantes, un peu voûté. Maurice Dufrêne était grand, fin, froid, avec un front bombé, un sourire timide, et pas encore futur artiste décorateur. Robert Dervillé avait une jolie figure pâle et nerveuse, faisait tout le temps claquer ses doigts et grinçait quelquefois des dents... Midy, futur pharmacien spécialiste, m'embêtait parce qu'il courait après mes petites filles. J'y reviendrai. Blum avait déjà cette manie juive d'enseigner les autres. Doyen, petit blond myope, m'avait donné un des deux rats blancs qu'il avait. Izambard, horriblement chevelu, noir et huileux, faisait d'immenses grimaces qui m'évoquaient, je ne sais pourquoi, un fourneau de cuisine fendu, crevé. Nous avions nos ardoises. On se disait : « Veux-tu coller ? » Et, en mettant bout à bout toutes nos ardoises, nous arrivions à dessiner, à la craie ou aux crayons de couleurs, une grande composition de guerre, ou la ligne d'une flotte interminable.

En écrivant ces pauvres choses, j'entends toquer à la fenêtre, doucement, mélancoliquement, notre boule blanche que le vent pousse. J'entends défiler lentement la nuit, par gouttes lointaines, avec un bruit indifférent, comme aveugle; des larmes qui viennent du temps, du temps qui revient des larmes, du fond des mois, du fond des années, du fond des arceaux, du fond des cavernes. Un innombrable cheminement d'animaux imperceptibles, inexorables, qui marchent sur nous en dormant, poussés par les bergers divins, séparés de la nuit passée, sans savoir; amibes qui se sont chargées tout d'un côté; fantômes qui se massent à l'avant de la scène, en haut d'un toit, pour fuir une mer invisible. Quelque chose de séparé. Quelque chose comme la lumière séparée de son astre mort, et qui n'en continue pas moins de tirer purement sa route, isolée dans l'espace.

Je me souviens aussi de certains mots hagards dans la lumière. Nous allions faire nos commissions dans une épicerie où il y avait un petit garçon pâle et affairé et qui se tordait tout le temps les mains, comme s'il suppliait; et j'ai entendu plusieurs fois quelque cliente demander à l'épicière : « Mais qu'est-ce qu'il a donc dans les mains, votre fils? » L'autre répondait : « Madame, c'est des graviers qu'il a toujours. »

Il y avait, en face, un immense mur couvert d'affiches, avec une grande réclame rouge qui avait par certains temps couverts un air menaçant. Nous l'appelions : le mur Troppmann, car nous étions encore sous l'impression des récits qu'on faisait du crime, et je me sentais déjà délicieusement suspendu, sans grand danger encore, au bord de la terreur de vivre.

Je ne vois pas et je ne sens pas moins bien l'entrée, qui ressemblait à un jeu de construction, avec ses vitraux en confitures, et l'odeur tiède, comme une grosse fleur qui s'ouvrait sur la rue, de l'établissement de bains de la rue du Colisée. J'en voyais parfois sortir quelques figures qui me paraissaient en colère. Je me disais : « Ce qu'ils ont l'air méchant, tous ces gens-là! » Je voyais sur eux un certain désordre, un air de fuite. On eût dit qu'on venait de les mettre à la porte et qu'ils avaient pleuré de rage. Ça m'avait tout l'air d'un palais bizarre, exotique, d'une vie de serre chaude et de tisane, où l'on ne devait recevoir que quelques personnes choisies, où l'on devait élever, par exemple, des vers à soie, et où se faisaient une cuisine et une lessive riches et douces, avec des tintements de lourds couvercles d'or, des allées et venues de fantômes sans yeux, tout rouges, et des départs précipités de personnes congédiées.

On voyait parfois le porteur d'eau, pareil à une énorme balance, ou le garçon de bains, casqué de sa baignoire, porter le lavage à domicile.

O, la première communion de mon premier bain!

Je commençai à aller jouer aux Champs-Élysées, où je retrouvai bientôt mes camarades de pension. Je refais dans tous ses détails le chemin que nous prenions pour y aller, la rue du Colisée, la rue de Ponthieu, le tournant d'un restaurant saisissant de surprises avec ses éclats de verre, ses odeurs de soupirail et de couvercle enlevé, sa batterie de quatre moules à gaufres, noirs et sonnants comme des dragons enchaînés. Puis, soudain, le débouché, dans la lumière grande ouverte de l'avenue Montaigne, en dépassant le café des gaufres, en face du Cirque d'Été! J'étais si heureux que je traversais en courant! J'arrivais en plein dans les camarades, et souvent sur les genoux, m'écorchant cruellement, me relevant sans rien dire. Alors, je voyais tourner vers moi tous les têtards, toutes les boules pâlottes, aux yeux tout neufs, aux yeux d'une douceur effrayante. Il y avait là Maurice Delinotte, qui mettait toujours sur sa tête une couronne en papier doré, et s'écriait d'une voix d'acteur, déjà : « Mes enfants, je suis le Rrroi! » Doyen, avec sa figure petitement souriante de fils d'institutrice, paraissait craindre ces manières. Izambard, bleu comme une mouche à viande, roulant ses gros yeux de faux Oriental, ne détestait pas les farces brutales. Édouard Blum, qui se croyait le malin de la bande, qui jouait déjà la comédie de salon et se vantait de « savoir les fractions », souffrait de toute supériorité.

La chaisière était déjà là, devant les parents, venue par les airs, posée comme une mouche.

Moi, je me sentais timide et fin, déjà réfléchi, d'une finesse assommante et qui me donnait moins de plaisir que de peine, mais tout enrubanné de la jeune lumière, des cris doux, des lointains qui tournaient avec nous, d'avoir déjà faim, du tuyau d'arrosage crevé qui délayait lui-même son arc-en-ciel dans l'eau de ses éventails et qui faisait sentir si fort l'herbe, de la silhouette coloriée des chevaux de bois et des baraques des marchands, vieux parapluies sans étoffe, et des groupes de parents et d'enfants pépiants. L'arrosoir posait son tuyau roulant contre la bordure de fer du gazon, comme un gros lézard aux pattes boulues. Oh, le bruit excessivement fin des gerbes d'eau, la rumeur des mouches transparentes, l'inexpressible aigrette de diamant qui sortait d'une vieille blessure! De temps à autre, au bout d'une allée, une corde à sauter traversait l'air. Mes sens buvaient goulûment, avec un zèle immense, et composaient déjà les redoutables tracés, modelaient déjà les germes ardents qui devaient me rendre la vie si dure.

Cependant, comment pressentir tant de sorcellerie dans l'avenir, tant de plans superposés, tant d'accidents à la tête, tant d'intelligence inutile et dont il faudrait se déshabiller coûte que coûte...

Il y avait, à côté du Cirque, une espèce de baldaquin, décoré de bougies de couleur et de pipes, où des retraités, tirant des mouchoirs de priseurs, des maniaques et des domestiques du quartier jouaient à lancer des palets de cuivre, ce qui nous semblait diabolique.

Surveillés par un gardien vert, avec l'œuf dur dans de l'oseille de sa médaille militaire, le pèlerin de Chanaan, portant sa grappe de ballons, le marchand ambulant de sirop de Calabre, tout bossu d'or et de velours, le marchand de plaisir, qui faisait rouler son tambour de garde-française où tournait une double aiguille, l'homme-orchestre, tout jaune et tout noir, démon triangulaire, prodigieux grimoire instrumental, arrivaient en chantant, en tintant dans les arbres et nous étonnaient comme des Rois Mages, des courriers porteurs de grandes nouvelles, de monstrueux voyageurs égarés chez les petits hommes, des sorciers diseurs de sentences autour desquels on faisait le cercle.

Voilà l'Plaisir, Mesdames, voilà l'Plaisir!
N'en goûtez pas, Mesdames, ça fait mourir!

De l'autre côté de l'avenue régnait le Palais de l'Industrie, toujours en expositions et en fêtes, toujours triste comme un diplôme, et dont la figure centrale, chevronnée de la belle étoile, décernait des couronnes à droite et à gauche. Il bourdonnait alors de machines agricoles, batteuses au cou de girafe, herseuses et sarcleuses aux dents rouges, manivelles étranges qui sentaient la chaleur, dont nous étions très amateurs, et que nous appelions les machines à bricoles.

Au loin, se profilait mystérieusement, contre l'Obélisque, la lunette à trépied de la Place de la Concorde...

A travers la charpente des baraques ocreuses, pareilles à une ligne de bateaux sans voiles, que nous voyons encore aujourd'hui, telles quelles, écumait à contre-jour le mouvement continu des équipages dans la lumière. De temps en temps, un omnibus passait, avec son bruit du tonnerre de bois, comme un sabot parmi des chaussures fines. La baraque où nous nous rendions le plus souvent était tenue par la mère Guère, une femme en bonnet noir au visage douloureux, égale et patiente. La voisine passait pour être plus sociable, mais moins sûre. Presque toutes avaient ce bonnet noir, en hauteur, dont je cherche en vain à me rappeler la structure bizarre.

On trouvait, dans ces baraques, du pain d'épices aux amandes collées sur les côtés, écartées comme les dents du bonheur, et dans les vitrines, la pipe en sucre, rouge comme quand on regarde ses doigts devant la lampe, les pâtes de guimauve, de jujube, de lichen, et ces tortillons de réglisse noire. La réglisse Florent (vieille marque) était un luxe, en boîte ronde, avec ses petits cubes gris, d'une matière de fond d'artichaut, qui avaient l'air damasquinés sur un côté. On nous permettait aussi les nonnettes Sigaut, parce que c'était « une marque ». Quelquefois, nous achetions une de ces grêles fioles de liqueur, avec leur tout petit bouchon, qu'on enfonçait généralement, sans qu'il fût possible de le retirer sans épingle, dans le goulot, qui se cassait! Ces petites bouteilles en verre mousseline contenaient un produit sucré coloré en jaune ou en rouge. Il n'y avait rien de plus bête et de plus gai que ce sirop en miniature. Comme jouets, le pistolet aux amorces, véritable sauterelle à feu, décoré de vives couleurs chimiques, le mirliton, le tambour, la balance à deux sous, délicieusement aigre de sa dorure au mercure, la petite tortue qui tremblait modestement des pattes dans une boîte vitrée, la garniture de cheminée dans son petit carton et son papier de soie. Naturellement, pelles, pioches, ballons, et ces fameux cerceaux à manche, sur le moyeu desquels était fixé un timbre que chaque tour faisait sonner. (A propos du cerceau, la première joie d'apprendre à le lancer de façon à se le faire revenir!) Et les toupies, les sabots coloriés avec un clou d'or au centre, la peau d'anguille, la réglisse en poudre rouge, et le manche du fouet qu'on suçait dans un goût subtil de chaussure comestible!

Mais les baraques, c'était surtout : le coco, et le sirop de groseille et de grenadine, dont les carafes et les bouteilles, bouchées de bois et de ficelle, ou même d'un quartier de citron, trempaient dans un petit bassin, sur un escabeau, à la gauche de la baraque et de la marchande.

Le soleil de ce paradis, beau comme une planche de cosmographie, faisait tourner deux manèges de chevaux de bois, l'un en face de l'autre, en plein dans les jeux, cabestans fixés sur un mât de cocagne tricolore, aux fortes baleines, auxquelles étaient suspendus, dans une armature d'escarpolette, des chevaux de bois frugalement armés de crin et qui ressemblaient assez à de grosses brosses usagées. Les tenanciers de ces astres morts étaient de braves gens en casquette, des vieux du Second Empire, des militaires et d'anciens gardes, pleins de bonhomie bourrue, la roupie au nez, chiquant leurs souvenirs. Ils se tenaient debout sur une espèce de plate-forme recouverte d'une toiture de zinc où leurs godillots crissaient aussi désagréablement que le pied sur le dallage recouvert de sciure des crémeries, souvenir d'enfant qui me met l'eau à la bouche. Ils y avaient dressé une espèce de chevalet auquel était adaptée une planchette tournante, sorte de pupitre mobile où les appâts et les anneaux étaient pincés dans une glissière. Au moment de la mise en marche du manège, on distribuait des lances aux enfants, et celui qui avait enfilé le plus d'anneaux au passage, recevait, pour prix de son adresse, un jouet ou un sucre d'orge. Du haut de leur tribune, les patrons tendaient aussi des pantins, des objets grotesques dont la capture était plus difficile, et ils égayaient ces lots particulièrement héroïques de boniments lancés d'une voix bourboussonne et que je n'oublierai jamais, tels que : « V'là les lunettes de ma grand'-mère, mad'moiselle Barbouillée des Pois Verts! », etc.

Tout cela n'allait pas sans quelque chicane entre les parents : « Oui, Madame, c'est truqué! Il a eu le prix parce qu'il y monte souvent! Et cette grande bringue de fille, là! Est-ce qu'on fait monter des enfants de cet âge-là sur les chevaux de bois! Je vous demande un peu! »

Le drame que je ne pouvais pas voir, et que je remonte maintenant dans l'ombre, pièce par pièce, c'était celui de l'autre manège, qui ne faisait pas d'affaires. De même qu'il y a dans la rue un trottoir sympathique, de même qu'il y a des rues où on n'a pas envie de passer, comme la rue Buffaut ou la rue de l'Aqueduc, de même il y avait des coins où on n'allait guère, et des gens qu'on n'approchait pas. On regardait à peine le pauvre vieux triste de l'autre manège, et son appareil semblait peu à peu s'enfoncer dans le sol. C'était comme un enlisement, comme un naufrage muet et sourd, perdu dans l'orage de toute cette gaîté.

Il en était ainsi pour les Guignols. Le mieux achalandé était celui qui était placé tout contre les Folies Marigny. Son décor de ville triste, plein de coups de bâton, où grinçaient et susurraient deux traversins à tête de plomb, coiffés de chapeaux criminels, m'impressionnait comme un événement macabre dans une impasse. Mais ce ne fut que le jour où on y joua la *Prise d'Alger*, avec coups de canon sourds et véritables pluies d'étincelles, que j'eus le pressentiment du pouvoir de l'homme et de son astuce.

Je n'ai pas gardé un souvenir bien excitant de la voiture aux chèvres, sinon que les enfants faisaient claquer leur fouet du plus fort qu'ils pouvaient, avec le sentiment de diriger la chose, et qu'une fois descendus de voiture, ils caressaient les petites diablesses blanches avec beaucoup d'appréhension.

En fait de grandes personnes, je me rappelle horriblement la tante de notre camarade Jacques Denise. Elle arrivait aux Champs-Élysées avec une figure bouffie de colère, rouge dans une sorte de bonnet bouillonné, roulant ses calots sur un fer à cheval de moustache, et c'était à tout bout de champ des : « Jacques, ici! Jacques, tout de suite! Jacques, ne fais pas ceci! Jacques ne fais pas cela! Jacques, tu seras puni! » On l'appelait l'ogresse bleue.

Il y avait aussi Mme Doyen, qui arrivait chercher son fils avec un port de caissière, et, sur le nez, deux lorgnons superposés.

Je garde un souvenir respectueux et tendre à M. May, qui me parlait avec douceur, et qui me fit un jour cadeau d'un fouet superbe. C'était un beau vieillard, d'une insigne élégance, et dont la barbe blanche avait l'air en soie. Toujours en haut-de-forme gris mat, ou noir aux reflets innombrables tournant comme autour d'un bracelet-sorcière. Il était l'oncle de mon amie, la jolie petite Suzanne May, qui m'avait conquis, un jour où, lasse de bouder, elle m'avait dit : « Je ne suis donc plus ton mignon? »

— Madame, je vous présente mes hommages. M. Dervillé va bien? Vous savez la nouvelle? Mais, M. May est mort?... Il s'est suicidé... Non, il n'était pas venu ce jour-là aux Champs-Élysées. En rentrant, son frère a trouvé une lettre qu'il avait laissée, et où il disait : « Vous me trouverez dans la Seine. » C'était la crue. Le fleuve roulait à pleins bords. On l'a cherché deux jours; on a fini par le trouver assis sur la berge, trempant dans l'eau jusqu'aux genoux. Il s'était tiré un coup de revolver, il était resté comme ça, assis.

... Un tour de vent visse les feuilles mortes. Les groupes se font et se défont : « Monsieur Deflandre, venez un peu que nous en parlions. »

Il y avait des chuchotements. Les événements entraient dans ma vie l'un après l'autre. Je sentais parfois se déclencher leurs crans, comme on les entend dans un réveil où le mouvement s'achemine en rond vers l'implacable sonnerie.

Je retrouverai plus tard Suzanne May, parfaite blonde. La grâce me fut donnée par elle. Pendant des années, j'ai pensé à elle sans en rien savoir. Je l'ai retrouvée. Je dirai comment. Plus tard. C'est une histoire d'homme.

Un jour que je courais à perdre haleine, poursuivi par un insecte héroïque, ma mère, qui n'était pas loin, bien entendu, car elle ne me quittait guère, ma mère m'arrêta tout net et me dit, d'un air assez dur : « Viens voir ton oncle. » Et elle me mena à un monsieur brun et noir, à courte barbe en pointe, que je ne connaissais pas. Je vis à côté de lui mon père, qui tenait par la main une jolie fillette blonde. On me dit : « Tu vois, c'est ta cousine Gabrielle. » Nous nous mîmes à jouer et à courir, pendant que les parents causaient à l'écart. Elle m'appela tout de suite Léon, mon cousin Léon. Il me parut qu'elle avait beaucoup d'assurance, qu'elle parlait très fort et que ses gestes étaient supérieurs aux miens. Elle me domina d'emblée. Puis, quand on trouva que nous avions assez joué, on nous mena ensemble à une baraque, où mon père acheta une pendule pour elle, mon oncle une balance pour moi. Tout à coup, chuchotements précipités, des bras jetés de travers, le frottement de quelqu'un qui court. Un tournoiement, un coup de vent sec emmena tout net la petite cousine, dans une traînée de feuilles sèches. C'était ma tante qui arrivait, il ne fallait pas qu'elle me vît, histoires de familles, pauvres histoires...

Il y avait aux Champs-Élysées des enfants exotiques, généralement gras et pâles, habillés de couleurs. Il y en avait deux qui disaient tout le temps : « Mama », et qui répondaient presque toujours : « Non ! » (pas même : non, merci, comme nous disions, nous), quand on leur demandait : « Voulez-vous jouer? » Il y eut aussi un garçon orgueilleux, déjà grand, qui planta un jour une pelle dans un tas de sable, et cria : « Tous les enfants qui feront tomber cette pelle auront les oreilles tirées! » C'en était trop. Toute ma patience accumulée me monta d'un coup de pompe aux oreilles avec une chaleur insupportable. Mon orgueil de timide passionné grimpa brusquement trop haut pour que je pusse désormais supporter le moindre défi : les yeux remplis de larmes, je m'élançai sur le tas de sable et, d'un coup de pied sûr, j'envoyai promener la pelle sur le macadam, au milieu des promeneurs. Au moment où le garçon se précipitait à mes trousses, ma mère était déjà sur lui, et, sans oser regarder, serrant, les épaules, j'entendis le bruit plein et décisif de la calotte qu'elle lui appliqua, dans la stupeur générale. Je n'ai pas su le reste.

Les enfants qui jouaient à dix mètres de nous s'estompèrent, se fondirent dans une grisaille. Ils n'existèrent plus pour nous. Nous ne conçûmes plus d'autres camarades. Nous nous sentîmes exceptionnels.

Là-dessus, coup de baguette. Piaffements précipités. Des badauds s'affairent au bord du trottoir, se montrent quelque chose qui se passe à gauche : Un beau vieillard s'avance au grand trot, mirifiquement chapeauté, suivi d'une cavalcade d'enfants montés à ravir. Rumeur flatteuse, tapée de quelques applaudissements. Grrrand Français! Rrran Français! C'est Ferdinand de Lesseps et sa petite famille.

Un matin qu'il faisait grand soleil et que l'avenue des Champs-Élysées étincelait de voitures de maîtres, avec le bruit des gourmettes et le glissement doux des huit-ressorts, ma mère, qui avait ce jour-là l'air assez triste, me prit par la main et m'amena au bord du trottoir, tout contre la chaussée. Comme nous restions là longtemps, je lui dis : « Qu'est-ce que tu regardes? » Elle répondit au bout d'un instant : « Ah! les voilà! Pauvre amie. Tiens, tu vois, c'est aujourd'hui que Robert Dervillé prend le nom de son père. Il s'appelle maintenant Robert Landelle. »

Nous avons déménagé. Nous ne sommes plus au 15, nous sommes au 22 de la rue du Colisée. C'est un logement triste. Je souffre là d'une impression d'attente et de calme d'où je voudrais m'échapper. Nous sommes seuls pendant de longs jours, ma mère et moi. Mon père est en voyage.

Un jour, dans le silence, ma mère me dit qu'elle se sentait souffrante. Nous n'avions pas encore notre nouvelle bonne. Je me souviens qu'elle sortit sur le palier pour appeler la concierge. Elle criait : « Madame Bombart, madame Bombart? » L'autre monta. Ma mère se mit au lit. Le médecin qui vint aussitôt dit que ce n'était rien. Elle est nerveuse, elle est malheureuse. Moi, je savais bien que ma mère était résistante, la voyant toujours si active. Elle ne resta couchée que quelques jours, mais je la trouvai bien silencieuse.

De nos fenêtres, on voyait des façades riches et tristes de grands carrossiers : Henri Binder, et, plus loin, dans un lourd cadre noir et or : Poitrasson.

Mon père arriva avec un poêle Choubersky. Je fus ébloui, radieux. Quel jouet magnifique! Quand l'ouvrier le mit en place, j'admirai, le souffle retenu, ce merveilleux instrument, ce joujou grande personne, avec son beau noir lustré et la couronne nickelée de son couvercle. Le lendemain matin, je fus réveillé par un bruit de voix animées. Dans la bonne odeur du café, mon père, en bras de chemise, expliquait à ma mère, en peignoir, les cheveux sur les épaules, et à notre bonne, qui se tordait les mains d'émotion : « Un cendrier, un seul, vous dis-je. Il faut verser un cendrier de sable dans la rainure. » Ces paroles me semblèrent grosses de sens, d'une vérité générale et d'une certitude réconfortantes. J'étais tout frémissant, aux écoutes, bien réveillé, l'œil frais comme un poisson, plein de santé, assis dans mon lit. Mon cœur battait à pleines voiles. J'avais vu poindre la science, l'instrument sérieux et dangereux, les merveilles de l'industrie, les grandes aventures mécaniques. Tout s'élargissait et promettait. Le poêle montait rapidement et chauffait. C'était comme si l'action en personne était entrée dans la maison!

Il y avait déjà longtemps que nous allions chez les Landelle, au 17 de la rue Montaigne, au coin du faubourg Saint-Honoré. Ils habitaient au cinquième étage un vaste appartement d'angle, avec un immense balcon qui faisait le tour de la maison et d'où l'on avait vue sur cinq rues animées, comme sur les môles et dans les bassins d'un grand port. Là devaient fourmiller pour moi beaucoup de plaisirs et beaucoup de mystères.

Il y avait aux fenêtres de grands vitraux qui me semblaient admirables. Les meubles étaient d'ébène et de palissandre, avec un immense lit de milieu canné d'or, et des lampes massives, et des suspensions partout, « signées de Gagneau ». Des pendules monumentales. Une lumière amusée par une infinité de bibelots. De nombreux objets recouverts en peluche, coffrets, boîtes à gants, cadres. Tout cela me parut d'une richesse sans limites, et je me plongeai pour longtemps dans cette variété.

Mon camarade Robert Landelle avait un peuple de jouets. Il m'en faisait profiter avec beaucoup d'amitié et de complaisance. Je les considérais sans jalousie, mais avec une sourde envie de pleurer dont je n'aurais vraiment pas su m'expliquer la cause. Il me souvient surtout d'un cheval mécanique, modèle riche, grande taille. Et de certaine épée à poignée de nacre...

Sa mère était grande, forte, douce et bovine. Je l'aimais bien. Elle s'occupait sans cesse à arranger des draperies autour d'énormes cache-pot contenant des plantes artificielles, notamment de faux bégonias en caoutchouc argenté dont Robert grattait le maquillage avec ses ongles.

Son père était petit, maigre, noir, jaune avec des yeux brasillants. On disait souvent qu'il était condamné, mais qu'on allait demander au docteur Depoux d'appeler de nouveaux médecins en consultation. Octavie, la cuisinière, géante forte en gueule au juste sens, bougonnait grassement : « Depoux, Depoux, il est comme les autres, celui-là! Des nobles, il vous faut des médecins nobles, à présent! »

Quand j'évoque le physique de M. Landelle, ses yeux incandescents, ses rages de malade, et l'allure de Rubens de Mme Landelle, je ne puis m'empêcher de penser à l'immense lit de milieu qui semblait dominer la chose, absorber toute la lumière dans son mausolée d'ébène, et je revois une gravure de James Ensor, qui s'appelle la Luxure, où un tout petit homme crochu, velu et noir, grimpe de très bas dans le vagin d'une femme énorme qui le surplombe, sur un lit vaste comme un autel.

M. Landelle réunissait des ouvrages militaires, éditions de grand luxe, dont il se faisait tirer des exemplaires à son nom, sur grand papier, et qu'il faisait habiller de reliures splendides par Marius Michel.

C'était, par exemple : *l'Armée française* par Jules Richard, édition Boussod-Valadon, grand in-folio, avec des illustrations en noir et en couleurs d'Édouard Detaille. Quand nous avions eu de bonnes notes, il nous les montrait avec toutes sortes de précautions, en fronçant le sourcil et en clappant de la langue avec impatience quand nous approchions nos mains tremblantes de ce formidable ouvrage.

J'admirais la finesse du trait et le fondu photographique des personnages. Un joli travail de couleurs les faisait vivre. Je m'hallucinais, je les voyais tourner, je voyais la fumée des canons s'étirer lentement sur les pages. Un véritable trompe-l'œil, comme dans un panorama. Je conçus à ce moment qu'il pouvait y avoir au monde d'inexplicables merveilles.

Une grande joie pour moi, c'était, les soirs d'été, d'aller sur le balcon, avec deux ou trois camarades, regarder ramper les voitures et les silhouettes fantastiques des passants. Il y avait à ce moment une série de crimes dans Paris. Gamahut, Marchandon, l'assassinat de Mme Ballerich. Marie Regnault venait d'être assassinée par Pranzini deux maisons plus haut. Des ombres glissaient sur les murs comme des oiseaux de mauvais augure, grandissantes jusqu'à la menace. Nous pressentions des catastrophes, nous espérions quelque chose de terrible. Parfois, un incendie qui respirait au loin nous en envoyait la sourde promesse. Nous montions souvent, sans être vus, par un petit escalier intérieur, dans un assez grand cabinet qui servait de débarras et qui était rempli de choses bizarres. Là, nous tenant par la main et nous chuchotant de drôles d'histoires, nous regardions par une fenêtre basse les lumières mouvantes empêcher les ténèbres de dormir, et nous écoutions trembler au loin les bruits de la ville. C'est au creux de ces soirées, au contact de ces enfants pas très sages, ardemment conçus par des parents mal remis de la guerre de 70, nous serrant l'un contre l'autre dans la nuit du grenier magique, que nous devinâmes que nous allions vivre dans l'aventure, et que nous fûmes troublés, dans la fausse position du complot, de la cachette et de l'écoute, par le premier danger sexuel.

On commença à voir les enfants rôder chez les uns, chez les autres, dans les couloirs, dans les rideaux; chuchotements, portes fermées très lentement, pour les empêcher de grincer. Mais quand Picard abusait de lui-même, il prétendait associer le monde entier à son plaisir. Il lui fallait tout un attirail. Il décrochait dans le salon de fort grands portraits de famille, qu'il emportait aux cabinets, chantant, faisant le plus de bruit possible. Il y joignait une vieille clarinette, et jusqu'au dessous de plat à musique et au cabaret à liqueurs en bois sculpté à la mécanique, dont l'un jouait *la Marseillaise* et l'autre *le Chant du Départ*. De sorte que, quand j'arrivais chez les Picard et que j'entendais un carillon dans l'escalier, j'étais fixé.

Le soir, quand il faisait chaud, nos parents sortaient ensemble. On se traînait, les uns les autres, vers les Champs-Élysées, comme des paniers noirs. Et c'était tout de suite le Café des Gaufres, tout illuminé d'orgie, avec ses machines à faire les gaufres et leurs poignées tournantes qui m'intriguaient tant. Et cette odeur de gâteaux chauds! Il y avait aussi des messieurs qui étaient les grands Parisiens de l'époque et qui se promenaient de long en large, jetant à nos mères des regards significatifs en fumant leur cigare dont l'odeur nous était nouvelle, et cette odeur, avec celle de la serviette en cuir, est restée longtemps pour moi l'odeur des grandes personnes.

Quelqu'un disait : « Voilà le prince Napoléon qui se chamaille encore avec Cassagnac. » Je les vois comme si c'était hier. Ils arpentaient, s'arrêtaient brusquement, gesticulaient, se regardaient bien en face et repartaient avec un coup de tête.

Au loin veillaient des couronnes blanches, explosaient des cafés chantants. Nous jouions à cache-cache autour des Folies-Marigny, dans les massifs de verdure. Il y avait de prodigieux moments de silence et d'attente, dans l'odeur de l'herbe arrosée qui séchait. Soudain, on voyait une ombre fuir à toutes jambes. Était-ce un camarade? Était-ce un étranger dangereux? Ces jeux se déroulaient dans une atmosphère précoce de terreur. Il y avait dans ce jardin nocturne un coin si mystérieux, si écarté, si faux, que nous l'avions baptisé : Tananarive. « Fondons une ville! Abrikauté! Tananarive! » Et nous nous entendions crier dans la nuit chaude. Une fois rentrés et couchés, nous en étions longtemps troublés, nous ne pouvions nous endormir, puis, peu à peu, nous glissions de rêve en rêve...

Le frère de mon ami Doyen, qui avait deux rats blancs, m'en donna un. Je me passionnai pour cette petite bête. Nous l'appelions mon ti Belot.

Je le mettais souvent dans un wagon du grand chemin de fer que m'avait donné mon oncle. Il mettait la tête à la portière, à notre grande joie. Mais comme je faisais brûler des pastilles du sérail dans la cheminée de la locomotive pour avoir de la fumée, il en était incommodé, et il rentrait dans son wagon, avec une grimace indiscutable.

AIR DU RAT BLANC

Abi Abirounère
Qui que tu n'étais don?
Une blanche monère
Un jo
Un joli goulifon
Un œil
Un œil à son pépère
Un jo
Un joli goulifon.

(Appel)

Tillibeet, mon ti fifi!

J'eus une grande joie, le jour où ma mère m'acheta un petit costume Louis XV en velours marron, à boucles d'acier, et une cravate Lavallière en soie orange et noir. Nous l'appelions la cravate couleur du soleil, comme dans *Peau-d'Ane*. On me fit photographier ainsi, chez Van Bosch, photographe alors en renom.

Quand on vint livrer les photographies, ma mère était si heureuse! Quelques jours après, survint un singulier personnage, vêtu à l'artiste, qui sortit silencieusement et précieusement, d'une gaine de velours, mon portrait sur verre dépoli, où l'on me voyait en transparence, dans une lumière infiniment suave, avec de discrets rehauts de couleur. L'homme dit avec importance :

« Madame, il est entièrement fait à l'aiguille aimantée. » Ma mère en avait bien envie, et moi j'étais paralysé par la vue d'une si belle chose : « Nous ne l'avons pas commandé », dit mon père. Et, malgré la loquèle abondante de l'autre, qui se défendait comme un sorcier défend ses charmes, il le poussa doucement vers la porte. Je crois bien que ma mère avait un peu envie de pleurer.

Je reçus mon premier livre d'étrennes, cadeau d'une amie de ma mère, qui me l'apporta dans mon lit, où je tenais une tasse de chocolat avec des rôties beurrées. C'était *le Robinson suisse*, avec une reliure rouge ornementée d'or. Elle me le tendit : « Ne le lui donnez pas, ma chère, lui dit ma mère, il foutra tout par terre. » Mais je la tirai de force. Oh, l'odeur de neuf, de verni, de carmin, d'encre fraîche et d'étrennes de ce livre ! J'osais à peine l'ouvrir. Et ce qui me troublait le plus, c'était, quand mon haleine passait sur l'or de la couverture, sur laquelle je me penchais pour l'embrasser, c'était de voir cet or se ternir de buée, mais reprendre aussitôt son brillant féerique !

Je parlerai plus tard d'une convalescence, des joies de la grille allumée, de la lampe voilée, des fées nouvelles qui se font connaître, des pas feutrés, des chuchotements, de l'entrée impérieuse et douce du médecin en redingote noire, des mots bizarres qui se forment dans la fièvre, des joies d'une faim absolument originale, après une diète lactée tiède édulcorée, du premier blanc de poulet et du premier œuf, de certains gâteaux légers qu'on appelait des casse-museau et que m'apportait une voisine. Ah ! quelle faim délicieuse et poétique je sentis monter dans mon corps tout neuf, quand on mit sur mon lit un album d'images intitulé : *les Fredaines de Chardonvert*, où ce fils prodigue et vagabond finit par aller mendier chez sa tante, qui ne voulut bien lui offrir qu'une modeste tartine de fromage blanc !

Il y avait aussi, rue du Colisée, une pâtisserie : Maison Hattier, où j'allais admirer longtemps, puis décidément manger de ces gâteaux décorés de losanges de confiture rouge et jaune et qui ressemblaient à de petits vitraux cloisonnés. Soupe à l'anglaise.

Quand j'étais trop long à choisir un gâteau, ma mère, impatientée, finissait par me dire : « Tu vas prendre celui-là, ou bien tu n'auras rien du tout ! »

Mais, la fringale qui me prenait! quand Marie Barrault, notre bonne, venait me chercher le matin à l'Institution, et me disait en anglais ce qu'il y avait à déjeuner! (Cream cheese.)
O faim du premier homme!

Un jour, les Champs-Élysées montèrent comme une soupe et se répandirent sur la chaussée. Tout le monde parlait de plus en plus fort, tout le monde se dirigeait, on ne savait pourquoi, du côté de la Concorde. Les plus curieux commençaient à grimper n'importe où, les plus passifs commençaient à courir, et nous recevions leurs cailloux dans les jambes.

Enfin, un cri retentit : « Les voilà! » Alors, on vit débouler, lentement, entre les arbres, une espèce d'enfer laineux, des chevaux lents et la tête basse, des dais, des aigrettes, un corbillard maigre, suivi d'énormes figures de fleurs à perte de vue sur la chaussée. C'était l'enterrement de Victor Hugo. Du monde partout, sur le toit des baraques, sur les statues, sur le mât des chevaux de bois, sur les becs de gaz, sur les arbres, gonflés, piquetés comme des pains au raisin. Soudain, un coup de feu sonne clair à petite distance : « Sauve qui peut! Voilà les Rouges! » Les gens se laissent tomber des arbres par paquets sur le sable en soulevant des rafales de poussière. Les baraques craquent avec un bruit de parapluie cassé. Des serpents humains glissent des réverbères qui se faussent, tintent, éternuent des éclats de verre. Les fuyards se relèvent, ronds d'entorses, se traînent en tous sens, cherchent où s'abriter. Les mères piquent comme des poules. Panique vite réprimée. Nous nous retrouvons aux Ambassadeurs, hors d'haleine, assis sur ces chaises-fleurs dont un pétale cassé vous entrait toujours dans le derrière.

Dîné le soir avec les Landelle, ma mère, Robert et deux camarades. La descente de voiture dans le Palais-Royal illuminé, l'odeur de Grand Véfour, l'entrée dans la fête! Nos mères avaient des capotes à brides, des rotondes et des tournures; nos pères, des gibus.

... A l'instant même où j'écris, j'entends le piano chez Mme Landelle... Un cube bleu, plein de fantômes, suspendu dans l'espace à la hauteur du cinquième. Des amis à nous.

Mme Mortier, Mme Colass, Alice Boucher, qui arrivait toujours parfumée et portant un carton à chapeau. Mme Drapier, qui jouait : *Colonel Polka, tiré de la Femme à Papa,* avec de beaux doigts gras et blonds, boulant sur le clavier. J'étais épaté par sa maîtrise, et les accords qu'elle faisait de la main gauche me paraissaient d'une plénitude et d'une réussite inouïes. Révélation de la musique.

On parlait vaguement de départ. Nous devions habiter la rue de Dunkerque.

Je n'ai jamais déménagé sans un grand chagrin. Je me sentais déjà chassé, poussé sans retour d'image en image. Si peu que nous fussions restés dans un appartement, je m'en arrachais avec peine. J'embrassais longuement les murs. Quand la pauvre mère Jeanne nous a quittés, j'ai gardé de vieux vêtements qu'elle avait laissés et je les ai pressés bien souvent sur mon cœur. Les hommes s'en vont, les objets s'en vont, les murs dégarnis deviennent semblables à un visage sans traits, les visages se fondent dans l'espace.

Nous qui sommes venus du fond des âges, à travers tant de formes ténébreuses, quittées l'une après l'autre et que nous avons laissées mourir seules, que nous restera-t-il, à notre tour, quand il faudra glisser par la fente invisible, et, cherchant nos maisons futures, descendre ou monter pour toujours?

UNE LETTRE DE ROBERT LANDELLE

L'Étoile, le 2 janvier 1889.

Mon cher Eugène,

Ce n'est pas la paresse qui a été cause de mon long silence. Je ne t'ai pas écrit plus tôt parce que j'ai été souffrant pendant plus d'un mois, et rentré au lycée, j'ai été obligé de travailler ferme pour rattraper un peu le temps perdu. En ce moment, je suis aussi bien que possible. Je t'envoie mes souhaits de bonne année et de bonne santé, ainsi qu'à ton père et à ta mère que j'aime tant.

Tu nous dis que ton père a été indisposé, mais nous sommes heureux de savoir qu'il va bien maintenant.

Je me plais assez bien au lycée de Lons-le-Saulnier. Je suis en 7ᵉ, mon professeur est très bon. Il nous appelle ses grands diables et il comprend les choses.

Les études sont divisées en quartiers, il y en a huit. Je suis en ce moment en vacances et je rentre jeudi soir.

J'ai été content d'apprendre que les papillons que nous t'avons envoyés t'ont fait plaisir et que tu les as mis dans ta plus belle vitrine. Malheureusement, il y en a eu d'abîmés. Nous n'avions pas de filet pour les prendre et nous tombions souvent avec.

Si notre propriété était plus près de Paris, nous pourrions nous voir souvent. Quoique mes frères grandissent et que je m'amuse avec eux, j'aimerais mieux un ami sérieux comme toi. Nous pourrions causer et faire en plus grand les excursions que nous faisions aux Champs-Élysées. A Lons-le-Saulnier, je sors quelquefois chez mon oncle et ma tante. Ils me font faire de belles promenades, mais ce n'est pas la même chose.

Je termine en vous embrassant tous, ainsi que maman, mes frères et ma sœur.

Ton ami pour la vie,

Robert LANDELLE.

L'EXIL

Une nymphe s'est retournée
Dans le sel rouge de l'automne.
Une chrysalide a brillé
Dans l'échaudé de la fumée.
Une ville! Une ville encore,
Qui regarde à travers sa toile,
Avec ses portraits de résine,
Le fourmilier mangeur d'étoiles
Qui lutte pour la fin du miel
Avec la phalène de fer
Qui pousse son soc dans le ciel.

Le feu tinte dans la cuisine.
L'homme fait rire sa poupée.
Le phare s'étire sur l'ombre
Qui prend le large comme un pauvre.
Jadis je me suis arrêté
Vers le soir, en plein cœur d'été,
Sous une porte sans vantail
Où l'on buvait des cours profondes
Aux pas pressés, aux têtes fausses,
Des boutiques à l'air sauvage,
Des objets vénéneux et vagues
Que je tremblais de me nommer.
Un soir, je me suis arrêté
Devant la porte condamnée
Où l'on entend de la musique.

Mon cœur battait. J'avais sauté
Dans le retrait, dans le détour
Où brille un secret mal couvert
Mais au bout du couloir j'ai vu
L'ombre, assise en tailleur, attendre
Sous l'aisselle d'une araignée.

Le long du couloir encrassé
Par un ébroûment de corbeaux,
Dans une gare de ceinture,
Au coup de tambour de la porte
Rebattue et questionnée
Par l'œuf pourri de la fumée,
Sous l'œil gradué des balances
Qui reflète le cimetière
Où la marchande de journaux
Pleure son fils dans son fichu,
Le long de la douleur j'ai bu
Le souffle cave des trains pauvres
Qui dorment en changeant de mouches
Dans la fosse pleine de graisse
Où la nuit bougonne en gouttant.
Comme eux, je roule mon calvaire,
Comme eux, je gagne la chapelle
Entre des files de malades.
Je fais comme les camarades.
Reviens. Sauve ton pauvre enfant
Qui pleure par tes yeux absents.
Parle-moi du fond de l'étang
Ou du faîte du ciel s'il est
Construit des restes de la terre.
Je suis petit. Tu es si grand.
C'est fait. J'adopte tes idées.
Je reconnais que ma misère
Venait des désirs que j'avais.
Tu vois, je suis calme et j'espère.
Fais-moi quitter mon corps visible.
J'escaladerai les échelles
Des épreuves et des blessures,
Je traverserai les systèmes,

Incube de tous les soleils,
Goutte de feu, goutte de boue,
Dans ma soif de te reconnaître.
Sans toi, sans ta douceur sévère,
Ma vie est le rêve d'un rêve
Hanté de fantômes trop tendres.
Dans la ville qui se rend sourde
Comme un fruit plein de perce-oreilles,
Devant le mur où je regarde,
Tableau de concours de la mort,
Dans le ramage de l'esprit,
Sous le battoir de la parole,
Dans la bauge où je déshabille
L'algue et la marne de l'amour,
Dans le battement où me plonge
Le coup de canon de la mer
Que je reçois comme un message
Sur l'égarement de mon cœur,
J'ai besoin de ton injustice.
Je suis, sans toi, je suis, sans elle,
Comme un cadavre d'inconnu
Les cheveux trempés de sueur
Collés sur un front bleu de plomb
Tombé sur la terre étrangère
Au milieu d'un rassemblement
Qui ne comprend pas son visage.

POSTFACE

Un long bras timbré d'or glisse du haut des arbres
Et commence à descendre et tinte dans les branches.
Les fleurs et les feuilles se pressent et s'entendent.
J'ai vu l'orvet glisser dans la douceur du soir.
Diane sur l'étang se penche et met son masque.
Un soulier de satin court dans la clairière
Comme un rappel du ciel qui rejoint l'horizon.
Les barques de la nuit sont prêtes à partir.
D'autres viendront s'asseoir sur la chaise de fer.
D'autres verront cela quand je ne serai plus.
La lumière oubliera ceux qui l'ont tant aimée.
Nul appel ne viendra rallumer nos visages.
Nul sanglot ne fera retentir notre amour.
Nos fenêtres seront éteintes.
Un couple d'étrangers longera la rue grise.
Les voix
D'autres voix chanteront, d'autres yeux pleureront
Dans une maison neuve.
Tout sera consommé, tout sera pardonné,
La peine sera fraîche et la forêt nouvelle,
Et peut-être qu'un jour, pour de nouveaux amis,
Dieu tiendra ce bonheur qu'il nous avait promis.

Table

Tancrède

I. PROLOGUE OU LE VOL DU BRACELET D'OR	35
II. ALLÉGORIE A L'AURORE.	37
III. HISTOIRE DE CETTE FEMME OU LES FOUS.	39
IV. LIEDER OU L'ON SOURIT POUR NE PAS PLEURER.	41
Matin.	41
Phases.	42
Klagelied.	43
Réprimande	44
L'enfant.	44
Divers objets	45
Paysages.	46
Ronde.	47
Amoureux transis.	48
Tremblant.	49

Ludions

AIR DU POÈTE.	55
LA STATUE DE BRONZE.	56
CHANSON DU RAT.	58
CHANSON DU CHAT.	59

LANTERNE.	61
AIR DE JULIENNE.	62
GRENOUILLE AMÉRICAINE.	63
CAILLOUX.	64
MERDRIGAL.	65
DANSE.	66
SPLEEN.	67
KIOSQUES.	68

Poëmes

AETERNAE MEMORIAE PATRIS.

Depuis, il y a toujours.	73
Les compagnons.	76
La porte.	77
La gare abandonnée.	79

POËMES.

Pourrait-elle s'ouvrir encore.	83
De la tendresse — et de la tristesse.	85
Mauvais cœur.	87
Sur les fausses portées d'un bar.	89
On dit : qu'il cache une partie de sa vie.	92
Des enfants jouent et crient.	94
Dans la rue qui monte au soleil.	96
Cinq-Ponts! Le train crie.	98
Une tenture enfin semble filtrer	100
Dans les villes jaunes sur un ciel d'orage.	101
Le boulevard défile et bâille.	103
Sur le trottoir tout gras de bouges.	105
La gare se dressait.	106
Toute la plaine qui descend contre la ville.	107

TABLE DES MATIÈRES 353

Lorsque tu veillais sur mon désert.	109
Ils entrèrent au crépuscule.	111
Les mots, les mots spéciaux.	112
Par les chemins cachés d'une ville	113
Dans un quartier qu'endort l'odeur	117
Aux longs traits du fer et des pierres.	118
La rampe s'allume	119
Retourne aux pays sans amour.	120
Voici tant d'années!	121
La petite gare aux ombres courtes.	123
J'ai passé la croix de fer.	124
Une voix chante.	126
Le soir se penche avec langueur.	128
La mer phosphorescente perle entre les arbres.	129
Les festins qui sonnaient aux terrasses du soir.	130
Il est tard. Dans ce long couloir.	132
Une odeur nocturne, indéfinissable.	134
Se peut-il que ce faux ménage	135
La corde le serrait si fort.	136
On a trouvé sur le cadavre des lettres.	137
Un homme a penché la tête en arrière.	138
Un ange se pose aux créneaux du jour.	141
La vie tournait dans son passé.	143

Pour la musique

Rêves.	147
Tonnelles.	148
Orgue sous la fenêtre.	149
Au pays.	150
Intérieur.	151
En vacances.	153
Romance.	154

Au fil de l'heure pâle.   156
Dimanches.   158
Aubes.   159
Chanson.   161

Espaces

ÉPAISSEURS.
Gammes.   167
La drogue.   169
Colère.   176
Mirages.   179
Caquets de la table tournante (Second récit du naufrageur).   195
Broderies.   200
Nuées.   208

VULTURNE.
  I. *Vous faites un songe.*
    Dans l'express.   213
    Cinq minutes.   215
    Quand tu vacilles au sommet du désespoir.   217
    La musique des sphères s'arrêtait par instants.   219
    Récit des deux réintégrés.   223

  II. *De stade en stade.*
    Josaphat, et revoir les miens!   228
    Pierre Pellegrin, Joseph Aussudre et moi.   229
    Voix dans la lentille.   234
    Joseph Aussudre.   238
    Débat dans l'azur.   241
    Chanson du plus léger que la mort.   244
    Dans l'estuaire.   246
    Voix du haut parleur.   246
    Dernier effort.   248
    Réveil.   249

Sous la lampe

SUITE FAMILIÈRE.
   Suite familière.   253
   Bruits de café.   266
   Kriegspiel.   285
   Portraits de famille.   289
      Josué Gaboriaud.   289
      Charles Winzer.   290
   Caquets de la table tournante (Premier récit du naufrageur)   293
   Pièces jointes (Extraites d'un courrier mondain).   300
   Les potassons.   302

BANALITÉ.
   La gare.   307
   Banalité.   310
   Trouvé dans des papiers de famille.   313
      J'ai tant rêvé.   313
      Mon souvenir le plus lointain.   315
      Une lettre de Robert Landelle.   343
   L'exil.   345
   Postface.   348

Ce volume,
le cent trente-neuvième de la collection Soleil,
a été tiré à trois mille cent exemplaires
dont cent hors commerce
numérotés de 1 à 3 100
sur les presses de l'Imprimerie Floch à Mayenne.
La reliure a été exécutée par Babouot à Paris
d'après la maquette de Massin.
Les exemplaires hors commerce sont numérotés
de 3 001 à 3 100.

EXEMPLAIRE

808

N° d'édition : 9977; dép. lég. : 4ᵉ trim. 1963; imprimé en France.

308

24,90